4차 산업혁명 시대, 대한민국의 새로운 도약을 위한 Dream Up 프로젝트!

대한민국
4차 산업혁명 마스터플랜

국제미래학회 지음

光 文 閣
www.kwangmoonkag.co.kr

안종배 국제미래학회 미래정책연구원 원장/한세대 교수

대한민국은 2013년 매킨지 한국 보고서에서 지적한 '한강의 기적이 멈추고 서서히 끓는 물 속에서 자신도 모르게 죽어가는 개구리 같은 상황'이 현재에도 계속되고 있다.

2016년 스위스 금융기관 UBS의 발표에 의하면 대한민국은 4차 산업혁명 대응 수준이 25위로 아시아국인 싱가포르 2위, 대만 16위, 말레이시아 22위보다도 낮은 수준이다.

앞으로 1~2년이 대한민국의 미래가 결정되는 골든타임이라고 대부분 전문가들은 진단하고 있다. 특히 4차 산업혁명을 대한민국 경제를 위기에서 벗어날 기회로 삼아야 할 것이다.

이를 위해서는 대한민국 4차 산업혁명의 미래를 총괄적이고 거시적으로 계획하는 청사진이 필요하다. 이러한 계획은 대한민국 국민의 특장점인 창의력과 국가적 강점인 ICT, 과학기술을 활용하여 4차 산업혁명 시대의 새로운 신성장 동력을 활성화시켜 일자리를 만들고, 국민의 생활을 편리하고 행복하게 만들어 가는 국가 미래 발전 추진 차원에서 시급히 마련되어야 한다. 이를 위한 기반으로 교육개혁과 경제 활성화 정책이 함께 구현되어야 할 것이다. 4차 산업혁명 시대 대한민국 교육 개혁의 청사진은 국제미래학회 57명의 위원들이 함께 저술한 《대한민국 미래교육보고서》에 총괄적이고 구체적인 교육 개혁 방안과 정책이 상세히 제안되어 있다.

이러한 관점으로 대한민국의 경제가 다시 한번 도약하는 방안을 모색하기 위해 국제미래학회가 총괄하여 20명의 연구 집필위원과 17명의 집필 자문위원 그리고 3명의 집필 실행위원이 함께 공동 연구하고 협력한 결과로《대한민국 4차 산업혁명 마스터플랜》이 저술되었다.

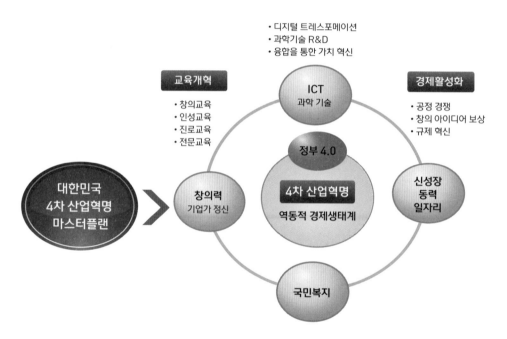

| 대한민국 4차 산업혁명 마스터플랜 기획 관점 |

본서는 대한민국 4차 산업혁명 마스터플랜의 수립 배경, 주력 산업 도출 방안과 개요, 추진 전략을 제안하고, 대한민국 4차 산업혁명 마스터플랜의 주력 산업으로 도출된 17개의 주요 산업별 발전 전략을 담고 있다. 또한, 대한민국 4차 산업혁명 마스터플랜의 추진 단계 로드맵과 이를 성공적으로 구현하기 위한 국가 차원의 R&D 프로젝트를 도출하고 세부 내용을 제안하고 있다.

또한, 저술위원과 자문위원이 함께 참여한 대한민국 4차 산업혁명 마스터플랜의 성공적 구현을 위한 간담회 내용을 담고 있다.

본서를 통해 대한민국 4차 산업혁명의 총괄적이고 단계적 발전 전략과 주요 산업의 발전을 위한 세부 내용에 대한 이해를 높여 정책 입안에 도움이 되고, 전문가와 일반 국민도 대한민국 4차 산업혁명 마스터플랜에 대한 이해를 높이고 미래에 대해 준비하고 함께 힘을 모으는 데 도움이 되길 바란다. 이를 위해 40여 명의 국제미래학회 4차 산업혁명 연구위원회 위원들이 소명감을 가지고 본서를 저술한 것이다.

본서가 완성될 때까지 함께 연구하고 토의하며 열정을 부어 주신 모든 집필위원님께 감사드리며, 본서의 완성도를 높이기 위해 적극 협력해 주신 광문각의 박정태 회장님과 수고하신 모든 분들께 감사드린다.

본서를 통해 대한민국이 4차 산업혁명 시대의 선도 국가가 될 수 있도록 국가, 기업, 연구기관, 대학, 일반인들이 함께 방향성을 공유하고 힘을 모으는데 좋은 지침이 되길 바란다.

2017년 12월 1일
북한산 정상에 비친 아침 햇살을 바라보며

[집필진]

총괄 집필위원

안종배 국제미래학회 미래정책연구원 원장 (한세대학교 사회과학부 교수)

공동 연구 집필위원

이남식 국제미래학회 회장 (수원대학교 제2창학위원장)

차원용 국제미래학회 과학기술위원장 (아스팩기술경영연구소 소장)

이순종 국제미래학회 미래디자인위원장 (서울대학교 미대 명예교수)

황일순 국제미래학회 미래에너지위원장 (서울대학교 공과대학 교수)

박수용 국제미래학회 블록체인위원장 (서강대학교 컴퓨터공학과 교수)

강건욱 국제미래학회 헬스케어위원장 (서울대학교 의대 교수)

김경훈 국제미래학회 미래트렌드예측위원장 (한국트렌드연구소 소장)

이재홍 국제미래학회 스토리텔링위원장 (숭실대학교 문예창작학과 교수)

문형남 국제미래학회 지속가능위원장 (숙명여대 정책산업대학원 교수)

정욱형 국제미래학회 에너지위원장 (에너지코리아 대표)

조성수 국제미래학회 3D 프린팅위원장 (월간 3D 프린팅 발행인)

김들풀 국제미래학회 IT기술분석위원장 (IT뉴스 편집인/대표)

장문기 국제미래학회 드론위원장 (한국드론협동조합 이사장)

이형세 국제미래학회 이러닝위원장 (테크빌교육㈜ 대표이사)

박정은 국제미래학회 빅데이터위원 (한국정보화진흥원 정책본부장)

서재철 국제미래학회 미래인터넷위원 (한국인터넷진흥원 수석연구위원)

이재관 국제미래학회 미래자동차위원 (자동차부품연구원 미래자동차본부장)

장수진 JPD 빅데이터연구소 대표

권영일 한국정보화진흥원 빅데이터센터장

CONTENTS

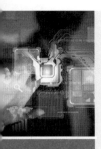

PART

1

대한민국 4차 산업혁명 마스터플랜
수립 배경

Korea Masterplan for the Fourth Industrial Revolution

대한민국 4차 산업혁명 마스터플랜 수립 배경

차원용 아스팩미래기술경영연구소(주) 대표

I 수립 배경

세계경제포럼WEF은 2017년도 국가별 국가경쟁력The Global Competitiveness Report 2016-2017을 평가하여 결과를 발표했다'17.09.27. 그 결과 우리나라의 국가경쟁력은 세계 137개국 중 26위로 '4년째 쳇바퀴'를 돌고 있고, 잃어버린 10년 사이에 성장 동력을 다 잃어, 4차 산업혁명을 맞아 새로운 성장 동력을 나름대로 찾아야 한다. 구체적으로 보면 한국은 11'07→26위'17 추락했는데, 2014년 26위로 떨어진 후 2017년까지 4년째 제자리에 머물고 있다. 반면, 중국은 35'07→27위'17 추격, 중국은 한국의 턱밑까지 쫓아왔다. 한국의 순위는 싱가포르3위, 홍콩6위, 일본9위, 대만15위, 아랍에미리트17위, 말레이시아23위, 카타르25위에 이어 아시아 8위로, 이대로 '잃어버린 10년'에서 헤어나지 못하다가는 금세기 들어 최저점을 찍었던 2004년 29위를 벗어날 우려도 있다. 올해는 스위스가 여전히 톱 자리를 지킨 가운데 미국과 싱가포르가 2, 3위로 자리바꿈했다.

자료: WEF('17.09.27) via 동아일보('17.09.28)

[그림 1-1] 국가경쟁력 순위 추이

현대경제연구원은 한국은 4차 산업혁명 기반산업 관련 기술과 특허, 투자, 연구 인력 모두 선진국보다 부족하고 일부는 중국에도 뒤진다는 '4차 산업혁명 기반산업의 R&D 현황 국제 비교'라는 보고서를 발표했다'17.09.18. 보고서에 따르면 4차 산업혁명의 기반산업을 정보기술IT 서비스와 통신 서비스, 전자, 기계장비, 바이오·의료 등 5개 부문으로 규정하고, 이들 산업 기술 수준을 미국99.8이나 일본90.9, 유럽연합EU 92.3 등 선진국과 비교해 매우 뒤처져 있다고77.4 지적했다.

또한, 현대경제연구원의 보고서에 따르면 4차 산업혁명 기반산업 관련 특허 수도 미국과 일본, 유럽 특허청에 동시 등록된 삼국 특허를 기준으로 미국과 일본은 5,000건이 넘었고, 독일도 1,000건 이상이었으나, 한국의 특허등록 건수는 750건으로 미국, 일본의 7분의 1 수준에 불과하며, 특히 IT 서비스 부문에서는 중국에게도 추월당한 것으로 나타났다. 따라서 우리나라가 잘할 수 있는 새로운 성장 동력인 촉진자Enabler를 찾아야 한다.

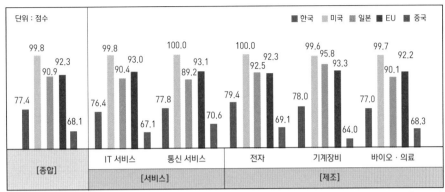

자료: '4차 산업혁명 기반산업의 R&D 현황 국제비교' 보고서(현대경제연구원, '17.09.18)

[그림 1-2] 국가별 4차 산업혁명 기반산업 기술 수준 평가

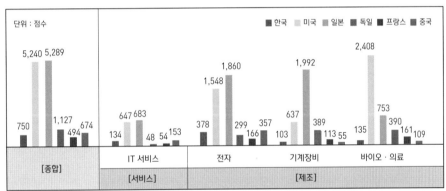

자료: '4차 산업혁명 기반산업의 R&D 현황 국제비교' 보고서(현대경제연구원, '17.09.18)

[그림 1-3] 국가별 4차 산업혁명 기반산업 삼국 특허 등록 현황

2017년 6월에 정보통신기술진흥센터IITP가 발표한 '4차 산업혁명과 SW R&D 정책' 보고서에 따르면 국내 소프트웨어SW의 2016년 기술 수준은 미국 대비 79.2%에 그치고, AI, 클라우드 분야의 격차가 점점 벌어지고 있으며, 기초 기술 R&D 투자도 미미하고, 활용도도 낮은 것으로 나타났다. 미국의 기술 수준을 100으로 봤을 때 2016년 우리나라 SW 수준은 79.2점이라는 뜻이다. 지난 2014년 76.2%, 2015년 78%로 축소되고 있지만 여전히 SW 기술력은 취약한 상황이다. 특히 4차 산업혁명을 이끌 핵심 기술의 격차는 벌어지고 있다. AI의 경우 2013년 1.98년에

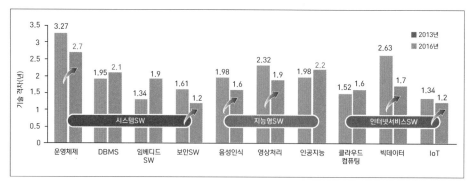

자료: '4차 산업혁명과 SW R&D 정책' 보고서 (정보통신기술진흥센터, '17.06.14).

[그림 1-4] 10대 SW 기술별 기술 격차 2013년 vs 2016년 비교

서 2016년 2.2년, 임베디드 SW는 2013년 1.34년에서 2016년 1.9년, 클라우딩 컴퓨팅은 2013년 1.52년에서 2016년 1.6년으로 나타났다.

4차 산업혁명은 빅데이터·AI·클라우드 컴퓨팅·사물인터넷 IoT 등 기초 SW 기술이 전 산업계에 적용되면서 다양한 산업군이 융합되는 것으로 개념이 정리되고 있다. 이에 기초 기술 축적이 매우 중요하지만 국내서는 유행을 쫓는 기술 개발에만 치중되고 있다는 지적으로 이를 탈피해야 한다. 또한, 기존 2세대인 알파고를 비롯한 인공지능 2.0의 음성·얼굴·사진·사물·감정 인식률이 90~95%에 이르고, 이들은 아직 왜 그렇게 추론하고 판단했는지 그 과정을 설명해 주지 못함으로, 우리나라는 설명 가능한 Explainable, X 인공지능에 생물지능 BIm Biology Intelligence과 자연지능 NI, Natural Intelligence이 융합된 인식률 99.5% 이상의 우리만의 X-ABNI를 개발할 필요가 있다.

정부 R&D 사업화 성공률은 영국 71%·미국 69%인 반면 한국은 20%에 그치고 있다고 조선일보가 산업통상자원부의 보고서를 인용해 보도했다 조선일보, '16.07.25. 보여 주기에 매달리는 정부 R&D 정책을 꼬집은 것이다. 사라지는 특허가 절반이고, 정부 출원 특허가 2010년 이후 3만 건인데, 이 중 외면당해 포기한 특허가 1만 5,400건이다. 갈수록 안 팔리는 정부 개발 기술은 많고, 기술료 수입은 6년

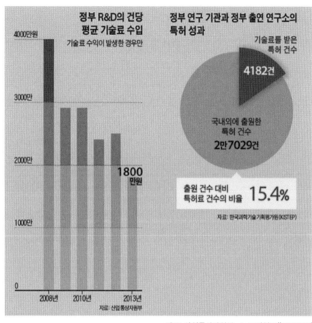

자료: 산업통상자원부 via 조선일보('16.07.25)

[그림 1-5] 정부 R&D의 건당 평균 기술료 수입 및 특허 성과

새 크게 줄어, 건당 평균 4,000만 원→1,800만 원으로 줄었다는 것이다. 따라서 우리만의 사회문제를 해결하는 솔루션/서비스 접근으로 사업화 성공률을 높여야 함을 시사하는 것이다.

미국의 포브스Forbes는 'AI 인재 전쟁이 다시 시작되고 있다The Great AI Recruitment War, '17.04.18'고 보도하면서, 세계는 AI 인재 쟁탈전이 가속화되고 보도했다. 아마존이 연간 2,600억 원을 AI에 투자해 1위이고, 구글은 연간 1,500억 원을 투자해 2위이다. 중앙일보는 아마존에는 AI 전문가가 4,000명이고, 한국은 이통 3사KT/LG유플러스/SKT 합쳐 고작 500명이라고 보도했다중앙일보, '17.05.30. ZDnet Korea는 중국의 바이두가 "중국과 미국이 '인공지능' 쌍두마차"라고 선업했다며, 바이두는 2,000여 명 인력이 AI 전담에 투입해 검색 패러다임도 '변화'하고 있다고 보도했다ZDnet Korea '17.10.03. 이데일리는 알리바바가 AI 시장에 3년간 17조 원의 통큰 베팅을 하면서 인력 2만 5,000명을 투입 예정이라고 보도했다이데일리, 13 Oct 2017. 조선일보는 "24시간 인공지능과" 함께하는 MS가 개발진 8,000명을 투입하고 있다고 보도했다조선일보. '17.10.16. 따라서 우리나라는 차별화되고 점핑해서 우리만의 인공지능 3.0$X-ABNI+\alpha$ 개발에 집중하면서 인력 양성도 필요할 것으로 보인다. 문제는 재정 확보 방안이다.

마지막으로 융합의 저해 요인인 정부의 칸막이가 심각하다. 예를 들어 자율주행차+코봇협력 로봇+드론의 융합에 있어, 우리 정부는 담당 과가 각각 따로 있어 새롭게 등장하는 물류·수송·재고라는 하이퍼루프Hyperloop 서비스 신사업을 보지 못하고 있다. 또한, 인공지능은 빅데이터에서 표준화되고 정제된 스마트 데이터를 바탕으로 발전해야 하는데, 우리 정부는 담당 과가 각각 따로 있어, 이 둘을 별도로 나누어 추진하는 형편이다. 따라서 새로운 융합적/서비스적 사고를 가져야한다.

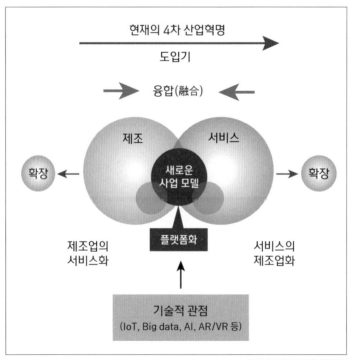

자료: 한국산업기술평가관리원,
PD ISSUE REPORT SEPTEMBER 2017 VOL 17-9, p. 22.참조 재구성.

[그림 1-6] 4차 산업혁명이 한국 제조업에 미치는 영향과 시사점

Ⅱ 도출 방법 🔍

1. 4차 산업혁명 주력 산업 도출

우선 트렌드/변화의 동인을 사회, 산업, 기술 3개 분야로 각각의 키워드를 5개씩 도출한 후, 추진 전략으로 우리나라의 사회/경제/양극화/기후/에너지 문제를 해결할 수 있는 분야 5개를 도출한 후 주력 산업을 매칭시켜 총 22개 주력 산업을 도출하였다. 그 후 몇 번의 라운드 미팅과 랭킹을 거쳐 최종 17개 주력 산업을 도출하였다.

핵심 기술 산업으로 빅데이터, 인공지능, 지능형 유기 반도체, 사물인터넷 등 4개를, 사회 기반산업으로 에너지, 바이오, 스마트 교육, 정보 보호, 서비스 디자인 등 5개를, 응용 산업으로 드론, 지능형 협업 로봇, 3D 프린팅, 미래 자동차, 헬스케어, 블록체인, 첨단 콘텐츠, 스마트 가전 등 8개를 도출하였다.

2. 15개 국가 R&D 프로젝트 도출

현재의 진단을 통해 다음과 같은 접근 방법으로 우리나라가 잘할 수 있고 일자리 창출에 도움이 되는 분야를 모색하였다.

① 빠른 추격자Fast Follower를 탈피, 첫째 선도자First Mover 혹은 4차 산업혁명을 촉진시킬 촉진자Enabler를 모색하였다. 따라서 트렌드 분석과 특허 분석을 동시에 진행해 첫째 선도자 혹은 미래의 촉진자를 찾아냈다.

② 구글/아마존 등의 선진 기업들의 잘 나가는 제품/서비스를 철저히 분석하여 단점을 찾아 보완하고 차세대 제품/서비스를 선도할 수 있는 점핑Jumping 전

략으로 탐색하여 도출하였다.

③ 고령 · 1인 가구 · 100세 · 에너지 등 우리나라가 안고 있는 사회/경제문제를 해결하는 솔루션을 모색하여 도출하였다.

④ 기존 개발한 기술을 융합하고 산학연정 – 온 국민이 모두 참여하여 우리가 잘할 수 있는 분야를 모색하여 도출하였다.

PART
2

대한민국 4차 산업혁명 마스터플랜
주력 산업 도출과 개요

대한민국 4차 산업혁명 마스터플랜 주력 산업 도출과 개요

안종배 국제미래학회 미래정책연구원 원장
김경훈 한국트렌드연구소 소장

Ⅰ   대한민국 4차 산업혁명 마스터플랜 주력 산업 도출

대한민국 4차 산업혁명 마스터플랜의 핵심이 될 주력 산업을 도출하기 위해 우선 트렌드/변화의 동인을 사회, 산업, 기술 변화와 한국 현황을 분석하고 추진 전략으로 우리나라의 사회/경제/일자리/기후 변화 문제를 해결할 수 있는 분야 5개를 도출한 후 주력 산업을 매칭시켜 총 22개 주력 산업을 도출하였다. 그 후 전문가들과의 몇 번의 라운드 미팅과 랭킹을 거쳐 최종 17개 주력 산업을 도출하였다.

이 결과 대한민국 4차산업 혁명 핵심 기술의 산업으로 빅데이터, 인공지능, 지능형 유기 반도체, 사물인터넷 등 4개를, 사회 기반산업으로 에너지, 바이오, 스마트 교육, 정보 보호, 서비스 디자인 등 5개를, 응용 산업으로 드론, 지능형 로봇, 3D 프린팅, 미래 자동차, 헬스케어, 블록체인, 첨단 콘텐츠, 스마트 가전 등 8개를 도출하였다.

이러한 17개 주력 산업이 발전하고 꽃을 피워 대한민국의 성장을 견인하기 위해서는 4차 산업혁명 기반 인프라로서 미래 창의 · 혁신 인재가 양성될 수 있도록 교육 혁신과 4차 산업혁명 교육과정이 진행되어야 한다. 또한, 사회와 산업 전반에 창의와 다양성 그리고 함께 하는 인성이 중시되고 활성화되어야 한다. 그리고

4차 산업혁명 산업에 기반이 되는 핵심 기술에 대한 국가 차원의 R&D가 집중 개발되어 누구에게나 공유되어야 한다.

[그림 2-1] 대한민국 4차 산업혁명 마스터플랜 주력 산업 도출 과정

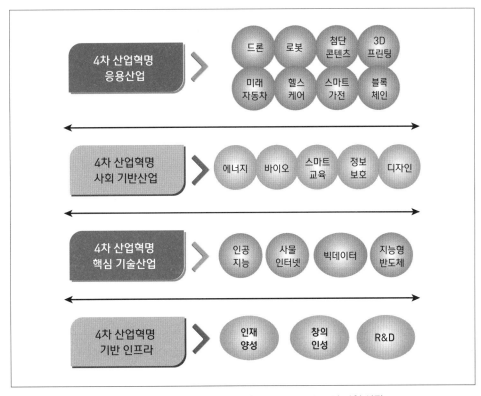

[그림 2-2] 대한민국 4차 산업혁명 마스터플랜 주력 산업 선정

최근의 글로벌한 흐름들을 추적해 보면 우리가 좇고 있는 엄청난 변화의 중장기적 방향이 인공지능 생태계A.I Ecosystem 임이 점점 드러나고 있다. 따라서 4차 산업혁명이라는 화두는 결국 인공지능 생태계를 떠받칠 산업들과 전략적 우선순위에 대한 고민으로 구체화되고 있다.

1970년대부터 시작된 3차 산업혁명에 이은 새로운 산업혁명의 공통점은 디지털화Digitalization, 혹은 Going Digital 다. 숫자와 언어와 문자, 소리, 색과 같은 요소들을 디지털 부호로 바꾸는 작업이 진행되면서 컴퓨터, 휴대폰, 반도체, 인터넷 등의 핵심 기술 산업과 이 기술을 활용하는 제품으로의 응용 산업, 이 산업들과 상호작용하면서 우리의 삶을 지탱해 주는 사회 기반 산업이 수십여 년간 성장해 왔다. 그리고 3차 산업혁명이라고 이름 지어진 1970년대부터 2010년대까지의 디지털화에서 가장 중요한 키워드는 연결성 Connectivity 이다. 디지털화된 모든 것들은 전기적 신호의 연결망을 통해 새로운 세계와 삶의 양식들을 만들어 나갔으며 지금 우리가 초연결 사회라고 부르는 모습으로 진화해 왔다.

그리고 이제 4차 산업혁명은 이 연결성에 지능성 Intelligence 이 결합하는 2차 디지털화로 특화되고 있다. 디지털로 연결되는 세계가 계속해서 확장되고 있는 한편이 세계를 새로운 차원으로 끌어올리는 도구로서의 지능적 디지털화가 시작되고 있는 것이다. 연결성과 지능성이 결합된 세계, 이것이 바로 인공지능 생태계이며 우리의 미래다.

그렇다면 이 세계로 가는 길에는 어떤 성장 산업들이 중요한가? 우리가 장기적 안목을 가지고 접근해야 하는 영역들은 무엇이고 가장 우선적으로 투자해야 하는 산업은 무엇인가?

1. 전략적 우선순위를 가진다: 4차 산업혁명 핵심 기술 산업

10년, 20년 후의 세계가 어떤 모습일지 미리 상상하는 것에는 한계가 있다. 그러나 개인, 기업, 정부라는 글로벌 사회에서의 경쟁 주체들의 힘이 무엇에 의해 좌우될지는 이미 드러나 있다. 바로 '인공지능 기술'이다. 연결성에 지능성을 결합하는 순간 경제적 생산성이 10%, 20%가 아니라 열 배, 스무 배 차이가 나도록 만들 수 있는 것이 인공지능 기술이기 때문이다. 인공지능 기술이 현실적으로 구현되기 위해서는 학습에 활용할 '빅데이터'의 처리와 관련 기술이 필요하고, 데이터를 만드는 센서들과 이것을 전송하는 신경망인 '사물인터넷'의 발전이 필수적이며, 엄청난 데이터와 고지능의 프로그램을 구현하기 위해서는 '지능형 반도체'가

진화해야 한다.

이 4가지 핵심 기술산업들은 4차 산업혁명이 진행되는 패턴을 거대한 빅도미노 Big Domino 현상으로 이해할 때 연쇄적인 변화가 시작되는 첫 번째 도미노들이라고 할 수 있다. 개인, 기업, 정부의 생산성 혁신과 경쟁력 확보를 위해서 반드시 갖춰야 할 무기이다. 인더스트리 4.0을 제일 먼저 시작한 독일, 엄청난 속도로 추격하고 있는 중국, 그리고 첨단기업들이 이끌어가는 미국을 비롯한 선진국들이 왜 이 핵심 기술 산업의 성장에 전력을 다하고 있겠는가? 새로운 산업 생태계의 가치 사슬value chain 의 키가 바로 여기에 있기 때문이다. 따라서 국내, 국외를 가리지 않고 인재를 수혈하고, 글로벌 네트워크적 협력과 연대를 모두 동원하여 이 산업에 대한 전략적 우선 투자를 실행하지 않을 수 없다.

2. 실질적인 먹거리에 투자한다: 4차 산업혁명 응용 산업

디지털화된 인공지능 생태계는 특정한 산업의 범위 안에서만 제한되지 않을 것이다. 앞으로는 지금까지는 없었던 분야가 시장 규모를 가진 신성장 산업으로 성장할 수 있다. 특히 늘어나는 개인 생산자들과 새로운 풍요가 그 배경이 될 것이다. 그러나 단계적으로는 이미 모습을 드러내고 있고, 실용화 단계거나 그 직전의 단계에 있는 분야에서부터 실질적인 성장 산업으로 구체화될 것이다. 따라서 중장기적으로 지속적인 관찰과 추적을 하며 신규 성장 산업을 체크하면서도 당장의 지능적 디지털화가 진행되는 산업에 적극적인 투자를 할 필요가 있다. 이 산업들은 각각 드론, 로봇, 첨단 콘텐츠, 3D 프린팅, 미래 자동차, 헬스케어, 스마트 가전, 블록체인 등 8개 분야에 걸쳐져 있다.

응용 산업들은 디지털화의 1단계인 연결성과 2단계인 지능성이 결합하는 방식으로 성장할 것이다. 핵심 기술 산업에 대한 우선 투자가 이 대목에서 빛을 발할 수 있을 것이다. 예컨대 벌써 드론은 GPS를 활용하는 초기 모델을 넘어서 인공지능의 학습 기능을 활용하는 자율 비행 단계로 진화하고 있는 것이다. 다보스포럼에서 예측한 것처럼 3차 산업혁명과 4차 산업혁명은 동시에 진행되는데 바로 연결성과 지능성이 결합하여 우리의 일상이 변해 가는 것이다.

응용 산업들은 실제적인 삶과 시스템 전반에 걸쳐 광범위한 소비와 경제를 불러일으키는 영역을 감싸고 있다. 생산 현장뿐만 아니라 일상적 공간에서 소비되는 분야들이 모두 포함되어 있다. 따라서 핵심 기술 산업들과 상호작용하면서 성장하지만 잠재적 시장 규모나 성장성이 오히려 더 크다. 워낙 분야가 광범위하면서 동시에 일상적인 섬세함이 필요하기 때문에 응용 산업 분야에는 광범위한 참여자와 네트워크가 발전해 갈 것이다. 이 산업들에서 대기업과 성장 기업들과 벤처, 개인 생산자들과 네트워크 등이 경제를 이끌어가고 새로운 직업을 만들어 낼 것이다. 즉 응용 산업 분야의 성장이 없이는 국가적 관점에서의 선진국 도약을 기대할 수 없다.

3. 생태계의 확대 발전을 이끈다: 4차 산업혁명 사회 기반 산업

4차 산업혁명의 발전을 생태계 관점에서 바라볼 때 핵심 및 응용 분야처럼 직접적이진 않지만 그 못지않게 중요한 상호작용에 주목해야 하는 산업들이 있다. 현재와 미래, 개인과 사회, 중요한 삶의 가치들과 새로운 문제들에 대응하는 사회 기반 산업들이다. 우리는 몇 가지 기초적 질문을 통해 이 산업들의 중요성을 찾아낼 수 있다.

가장 먼저 해야 할 질문은 새로운 성장 방향으로의 변화를 누가 이끌어갈 것인가라는 것이다. 바로 인재들이다. 그렇다면 어떻게? 시대에 맞는 공·사교육을 포함한 스마트 교육 산업이 성장해야 한다. 그렇다면 생산성 혁신으로 더 풍요로워진 세계의 개인화된 감성적 가치들을 어떻게 충족시킬 것인가? 그것은 디자인 산업의 성장 이유가 된다. 디자인은 지금까지도 그랬지만 점점 더 가치를 더해 갈 것이다. 한편 디지털화가 진행될수록 반대급부로 더 커지는 문제를 다루는 산업은 무엇인가? 바로 안전에 대한 위협에서 벗어나려는 개인의 프라이버시를 포함한 정보 보호 산업이다. 이제 마지막 질문은 이것이다. 디지털 다음은 무엇인가? 많은 전문가는 에너지나 바이오 분야의 혁신 기술들을 손꼽는다. 현재에도 이 산업들은 대단히 중요하지만, 미래에는 디지털 다음의 성장 주력이 될 수 있다는 것이다. 차기 인프라 산업인 셈이다.

우리는 지금까지 현재에 서서 미래를 내다보며 전통적인 분류 기준에 따라 산업을 이해하고 새로운 성장 동력을 찾아내곤 했다. 하지만 4차 산업혁명은 이같은 분류 기준에 변화를 요구하고 있다. 인공지능 생태계라는 가상의 미래에 서서 거꾸로 현재를 돌아다 보면 무엇이 출발점이고 연쇄적인 변화가 어떻게 일어나는지가 더 명확하다. 가장 중심에 핵심 기술 산업이 자리 잡는 모습이 보인다. 일상과 밀접하게 연관된 응용 산업이 그것을 둘러싸고 연쇄적으로 변화한다. 또 그 외곽에는 이 생태계의 성장에 주요한 인프라가 되는 사회 기반 산업들이 있다. 이러한 장기적 안목과 통찰에 기반한 선정 결과가 바로 17개의 주력 산업인 것이다.

PART

3

대한민국 4차 산업혁명 마스터플랜 추진 전략

대한민국 4차 산업혁명 마스터플랜 추진 전략

안종배 국제미래학회 미래정책연구원 원장

I 대한민국 4차 산업혁명 마스터플랜 추진 방안

대한민국 4차 산업혁명 마스터플랜 추진 방안으로 4가지 방안을 모색해야 한다. 첫 번째, 4차 산업혁명 스마트 플랫폼 생태계가 활성화될 수 있도록 규제 개혁 추진이 필요하며, 4차 산업혁명 경제를 일관성 있고 지속 가능하도록 중·장·단기적으로 추진할 필요성이 있다. 특히 디지털 강국으로서의 대한민국의 특장점을 활용하여 추진하도록 하며 대한민국 4차 산업혁명이 현재와 미래에 꼭 필요한 신규 비즈니스와 새로운 일자리를 창출하는 방향으로 나아가도록 추진해야 한다.

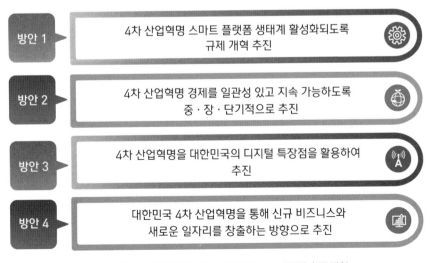

[그림 3-1] 대한민국 4차 산업혁명 마스터플랜 추진 방안

대한민국 4차 산업혁명 마스터플랜의 추진 프레임워크를 살펴보면 아래 그림과 같다. 기본적으로 민·관·학·연 및 정책 부처 또는 부서 간 대한민국 4차 산업혁명 추진에 있어서 상호 협력하고 하모니를 이루어야 한다. 이를 통해 스마트 플랫폼 활성화를 위한 규제 개혁을 시행해야 하며 기존 산업을 디지털 트랜스포메이션으로 연결 변화시켜야 한다. 또한, 일관성과 지속 가능성을 갖고 중·장·단기적인 계획을 세워 체계적으로 이끌어 가야 한다. 그리고 신규 비즈니스와 새로운 일자리 창출이 활성화될 수 있도록 4차 산업혁명이 추진되어야 한다.

또한, 대한민국의 강점인 ICT를 기반으로 R&D로 핵심 과학기술을 개발하여 누구나 활용할 수 있도록 하면서 창의로운 비즈니스 생태계가 활성화될 수 있도록 추진되어야 한다.

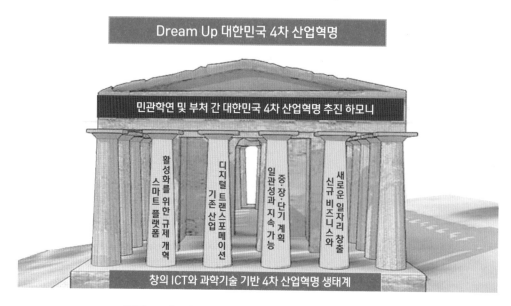

[그림 3-2] 대한민국 4차 산업혁명 마스터플랜 추진 프레임워크

대한민국 4차 산업혁명 마스터플랜 추진 전략으로 우선 대한민국을 4차 산업혁명 글로벌 선도 국가로 위상을 강화시킨다는 비전을 바탕으로 4차 산업혁명 17개 주력 산업에 대한 글로벌 경쟁력 강화와 신규 비즈니스 활성화 및 새로운 일자리 200만 개 창출을 목표로 잡는다.

이러한 목표를 이루기 위한 추진 전략으로 4가지를 들 수 있다.

첫 번째, 스마트 플랫폼이라는 영역에서 스마트 팩토리, 스마트 플랫폼을 강화하여 스마트 플랫폼 기반의 다양한 비즈니스가 활성화될 수 있도록 추진시켜야 한다. 두 번째 전략으로는 창의 비즈니스 생태계로 창의적 아이디어가 보상되는 기업 문화 조성으로 부가가치와 신규 비즈니스를 창출하고 4차 산업혁명 주력 산업의 창업과 벤처 활성화를 추진하는 것이다. 세 번째 전략으로는 규제 개혁과 협력이라 할 수 있다. 4차 산업혁명의 주력 산업의 새로운 비즈니스가 활성화될 수 있도록 도처의 규제를 완화 및 개혁하고 정책 부서 간의 상호 협력이 추진되어야 한다.

마지막으로 네 번째 추진 전략으로는 핵심 기술 국가 R&D 진행이다. 4차 산업혁명의 주력 산업 기반이 되는 ICT와 과학기술의 핵심 기반 기술을 국가 차원에서 R&D를 집중 개발하여 그 결과를 기업과 창업자 누구에게나 개방하고 활용토록 하여 새로운 비즈니스를 창출할 수 있도록 추진해야 한다.

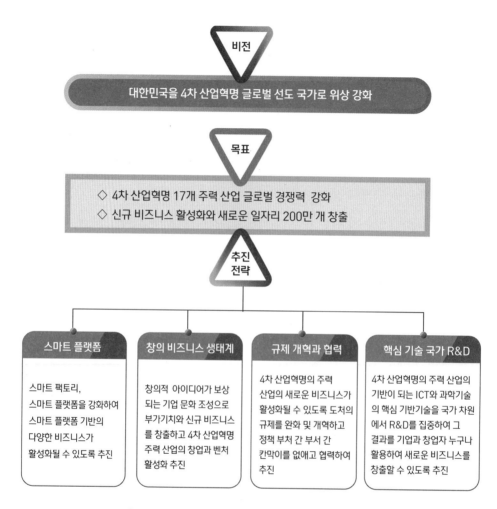

[그림 3-3] 대한민국 4차 산업혁명 마스터플랜 추진 전략

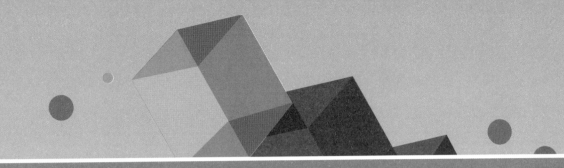

PART

대한민국 4차 산업혁명 마스터플랜
주력 산업별 발전 전략

Korea Masterplan for the Fourth Industrial Revolution

대한민국 4차 산업혁명
인공지능 산업 발전 전략

이남식 수원대학교 제2창학위원장

I   주력 산업별 주요 추진 내용

1. 산업별 4차 산업혁명 추진 영역

2016년 알파고와 이세돌의 바둑 대결의 결과 알파고가 승리한 사건은 많은 사람에게 큰 충격을 주었다. 바둑은 체스와 달리 19×19의 바둑판 위에서 엄청난 경우의 수가 가능하여 아무리 슈퍼 컴퓨터라 할지라도 모든 경우의 수를 탐색하는 것은 불가능하다고 여겨지는 문제였다. 인공지능artificial intelligence, AI은 지금까지 여러 차례의 '붐'과 냉각기를 거듭하면서 발전해 왔다. 1950년 후반부터 60년대에 컴퓨터의 발전과 더불어 컴퓨터로 추론과 탐색을 통하여 특정한 문제를 푸는 연구가 진행되었으나 복잡한 현실 문제에는 적용하기 어려워 70년대의 긴 냉각기를 맞았다. 80년대 들어 전문가 시스템expert system이 등장하면서 다시 각광을 받았으나 지식을 추출하고 표현하고 관리하는 온톨로지는 크게 발전하였으나 이것만으로는 기계 번역이나 프레임의 문제, 심볼 그라운딩의 난제를 해결할 수 없어 90년대 중반에는 인기가 사라지게 되었다. 그 이후 다시 신경망neural network과 기계학습machine learning, 특히 심층학습deep learning으로 무장한 알파고가 바둑의 고수들을 차례로 이김으로써 인공지능과 기계학습은 4차 산업혁명의 원동력으로 자리 잡게 되면서 음성인식, 자연어 처리, 가상 개인비서, 자율 주행 자동차, 자동 번역, 의료 영상진단, 금융 사기 탐지 등 수많은 분야에서 획기적인 성과를 낳고 있으며, 산업 전반에 걸쳐 빅데이터를 분석하여 새로운 가치를 찾아냄으로써 새로운 생산성 요소로서 큰 기대를 받고 있다. 최근에는 인공지능보다 좀 더 세분화된 인지 컴퓨팅cognitive computing, 기계 지능machine intelligence 등으로 불리고 있다.

2. 산업별 4차 산업혁명 추진 상세 내용

인공지능의 미래 발전 방향이나 산업에 어떻게 영향을 미칠것인가를 살펴보는 방법으로는 첫째, 인공지능 산업 지형도industry landscape를 통하여 어떤 분야에 두각을 나타내는 기업이 등장하는지를 살펴보는 동시에 둘째, 주요 기업들이 어떤 M&A를 하는가를 살펴보는 것이 반드시 필요하다. 한편, 주요 기업에서 관련 분야를 담당하는 임원들에게 델파이Delphi 방법으로 조사하여 분석해 보면

① 2025년에는 AI와 관련된 시장 규모가 368억 달러에 달할 것으로 예상된다. eMarketer

② 2025년까지 95%의 고객 응대가 AI에 의해 이루어질 것이며, 소비자들은 전화나 온라인상의 대화에서 상대가 사람인지 인공지능을 가진 챗봇Chatbot 인지 구별하지 못하게 될 것이다. Servion

③ 2018년에는 75%의 R&D 연구자들이 하나 이상의 비즈니스 영역에 AI 기술을 적용하게 될 것이다. IDC FutureScape: Worldwide IT Industry 2017 Predictions, Nov 2016, Doc #US41883016

④ 음성인식과 음성 응대가 가장 보편적으로 사용되는 AI 기술이 될 것이며 32%의 응답자가 이미 자신의 기업에서 그러한 기술을 도입하고 있다고 답하였다. eMarketer

⑤ 기계학습machine learning은 24%로 두 번째로 많이 활용되고 있으며, 15%가 가상 개인비서virtual personal assistant를 활용하고 있다고 답하였다. eMarketer

⑥ 2020년까지, B2B 기업의 30%가 적어도 하나 이상의 주요 업무를 보조하기 위하여 AI를 적용하게 될 것이다. Gartner, Predicts 2017: CRM Sales, 31 October 2016

⑦ 2018년에는 62%의 혁신 기업에서 기존의 데이터 분석 도구들이 놓치고 있는 새로운 기회를 AI를 이용하여 찾아낼 것이다. Narrative Science 2016

⑧ 2010년에서 2014년에 AI 기술에 대한 전 세계 투자 규모는 17억 달러에서 149억 달러로 증가하였다. eMarketer

⑨ 2018년에는 20%의 비즈니스 콘텐츠가 기계에 의하여 제작될 것이다. Gartner, Three Essential Actions for Technology and Service Providers to Succeed in Marketing Digital Business Services, 30 March 2017

⑩ 81%의 기업 경영자들이 미래의 비즈니스에 AI와 기계학습이 지대한 영향을 미칠 것이라 답하였다. eMarketer

초연결 사회Hyper-connected society에서 엄청난 양의 다양한 데이터가 축적되고 처리될 수 있는 기술이 발전함에 따라 AI 기술이 4차 산업혁명의 핵심 기술로 부상되고 있다. 1950년대부터 몇 차례의 인공지능 붐과 냉각기winter가 있었으나 심층학습과 빅데이터 기술이 개방형 혁신open innovation을 통하여 급속히 발전됨에 따라, AI가 새로운 경제 부흥의 견인차가 될 것으로 예상하고 있다.

이러한 중요성 때문에 미국의 국가과학기술위원회NSTC에서는 기계학습 및 AI에 관한 국가 R&D 전략을 2016년 10월에 발표한 바 있다. 그 내용을 보면

① AI 연구에 우선순위를 두고 장기적인 연구개발 투자를 한다.
② 인간-AI 협업의 효과적인 방법을 개발한다.
③ AI가 가져올 윤리적, 법률적, 그리고 사회적인 함의에 대하여 연구한다.
④ AI 시스템의 안전과 보안을 보장할 수 있도록 연구한다.

⑤ AI의 학습과 평가에 필요한 공공 데이터 세트와 환경을 구축한다.
⑥ AI 기술을 측정하고 평가할 수 있는 산업 표준과 벤치마크를 개발한다.

한편, 미국의 국방고등연구기획청 DARPA 에서는 기계학습을 통하여 훈련된 신경망이 내린 결정에 대하여 설명이 가능하도록 하는 XAI explainable AI 연구를 시작하였다. 그간 블랙박스였던 학습 결과를 보다 신뢰할 수 있도록 보완하여 AI의 강건성 robustness 를 강화하는 방향으로 발전해 갈 것임을 알 수 있다.

한편, 최근의 딥러닝을 통한 AI의 발전을 가능하도록 하는 것은 바로 컴퓨팅 하드웨어의 발전으로 CPU에 의존하던 컴퓨팅에서 GPU Graphic Processing Unit , TPU Tensor Processing Unit 와 같이 신경망의 기계학습에 적합한 하드웨어가 급속히 발전함에 따라 매 2년간 10배의 컴퓨팅 파워가 증가되면서 새로운 Moore의 법칙이 나타나고 있다. 더 나가서 양자 컴퓨팅 quantum computing 과 같이 완전히 새로운 개념이 구체화되면서 인공일반지능 AGI, Artificial General Intelligence 이 실현화될 날이 멀지 않은 것으로 예상되고 있다. 인공지능 연구 분야에서 최근 주목해야 할 기술적 진보는 다음과 같다.

① 강화학습 RL, Reinforcement Learning
② 생성적 적대 신경망 GAN, Generative Adversarial Neural network
③ 기억을 가지는 신경망 RNN, Recurrent Neural Network
④ 더 적은 데이터와 더 작은 사이즈를 갖는 학습 시스템
⑤ 학습과 추론에 적합한 하드웨어
⑥ 시뮬레이션 환경

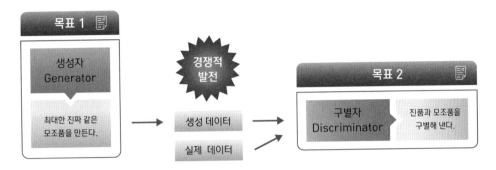

[그림 4-1-1] GAN의 학습 구조(Generator와 Discriminator)가 경쟁적 발전

1. 산업별 발전 단계 로드맵

인공지능의 발전 단계는 인간과의 협업을 통하여 산업 생산성을 높이는 맥락적 상황에 적용되는 단계에서 인간과 같은 지능과 자아를 가진 인공일반지능AGI, Artificial General Intelligence 의 단계까지 기술적 진보에 따라 전반적인 산업 생산성을 높이는 다양한 분양의 산업혁신이 일어나고 있다.

1) 음성인식, 자연어 처리를 통한 가상 개인비서 및 사용자 인터페이스 혁신

2007년 아이폰이 GUI와 터치 인터페이스를 통하여 스마트폰의 신기원을 이룩하였다. Siri, Google Speech, Amazon Lex, 삼성 Bixby 등이 나오면서 가전제품, 스마트폰, 자율 주행 자동차 등 대부분의 인간-기계 상호작용이 음성 기반으로 바뀌어가고 있다. 특히 신속한 쌍방향 소통을 다양한 기계학습을 통하여 제공함으로써 인공지능을 통하여 인간과 기계의 협업을 훨씬 원활하게 만들 수 있다. 그뿐만 아니라 챗봇과 같은 가상 개인비서 서비스에서 상대방이 인공지능인지 아니지를 구별 못 하는 단계까지 발전하는 것을 목표로 하고 있다.

2) 빅데이터, 클라우드 환경에서의 새로운 가치 창출

IBM의 Watson이나 GE Predix와 같이 비즈니스나 산업 현장에서의 의사 결정을 데이터 기반의 실시간 의사 결정이 가능하도록 하는데 있어 인공지능과 기계학습이 획기적으로 기여하고 있다. 의료 영상 판독, 발전소나 항공기의 에너지 저감 등 실질적으로 7~8%의 생산성 향상 효과를 가져 오는 방향으로 발전하고 있다.

3) 자율 주행차, 드론, 로봇과 같이 이동mobility 과 움직임motion 을 제어하는 산업 분야

자율 주행차나 드론에 있어서 센서 퓨전에 의하여 다양한 센서들과 위치 기반의 지리 정보를 바탕으로 완전한 자율 주행을 위해서는 다양한 신경망 모델을 기반으로 딥러닝, 강화학습을 통하여 사람의 개입을 최소화하면서도 안전하고 효율적인 이동이 가능하며, 여러 대의 로봇이 협동적으로 일하거나 자율성을 가지고 목표를 달성할 수 있도록 한다.

4) 스마트 팩토리 구축을 통한 생산성 혁신

CPSCyber - Physical System 의 구현을 통하여 제품 아이디어의 창출에서부터 마케팅 서비스에 이르기까지 통합적인 생산 환경을 구현하는 각 단계에서 인공지능과 기계학습이 필수적으로 수반되어 생산 스케줄 납기 관리, 에너지 세이빙, 생산 자동화, SCM 등을 통합하여 무인화나 최소 인력으로 보다 높은 생산성을 기하므로 원가절감, 소비자 만족도 증대, Time-to-Market 최소화 등의 혁신을 이룩하도록 한다.

5) 금융, 행정 서비스 등에서의 이상 징후, fraud 탐지

금융이나 대규모 행정 서비스에서의 사이버 보안은 매우 중요한 이슈로서 초연결 사회에서 엄청난 재난을 가져올 수 있다. 인공지능을 통하여 이상 징후나 패턴을 찾도록 훈련하여 거대 시스템에서의 완벽한 보안을 추구하여야 한다.

6) 신약 개발 등 바이오 및 의과학 분야에서의 인공지능의 활용

이제까지 신약 개발은 최소 1조 원, 그리고 10년의 기간을 필요로 하는데, 인공지능을 통하여 기계학습을 활용할 경우 효과적인 신약 물질이나 바이오마커를 단시간 내에 발견할 뿐만 아니라, 독성의 판별이나 개인 맞춤형 신약 개발에 획기적으로 개선할 수 있어 신약 개발이 Insilico 방식으로 전환되고 있다.

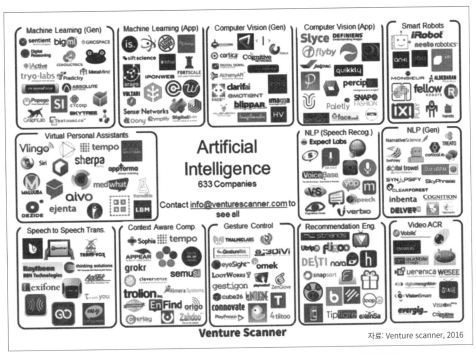

자료: Venture scanner, 2016

[그림 4-1-2] AI 분야의 산업 지형도 - AI 분야별로 투자가 이루어진 기업

2. 산업별 발전 단계별 추진 전략

구분	유망 분야	17	18	19	20	2021	22	23	24	25	26	2027
인지 컴퓨팅	자연어 인터페이스											
	언어 통번역											
	이미지 처리											
기계학습	딥러닝											
	마스터 알고리즘											
	X-AI (Explainable AI)											
휴머노이드	Gesture/Motion											
	Emotional computing											
AI H/W	GPU computing											
	Sensor fusion											
	Quantum Computing											

현재 우리나라의 인공지능 관련 분야의 기술 격차는 선진국과 비교하여 최소 3년 이상 뒤지고 있으며, 그 격차가 더 커질 것으로 예상 된다. 그 이유로는

① 인공지능이나 기계학습의 개방형 연구 플랫폼을 가지고 있지 못하며, 또한 이러한 플랫폼에서 주도적이지 못하다.

② 기술 주도적 창업이 AL 분야에서 활성화되고 있지 못하며 설사 좋은 창업 기업이 있어도 이에 대한 가치 평가, 적정한 M&A 등이 이루어지지 못하고 있다.

③ 새로운 분야에 대한 기술 인력 양성의 속도가 늦어 충분한 인력이 공급되지 못하며, 산학 협력도 미흡하다.

④ 새로운 분야에 대한 규제로 말미암아, 시장 진입을 제때 못하는 경우가 많다.

따라서 인공지능 분양의 산업 발전을 위해서는 다음과 같은 전략을 제시하고자 한다.

전략 1. 인공지능 분야의 개방형 혁신 플랫폼을 주도하고 구축하기 위하여 지원함.

전략 2. 인공지능 분야에서 투자의 흐름을 모니터링하고 가치 있는 창업 기업에 대하여 인수 채용Acquihiring을 추진함.

전략 3. 인공지능 관련 분야에 대하여 Nano-degree 프로그램 및 재교육과 훈련 과정을 대폭 늘려 필요한 인력을 제때 공급할 수 있도록 함.

전략 4. 인공지능과 빅데이터 구축과 산업화에 장애가 없도록 관련된 법규를 네가티브 규제로 전환토록 함.

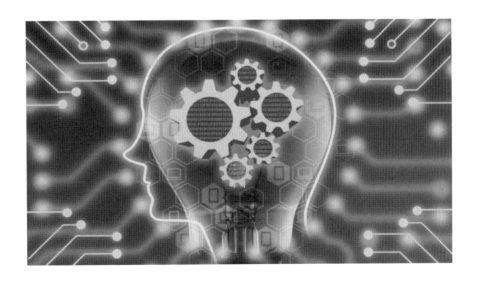

02

대한민국 4차 산업혁명
사물인터넷(IoT) 산업 발전 전략

문형남 숙명여대 정책산업대학원 IT융합비즈니스전공 교수

I 사물인터넷(IoT) 산업 추진 내용

1. 사물인터넷(IoT) 산업 4차 산업혁명 추진 영역

1) IoT의 연결: 세계 IoT 기기 수는 2020년 260억 ～ 500억 개로 급증

사물인터넷 Internet of Things, IoT 은 각종 사물에 센서와 통신 기능을 내장하여 인터넷에 연결하여 활용하는 것을 의미한다. 다시 말하면 다양한 사물이 각기 부착된 통신 장치와 센서를 통해 네트워크에 연결되고 정보를 유기적으로 공유 및 상호작용하는 지능형 네트워킹 기술을 의미하며, 기기와 서비스 등을 포함하기도 한다. 사물인터넷의 확산에는 센서의 가격, 네트워크와 통신 속도 및 스마트폰의 발전 등이 중요한 요소로 작용한다. 사물인터넷용 센서의 가격은 매년 8.2%씩 하락하여 2005년 평균 1.3달러 수준이던 것이 2020년에는 0.38달러로 내려갈 것으로 예상하고 있다. 무선 데이터의 전송 속도는 지난 5년간 무려 10배나 빨라졌다. 또한, 5G가 상용화되는 2020년부터는 전송 속도가 현재의 20~100배 체감 속도까지 될 것으로 전망되고 있다. 사물인터넷은 4차 산업혁명으로 가는 출발점이라고 할 만큼 매우 중요한 산업이다. 사물인터넷은 산업인터넷 Industrial Internet , WoT Web of Things , IIoT Industrial Internet of Things , IoE 등 다양한 표현으로 불린다.

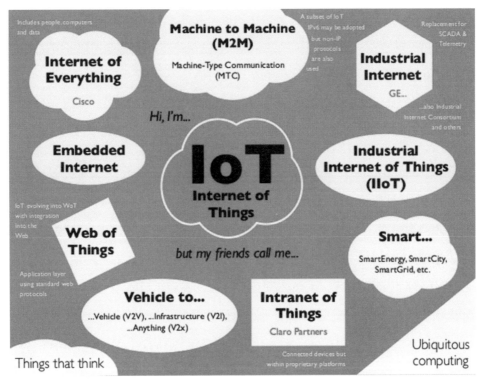

자료: The many faces of IoT (Internet of Things) in Healthcare, www.slideshare.net

[그림 4-2-1] 사물인터넷(IoT)을 나타내는 여러 가지 다른 표현들

    IoT는 다양한 기술을 포함하는 사물인터넷 서비스의 기술 자체 혹은 구현하는 방법의 문제점으로 인해 다양한 보안 취약점이 존재하며, 이를 위한 강력한 보안 기술이 필요하다. 전 세계적으로 사물인터넷 기기 수는 2016년 66억 개에서 2020년에는 예측 기관에 따라 260억~500억 개로 늘어날 것으로 예상하고 있다. 전망치는 발표될 때마다 계속 크게 늘어나고 있다. 전문가들은 사물인터넷 시대가 2021년부터 본격적으로 시작될 것이라 보고 있다. 기업들은 향후 5년 내로 사물인터넷 연구개발에 약 5조 달러를 투입할 것으로 전망된다. 이로써 2021년까지 사물인터넷 기기가 확산되어 그에 따른 사용자 데이터가 증가할 것으로 전망된다. 전문가들은 2021년부터 그동안 쌓인 사용자의 데이터, 기술력 등을 기반으로 IoT 산업이 주요 산업으로 발전할 것이라고 관측하고 있다. 사물인터넷 IoT 시장

은 2020년까지 연평균 26%의 고성장이 전망되고 있으며, 장기적으로 2028년까지 10%대 이상의 성장을 지속할 것으로 예상된다. 사물인터넷 전성시대가 다가오고 있는 것이다.

2) 국내외 IoT 시장 규모: 2025년 세계 시장 1,225조 원, 국내 시장 23조 원

사물인터넷 산업은 시장 범주가 모호하고 타 산업과의 융합을 전제로 성장하는 산업 특성상 시장 규모 예측 결과가 주요 기관별로 차이가 있지만, 긍정적인 전망이 지배적이다. 국내외 IoT 시장은 매우 큰 가능성을 가지고 있는 것으로 예측되고 있다. 2019년에 전 세계 시장은 678조 원, 2025년에는 1,225조 원, 국내 시장은 2019년에 10조 6,000억 원, 2025년에는 22조 9,000억 원에 규모가 예상되는 엄청난 시장이다. 커넥티드 홈Connected Home, 스마트 미터Smart Meter, 커넥티드 자동차 Connected Car, 스마트 그리드Smart Grid 등 사물인터넷 생태계가 성장함에 따라 많은 기업이 사물인터넷을 이용한 플랫폼과 서비스를 개발하고 있다.

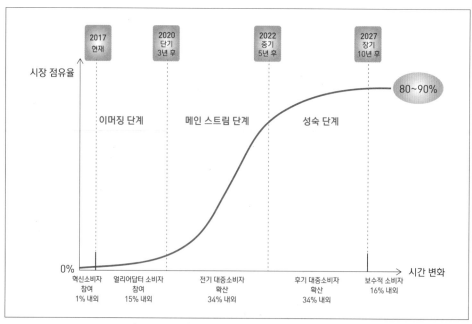

[그림 4-2-2] 국내외 사물인터넷 시장 성장 전망

2. 사물인터넷(IoT) 산업 4차 산업혁명 추진 상세 내용

1) IoT 투자도 급증: 2021년까지 5년간 투자액 4조 8,000억 달러

사물에 센서를 부착해 인터넷을 기반으로 사물과 사람, 사물과 사물을 연결하는 기술인 사물인터넷IoT이 향후 5년 내로 주요 핵심 산업으로 떠오를 전망이다. 사물인터넷의 투자액은 2016년부터 2021년까지 4조 8,000억 달러에 이를 것이라고 시장조사 기관 BI인텔리전스가 2017년 7월에 발표했다. 이 시장조사 기관은 사물인터넷의 새로운 추세를 알아보기 위해 전 세계 기업의 사물인터넷 영향에 대한 조사를 실시했다. 이 설문에는 제조, 기술, 금융을 포함한 다양한 산업 분야 500명 이상의 응답자가 참여했다.

이러한 시장 예측은 시장 조사기관별 예측치만 다를 뿐 성장의 방향에 대해서는 아무도 의심하지 않는다. 그 이유는 인터넷으로 연결되는 사물의 수가 급격하게 증가하고 있기 때문이다. 2010년을 기점으로 인터넷에 연결된 기기의 수는 20억 개를 넘어 섰으며, 2020년에는 대부분의 전문가들이 200억 개 이상의 기기들이 될 것으로 예상하고 있다. 게다가 사물인터넷으로 분류되는 기기의 수는 타 분야보다 월등한 증가율을 보여주고 있으며, 혹자는 500억 개 이상으로 예상할 만큼 사물인터넷 시장은 오늘과 내일이 달라지고 있는 상황이다.

2) IoT 분야의 경제 파급 효과도 커

효율적이고 최적화된 IoT 기반 시스템을 구축하고 다양한 서비스를 통해 남다른 가치를 제공하는 개인, 기업 및 국가에 전례가 없는 다양한 기회가 창출될 것이다. 실제로 글로벌 컨설팅 기업 맥킨지McKinsey가 2015년 발표한 보고서에 따르면 2025년까지 세계 IoT 잠재 시장 규모는 연간 최소 3.9조 달러에서 최대 11.1조 달러세계 GDP의 11%의 규모가 될 것으로 전망되고 있다. 또한, 2025년 세계 시장에서 IoT 기반이 차지하는 분야별 연간 경제 효과 규모는 공장 분야1.2~3.7조 달러가 가장 큰 가운데 도시, 건강, 소매, 작업장, 물류, 운송 수단, 가정, 오피스 분야 순위로 예측되고 있다.

3) 2022년부터 IoT 산업 본격 부상

전문가들은 사물인터넷 시대가 2021년부터 본격적으로 시작될 것이라 보고 있다. 기업들은 향후 5년 내로 사물인터넷 연구개발에 약 5조 달러를 투입할 것으로 전망된다. 이로써 2021년까지 사물인터넷 기기가 확산되어 그에 따른 사용자 데이터가 증가할 것으로 전망된다. 전문가들은 2022년부터 그동안 쌓인 사용자의 데이터, 기술력 등을 기반으로 이 산업이 주요 산업으로 발전할 것이라고 관측하고 있다.

[표 4-2-1] 사물인터넷 산업 분야별 발전 로드맵

구분	분야	2017	18	19	20	21	2022	23	24	25	26	2027
IoT 융합 산업	커넥티드 홈 IoT (스마트 홈)	───────────────→										
	커넥티드 오피스 IoT (스마트 오피스)	───────────────→										
	커넥티드 팩토리 IoT (스마트 팩토리)			──────→								
	스마트 미터 IoT				──────────→							
	스마트 그리드 IoT						──────────→					
	커넥티드 자동차 IoT (스마트 카)								──────────→			
IoT 보안 산업	IoT 디바이스 보안	──────────→										
	IoT 네트워크 보안	──────────→										
	IoT 데이터 보안				──────→							
	IoT 서비스 보안						──────────→					
	IoT 플랫폼 보안								──────────→			
IoT 표준화 (IoT 호환성)	IoT 디바이스 표준화	──────────→										
	IoT 데이터 표준화			──────────→								
	IoT 서비스 표준화						──────────→					
	IoT 플랫폼 표준화								──────────→			

1. 사물인터넷(IoT) 산업 발전 단계 로드맵

1) 세계 IoT 시장: 2020년 반도체 시장 5배, 2025년 자동차 시장 2배로 성장

IoT 시장 규모 예측은 조사기관에 따라서 다소 차이가 난다. IT 조사 전문업체인 IDC는 IoT 시장이 매년 17%씩 성장해서 2020년에는 1조 7,000억 달러_{1,990조 원}에 달할 것으로 전망했다. 우리나라 최대 수출 품목인 반도체의 세계 시장 규모가 약 3,500억 달러이니 2~3년 후에 현재 반도체 시장의 5배 크기에 이르는 새로운 시장이 생겨나는 셈이다. 여기에 연결되는 기기의 숫자는 300억~500억 개로 1인당 대략 5~6개의 기기와 연결되는 셈이다.

2025년에는 IoT 시장이 현재 전 세계 자동차 시장의 2배가 넘는 최소 3조 9,000억 달러의 시장으로 성장할 것이라는 전망도 나왔다. IoT가 생성하는 데이터는 미래의 석유라고 할 수 있을 만큼 매우 중요한 콘텐츠라는 점을 간과해서는 안 된다. 즉 IoT 산업의 발전은 빅데이터 산업에도 영향을 미친다.

2. 사물인터넷(IoT) 산업 발전 단계별 추진 전략

1) IoT의 연결: 개인용과 기업용으로 구분해서 확대

IoT 산업을 발전시키기 위해서는 연결되는 IoT 기기 수 목표를 설정하고, 이 목표를 달성하기 위한 노력을 정부와 기업이 함께해야 할 것이다. 우선 개인용 IoT를 보면, 현재 개인들은 평균 0.5개 정도 IoT를 연결하고 있는 것으로 보인다. 즉 2명당 1개 정도로 IoT를 연결한 것으로 볼 수 있다. 단기적으로 3년 후인 2021년에는 1인당 5~6개씩 연결될 것이라는 예측이 나와 있다. 이를 토대로 중장기 전망을 해보면, 5년 후인 2023년에는 10~12개, 10년 후인 2028년에는 20~24개로 예상된다.

기업용 IoT 연결 기기 수 전망은 나와 있는 게 없지만, 필자는 단기적으로 3년 후인 2020년에는 1기업당 30개 내외 정도씩 연결될 것이라고 예측한다. 이를 토대로 중장기 전망을 해보면, 5년 후인 2022년에는 50개 내외, 10년 후인 2027년에는 100개 내외로 예상한다. 이와 같이 연결되는 IoT 기기 수가 IoT 산업 발전에 결정적인 변수가 되므로 정책 당국과 관련 기업들은 IoT 연결 기기 수와 IoT 기기 사용자 수를 단계적으로 확대하려는 공동의 노력을 펼쳐야 할 것이다.

2) IoT 보안: IoT 산업의 아킬레스건이며, 산업 성패 좌우

산업연구원은 "IoT 보안 문제로 인한 경제적 손실이 2020년에는 17조 7,000억 원에 이를 것"이라고 전망했다. 지금까지 해킹의 피해는 주로 정보 유출이나 금전적인 것으로 대부분 사이버 공간에서 일어났다. 그러나 IoT 시대에는 가상세계는 물론이고 실제 생활 공간에까지 그 피해가 확대될 것이다. 프라이버시 침해나 경제적 손실뿐만 아니라 개인의 생명과 국가 기반 시설까지도 위협을 받는 상황이 발생할 수 있다.

2014년 11월 러시아의 인세캠이라는 웹사이트는 해킹으로 뚫린 전 세계 CCTV 7만 3,000여 대를 생방송으로 공개했다. 그중에는 침실, 거실, 수영장의 영상도 포함되어 있어 한바탕 소동이 일었다. 이 얘기가 남의 얘기로 들렸는데, 2017년 9월 국내에서도 유사한 사건이 발생했다. 가정용 CCTV인 IP 카메라를 해킹해서, 개인 생활을 훔쳐보거나 영상을 유포한 일당이 경찰에 붙잡혔다. IoT 기기 사용자는 2016년 약 620만 명에서 2017년 6월 기준 750여 만 명으로 급증한 만큼 보안 침해 사례도 증가하고 있다.

IoT 보안은 IoT 산업의 아킬레스건이며, IoT 산업의 성패를 좌우할 수도 있으므로 정부와 기업은 IoT 산업의 성장에만 주력할 게 아니라 IoT 보안에도 관심을 기울여야 한다. 그렇지 않으면 IoT 보안에 문제가 생기면 이는 IoT 산업 성장에 큰 걸림돌이 될 수도 있기 때문이다.

과거에는 각 분야에서 정보화가 진행되었다고 할 수 있으며, 미래에는 각 분야에서 IoT화가 진전될 것이다. IoT는 독자적인 하나의 산업이라기보다는 각 산업과 연계되어 작용하므로 IoT 산업이 발전하려면 각 산업에서 적용 가능한 분야에 IoT와 접목하려는 노력을 해야 할 것이며, 정부는 이를 정책적으로 지원해야 할 것이다.

3. 사물인터넷(IoT) 산업 발전을 위한 제언

사물인터넷IoT 산업은 최근 새롭게 부상하고 있으며, 향후 상당 기간 국내뿐만 아니라 글로벌하게 높은 성장이 전망되는 산업이다. 그러므로 정부는 IoT 산업의 연구개발R&D에 대한 지원을 늘려야 하며, 기업들도 IoT 산업에 관심을 기울여야 한다. IoT 산업에 대해서는 직접 관련된 기업뿐만 아니라 IoT가 다양한 산업에 접목될 수 있다는 점을 간과해서는 안 된다. 또한, 개인들의 창업 유망 분야로도 손꼽힌다.

한편, IoT 산업이 성장하는 데 걸림돌이 되는 보안과 표준 이슈들이 있으며, 이 두 가지 걸림돌을 잘 제거해야지만 IoT 산업이 잘 성장할 수 있다는 점을 기억해야 할 것이다. 첫째, IoT는 대부분 보안에 취약하므로 해킹 대상이 될 수 있으며, 사전에 보안 관리와 해킹 방지 대책을 마련해야 한다. 둘째, IoT에 대한 여러 가지 표준이 필요한데, 아직 표준이 제대로 만들어지지 않고 있다. 표준 부족 역시 IoT 산업이 성장하는 데 제약이 될 수 있으므로 관련 기업과 전문가들은 IoT 관련 표준 제정을 서둘러야 할 것이다.

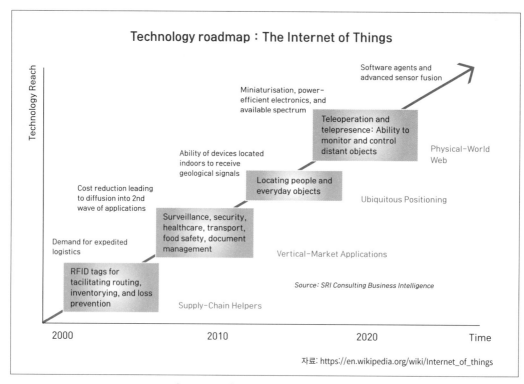

[그림 4-2-3] 사물인터넷 기술 로드맵

대한민국 4차 산업혁명
빅데이터 산업 발전 전략

장수진 JPD빅데이터연구소 대표

Ⅰ 주력 산업별 주요 추진 내용

1. 빅데이터 산업별 4차 산업혁명 추진 영역

1784년 영국에서 시작된 증기기관과 기계화에 의한 1차 산업혁명, 1870년 전기를 이용한 대량생산이 본격화된 2차 산업혁명, 1969년 인터넷과 컴퓨터 정보화에 의한 자동화 생산 시스템이 주도한 3차 산업혁명을 거치면서 로봇이나 인공지능AI에 의한 지능화된 알고리즘으로 모든 사물의 지능적 제어 기능이 융합된 혁명적 산업을 4차 산업혁명이라고 일컫는다.

1980년대 이후 컴퓨터와 통신 기술의 급속한 발전은 1990년대의 인터넷 탄생을 가속화시키며, 세계의 정보를 하나의 네트워크로 완성하는 큰 변화의 전환점이 되었고, 2000년 중반 이후 스마트폰의 탄생은 글로벌 네트워크와 개인 정보 콘텐츠의 급속한 팽창까지 이르게 된 이유는 IoT센서가 결합하면서 산업 전 분야에 빅데이터 산업을 촉발시켰다.

3차 산업혁명이 정보화 산업이 핵심이라면, 4차 산업혁명의 핵심은 데이터 산업이다. 하지만 4차 산업혁명에서 말하는 데이터는 과거 아날로그 형태에서 디지털로 변형된 단순한 데이터만을 의미하지 않는다. 일반 숫자나 문자, 그림을 포함한 디지털 자료들을 흔히 1차 데이터라고 지칭할 수 있는데, 지금까지 알려진 빅데이터는 이 1차 데이터의 양적 크기를 의미해 왔다. 그러나 4차 산업혁명에서 말하는 데이터는 방대해진 양적 크기의 데이터 속에서 새로운 판단이나 의미를 부여할 수 있는 의사 결정 데이터, 또는 의사 결정 기준이 되는 기준 데이터를 말한다. 미래의 산업적 가치를 결정하는 기준은 많은 데이터 속에서 의미 있는 데이터, 또는 가치 데이터를 누가 더 많이 보유하고 있느냐가 미래 핵심 기술의 경쟁력이라 할 수 있을 것이다. 최대 핵심 기술의 경쟁력이 될 것이다. 빅데이터 산업은 곧, 2차 데이터의 생성 기술과 관리 기술, 그리고 2차 데이터를 근간으로 하는 비즈니스 전략 기술이 미래 산업의 빅데이터 기술 경쟁력이 된다.

현재 실시간으로 늘어나는 방대한 데이터의 증가 속도와 양적 증가는 다양한 산업에서 새로운 산업이 재탄생되고 있다. 이것은 새로운 데이터에 의한 의사 결정 시스템과 플랫폼의 탄생을 의미한다.

미래 산업을 결정하는 빅데이터의 기술 영역은 크게 3가지로 나눌 수 있다.

① 방대하게 늘어나는 데이터의 양적 크기를 효율적으로 관리 운영할 수 있는 빅데이터 운영관리 기술

② 방대한 데이터 속에서 의미 있는 가치를 창출할 수 있는 2차 데이터 생성 기술과 새로운 비즈니스 전략을 창출할 수 있는 빅데이터 비즈니스 전략 설계 기술_{알고리즘 기술}

③ 비즈니스 전략 설계 기술을 기반으로 하는 빅데이터 비즈니스 플랫폼 서비스 기술

이렇게 정의된 빅데이터 산업의 3가지 영역에 대하여 자세하게 알아보도록 하겠다.

2. 빅데이터 산업별 4차 산업혁명 추진 상세 내용

① 빅데이터 운영관리 기술은 대한민국이 특히 취약한 기술 분야이다. 방대한 데이터를 효율적으로 관리하는 운영 시스템 기술과 데이터 분석 소프트웨어 부문은 이미 외국 유명 솔루션 업체가 국내 시장을 점령하였다. 그래서 현재는 빅데이터 운영관리 기술의 외국 기술 의존도가 매우 높아서 국내 기술력이 매우 취약한 분야이다. 대한민국의 빅데이터 운영관리 기술 경쟁력을 위하여 장기적인 시스템 운영 체계 기술에 대한 정책적 지원이 매우 필요한 분야이다. 시스템과 네트워크, 데이터 처리 응용 기술을 하나의 통합적 기술로 인식하여, 외국의 플랫폼과 관리 운영 기술을 벤치마킹해야 한다. 그래서 장기적인 플랫폼 응용 체제의 독자적 기술을 확보할 수 있도록 데이터 운영관리 체계의 시스템적 기술 역량을 전략적으로 육성하고 양성하도록 준비해야한다.

② 방대한 물리적 빅데이터 속에서 새로운 의미를 찾아내는 핵심 데이터DNA를 생성하는 기술이 매우 중요한 시대가 되었다. 이것을 2차 데이터라 지칭한다. 이렇게 생성된 2차 데이터는 기존 산업에 새로운 비즈니스 탄생과 다른 사업과의 융·복합 산업을 촉발시킬 뿐만 아니라, 새로운 비즈니스 산업을 만들 때 활용할 수 있는 핵심 데이터가 되기도 한다. 결국, 2차 데이터는 새로운 비즈니스 전략적 판단이 되는 의사 결정 데이터이며, 이러한 의사 결정 판단을 명확히 할 수 있는 설계 기술을 빅데이터 비즈니스 전략 설계 기술이라 한다. 빅데이터 비즈니스 전략 설계 기술은 그 용어도 세계적으로 잘 알려지지 않은 빅데이터 분야의 숨겨진 기술 영역이다.

이 기술 영역은 빅데이터 기반의 미래 전략을 만들거나 서비스 플랫폼을 완성하기 위한 매우 중요한 준비 과정이며, 향후 특정 산업을 특별하게 성장시키기 위한 중요한 국가적 산업 영역이기도 하다. 비즈니스 전략 설계 기술은 현재의 불확실성과 불규칙 환경의 변화 요소를 찾아 새로운 의사 결정 기준이 되는 2차 데이터의 생성을 의미하고, 이를 비즈니스 전략적 플랫폼으로 완성시키는 설계 기술을 의미한다. 이 기술 영역은 향후 4차 산업혁명이 성숙되는 시기에 가장 강력한 기술 집약형 산업으로 발전하게 될 가능성이 높다. 새로운 기술 영역인 빅데이터 비즈니스 전략 설계 기술을 산업적으로 발전시키기 위해서는 다양한 비즈니스의 전략 모형들을 단순화된 전략 모형을 구조화하는 방법론과 모델링 기법이 필요하며, 각 산업별로 창조적 전략 방법론을 재구성해야만 한다. 그리고 다양한 산업 변화를 통합적 사고에 의하여 구조화시킬 수 있는 창조적 인재 육성 프로그램이 반드시 필요하므로 특별한 데이터 교육을 위한 정책적 전략이 체계적으로 준비 되어야 한다.

③ 빅데이터 비즈니스 플랫폼 서비스 기술 영역은 한마디로 눈에 보이는 결과, 즉 플랫폼을 완성하여 서비스를 실현시키는 현실적인 기술 영역이다. 특정 산업에 국한하지 않고, 전 산업 분야에서 구체적인 창조적 플랫폼을 실험적으로 실현해 보는 시대적 도전과 결과의 문제점을 극복하는 시대적 기술 분야라고 할 수 있다. 특히 기존 전통적인 산업에 빅데이터와 각종 IoT센서에 의한 수신된 정보를 이용하여 새로운 비즈니스 형태의 플랫폼 서비스가 모든 산업에서 일어나도록 정책적 지원이 필요하다. 결국, 대한민국의 국가적 미래 전략으로 고려할 만한 것은 독자적인 빅데이터 운영관리 기술을 육성 발굴하고, 독창적인 빅데이터 비즈니스 전략 설계 기술과 방법론을 개발함으로써 새로운 형태의 비즈니스 플랫폼 서비스를 완성하여 글로벌 산업을 주도할 수 있는 경쟁력을 정책에 반영하는 것이 지금 중요한 과제이다. 이를 위한 단계적 산업 발전 전략이 시급하다.

1. 산업별 발전 단계 로드맵

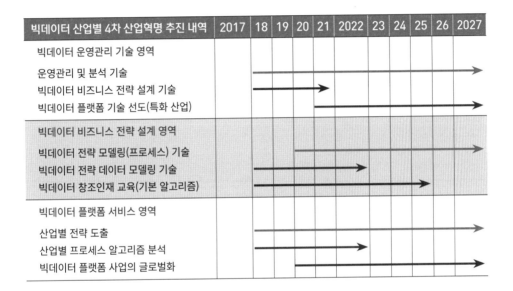

빅데이터 산업별 4차 산업혁명 추진 내역	2017	18	19	20	21	2022	23	24	25	26	2027
빅데이터 운영관리 기술 영역											
운영관리 및 분석 기술											
빅데이터 비즈니스 전략 설계 기술											
빅데이터 플랫폼 기술 선도(특화 산업)											
빅데이터 비즈니스 전략 설계 영역											
빅데이터 전략 모델링(프로세스) 기술											
빅데이터 전략 데이터 모델링 기술											
빅데이터 창조인재 교육(기본 알고리즘)											
빅데이터 플랫폼 서비스 영역											
산업별 전략 도출											
산업별 프로세스 알고리즘 분석											
빅데이터 플랫폼 사업의 글로벌화											

2. 산업별 발전 단계별 추진 전략

1) 빅데이터 운영 및 관리 기술

현재 빅데이터 산업에서 가장 활발한 기술 분야는 시시각각 늘어나는 물리적 양적 데이터를 관리하기 위한 운영 소프트웨어 산업이다. 국내뿐 아니라 전 세계적으로 시장 점유율이 높은 대용량 데이터 관리 소프트웨어 대부분이 외국 유명 기업의 기술들이다. 또한, 국내 빅데이터 전문가, 또는 데이터 과학자라는 이름으로 수많은 빅데이터 기술 교육과정을 지원하고 있다. 대부분 데이터의 외형적 관리 운영 체계와 통계 기반의 응용 분석 프로그램에 집중되어 있으며, 데이터 관리에 편향되어 있다. 데이터는 시간이 가면 갈수록 폭발적으로 늘어나기 때문에, 물리적인 데이터 관리 기술 인력의 육성은 매우 중요하다. 하지만 단순한 데이터 운영 기술을 위한 무차별적 운영 인력의 양성 정책은 실제 빅데이터 산업과 큰 차이가 있다. 오히려 운영 기술보다 체계적인 관리 응용 기술 개발을 위한 정책적 지원이 더 큰 의미를 갖는다. 국내의 빅데이터 관련 기업이나 운영 플랫폼 관련 기술들이 외국에서 독창적인 기술로 인정받거나 시장 독점력을 가진 기술은 매우 드물다. 국내 데이터 관리 기술을 독자적인 실험을 할 수 있는 여건도 매우 열악하고, 시장 수요처 대부분이 외국 기업 솔루션의 레퍼런스_{실사용 기업}를 중시하는 문화도 무시할 수 없기 때문에 국내 빅데이터 기술의 성장이 원천적으로 차단되는 시장 상황에 처해 있다.

국가의 산업적 관점에서 필요한 빅데이터 요소 기술 중의 하나는 빅데이터 시스템 운영관리 체계와 데이터 분산 처리 기술에 대한 전문적인 기술을 찾아 발굴하고, 이를 국가 차원에서 육성하여야 하며, 장기적인 지원으로 10년, 20년 이후의 데이터 산업 지배력을 점차 확대할 수 있도록 국가적 정책이 필요하다.

2) 빅데이터 비즈니스 전략 설계 기술 Big data Strategy Plan

대한민국 4차 산업혁명의 미래 발전 전략 중에 가장 중요한 핵심 기술은 빅데이터 관련 기술이라 해도 과언은 아니다. 빅데이터 관련 기술 중에서 빅데이터 비즈니스 전략 설계 기술은 그 핵심 중의 핵심으로 꼽을 수 있다. 국내뿐 아니라 외국에서도 이 전략 설계에 관한 기술 영역을 언급한 사례는 거의 없을 만큼 매우 생소한 분야이다. 하지만 미래 변화의 불규칙성과 불확실성을 데이터로 추적하여 검증할 수 있는 빅데이터 전략적 모델링 기술이 매우 필요하다는 것에 반대할 사람은 없을 것이다. 바로 이와 같은 방법을 만들어 내는 기술이 빅데이터 비즈니스 전략 설계BSP 기술이다. 이 기술은 모든 산업에서 부각되는 새로운 전략 기술 중의 하나가 될 것이다. 현재 경제와 정치, 산업에서 나타나는 모든 불규칙적 변화들을 과거의 경험이나 직관으로 대처할 수 없다는 사실은 너무나 당연한 이치가 되었다. 급격한 산업 변화 요인을 찾아서 의미 있는 데이터2차 데이터로 만드는 기술과 그 핵심 데이터2차 데이터에 의한 의사 결정 알고리즘을 실현시키는 설계 기술이 빅데이터 비즈니스 전략 설계 기술이다.

4차 산업혁명을 주도하는 핵심 기술 중의 하나인 빅데이터 비즈니스 전략 설계 기술은 이미 글로벌 사업의 독점적 지위를 갖는 기업들이 대부분 사업화에 성공한 모델들이다. 또한, 독창적인 아이디어와 전략적 설계 능력을 가진 기업이거나 리더들이 글로벌 산업을 현재 주도하고 있다. 창조적인 비즈니스 전략 설계 기술을 보유한 기업과 준비되지 않은 기업 간의 산업적 평가와 결과의 격차는 시간이 가면 갈수록 점차 더 심각히 벌어지고 있다. 과거에 글로벌 산업의 기술을 주도했던 기업들은 대부분 외형적 제품이나 서비스, 즉 하드웨어 기술과 제품이 주류를 이루었으나, 4차 산업혁명의 대부분 기술들은 점차 보이지 않는 기술, 즉 소프트웨어 형태의 플랫폼 서비스가 주류를 이루고 있다. 이로 인하여 데이터에 의한 전략적 판단이 중요하다는 인식이 현실화되고 있다. 이러한 산업 변화를 주도할 수 있는 장기적 전략은 데이터에 의한 미래 전략을 수립할 수 있는 특별한 인재 육성

교육 프로그램의 개발과 특별한 정책적 제도가 뒷받침되어야만 한다. 창조적 플랫폼을 탄생시킬 수 있는 특별한 데이터 인재 육성 정책이 필요한 이유가 소프트웨어 중심의 플랫폼 서비스의 설계가 그만큼 중요해 졌기 때문이다. 향후 사회는 더욱 복잡하고 다양한 산업이 출현될 것이며, 그때마다 복잡한 프로세스가 요구될 것이다. 하지만, 복잡한 프로세스를 단순한 구조로 변형시킬 수 있는 혁신적인 데이터 인재의 필요성은 당연히 시대적으로 요구되는 시점이 오게 된다. 그렇기 때문에 미래산업의 핵심 전략은 데이터 전략을 설계할 수 있는 데이터 인재 육성 정책에 집중해야 하는 이유인 것이다.

3) 빅데이터 비즈니스 플랫폼 기술 선도 특화 산업

대한민국이 현재 경쟁력이 있는 제조 산업과 서비스 산업 부문에서 기존 산업과 4차 산업혁명의 핵심 기술인 빅데이터를 융합한 새로운 비즈니스 산업을 발굴하고, 체계적인 비즈니스 플랫폼을 만들어 내는 것이 향후 4차 산업혁명을 주도하기 위한 중요한 산업 전략이다.

현재는 4차 산업혁명 초기에 해당되기 때문에, 방대한 데이터를 기반으로 서비스하는 플랫폼을 추구하고 있지만, 향후 빅데이터 플랫폼의 형태는 여러 산업의 플랫폼과 플랫폼이 동시에 연결하여 시너지를 발생시키는 초연결성의 비즈니스 플랫폼으로 확대될 가능성이 매우 높다. 앞서 소개한 빅데이터 비즈니스 전략 설계 기술BSP은 초연결성의 비즈니스 플랫폼을 만들기 위한 기초적인 전략적 설계 기술에 해당하며, 향후 글로벌 비즈니스 플랫폼의 다양성에 부합된 설계 역량은 더욱 높은 수준의 전략 설계 기술을 요구하게 될 것이다. 또한, 빅데이터 비즈니스 플랫폼을 실현할 수 있는 기술적 역량은 불확실성 산업 구조에서 지속 가능한 성장과 기업 생존력을 더욱 강화시키는 중요한 기술 영역으로 자리 잡게 될 것이다.

빅데이터 산업에 관한 대한민국 정책들 대부분이 빅데이터 관리 및 운영 기술에 정책 지원이 편중된 경향이 있다. 그러나 미래 지향적 산업 인프라를 고려한다면, 관리 기술 영역에서 산업 전략 기술 영역으로 확대할 필요성이 있다. 특히 외국 빅데이터 솔루션의 운영관리 기술 교육을 중심으로 하는 기술 교육 정책은 신중하게 검토해야 할 대상이다. 4차 산업혁명은 기술과 데이터의 새로운 융합 산업이 그 핵심이다. 그렇기 때문에 미래 산업의 다양한 변화를 수용할 수 있는 빅데이터 기반의 비즈니스 플랫폼을 만들고, 수정하며 지속적인 플랫폼 업그레이드를 통하여, 새로운 플랫폼으로 재창조할 수 있는 역량을 만들 수 있도록 기술정책을 전환해야만 한다. 지금의 전통적인 산업들은 4차 산업혁명의 거센 변화에 심각한 위기의식을 가지고 있다. 빅데이터에 의한 새로운 산업 구조를 재설계할 수 있는 능력을 갖춘 기업들은 모든 산업 분야에서 두각을 나타나고 있으며, 그래서 빅데이터 비즈니스 전략 설계와 플랫폼 서비스 기술은 점차 산업적 영향력이 더 커질 것으로 전망된다.

향후 국내외 해외 산업환경의 변동성이 커지는 현실을 감안하면, 빅데이터 산업은 더욱 큰 가치와 희소성이 커지게 된다. 현재 국내 기업과 공공기관의 빅데이터 플랫폼 기술을 외국 기업 솔루션에 의존하도록 방치한다면, 대한민국은 향후 상상할 수 없는 글로벌 데이터 종속국이 될 뿐 아니라, 국민 모두의 인적, 지적 콘텐츠가 글로벌 기업에 종속될 가능성도 배제할 수 없다. 그렇기 때문에 빅데이터 비즈니스 플랫폼의 독자적인 기술과 데이터의 독립성을 위해서도 국가적인 장기적 데이터 기술 관리에 대안들을 마련하는 것이 시급하다. 대한민국은 과거부터 지적 역량이 매우 우수한 민족이며, 교육적 학구열도 가장 손꼽히는 국가 중의 하나이다. 새로운 산업적 발견과 미래 콘텐츠 플랫폼 기술을 개척하여 발전시키는 전략적 정책 방향성을 정립하고, 지속적인 기술 연구 사업화를 제도적으로 장려하여 장기적인 산업 변화의 요소 기술을 보유한 산업에 대비해야만 한다.

3. 빅데이터 산업 발전을 위한 제언

1) 빅데이터 기술 육성 정책 및 기술 패러다임 전환
(정보 모델링 → 전략 모델링)

ISP(정보화 전략 수립) → BSP(빅데이터 전략 수립 – 전략 모델링)

2) 빅데이터 기술 인재 정책의 패러다임 전환

빅데이터 통계 기반 교육에서 비즈니스 융합 전략 교육 전환

① 수학적 인재 육성 지양: 통계 및 수리 등 학문적 역량

② 비즈니스 융합 모델 수집: 사회 변화와 기술 변화의 융·복합 역량

③ 중장기 미래 융합 전문가 육성: 시니어 IT 개발자의 재교육 정책

대한민국 빅데이터 산업 현황과 육성 전략

박정은 한국정보화진흥원 정책본부장

권영일 한국정보화진흥원 빅데이터센터장[1]

I 빅데이터 산업 현황과 전망

4차 산업혁명 시대를 여는 핵심은 데이터라고 해도 과언이 아니다. 데이터는 새로운 시대를 여는 자원이자 도구이다. 센서와 스마트폰의 보급은 데이터의 생성·수집의 폭증을 가져 왔고 머신러닝 등의 인공지능 기술을 통해 그 활용 가치가 기하급수적으로 늘고 있다. 특히 빅데이터는 최근 1~2년 전까지도 IT 업계의 마케팅을 위해 활용되는 유행어로 간주되는 등 거품buzz word도 있었으나 현재는 인공지능AI, 데이터 기술이 금융, 유통, 의료 등 모든 산업 분야로 확산되고 있다.

이에 정부는 빅데이터를 유망한 신성장 동력 산업 분야로 선정하고 미국 등 선진국과의 격차를 줄이기 위해 과감한 투자를 지속하고 있다. 국내 빅데이터 시장은 '16년 3,440억 원 규모의 시장을 형성하며 전년'15년 2,623억 원 대비 30% 이상 높은 성장세를 보였다. 빅데이터 도입도 지속적으로 증가하여 5.8%에 이르렀는데 전년도 4.3%에 비하여 1.5% 성장하였다. 기업과 정부의 데이터 기반의 의사 결정 증가, 데이터가 국가경쟁력의 원천이라는 인식, 인공지능의 부상, 데이터 유통에 대한 기대, 비정형 데이터의 증가로 민간 투자 주도로 변화하며 향후에도 지속 성장할 것으로 예측된다.

---

1) 본 내용은 집필진 개인 의견으로 정책이나 기관의 입장이 아님을 밝힙니다.

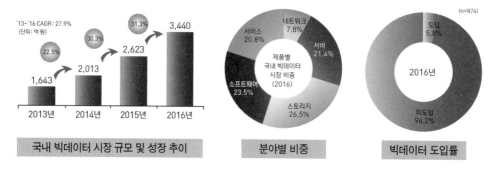

[한국정보화진흥원, 2016년 빅데이터 시장현황조사, 2016]

[그림 3-4] 국내 빅데이터 시장 규모

Ⅱ 빅데이터 산업 주요 내용

빅데이터 시장은 아직 범위가 명확히 제시되어 있지는 않다. 그러나 빅데이터는 데이터 분석 공급 산업의 육성뿐 아니라 빅데이터를 활용하는 산업을 늘리는 것이 산업 육성에서 매우 중요하다. 따라서 정부는 빅데이터 산업 육성을 단순한 HW, SW 등을 확대하는 것 외에 빅데이터 활용 활성화를 함께 추진하고 있다. 이와 같이 빅데이터의 수요와 공급을 조화롭게 성장하도록 함으로써 빅데이터 시장을 확대해 나가고 있는 것이다.

이러한 측면에서 빅데이터 산업은 빅데이터는 분석을 위한 인프라 산업, 데이터 가공, 처리, 분석의 SW 산업과 빅데이터 분석 결과를 해석하여 제공하는 서비스 산업으로 우선 정리해 볼 수 있다.

① 빅데이터 인프라 산업은 데이터를 저장, 처리하는 등 빅데이터를 위한 기초 자원을 담당하는 하드웨어 및 운영 체제를 망라하며 데이터의 저장 능력과 데이터의 처리 능력이 경쟁력이며, 자체 인프라를 구축하거나 가상화를 위

한 클라우드컴퓨팅 인프라를 구축해 주는 산업이다.

② 빅데이터 SW 산업은 빅데이터를 위한 인프라, 즉 클라우드 컴퓨팅 서비스와 하드웨어 시스템 종류와 무관한, 즉 하드웨어에 종속되지 않은 처리 소프트웨어, 분석 소프트웨어 산업을 의미한다.

③ 서비스 산업은 애플리케이션과 관련하여 사용자가 주로 웹브라우저를 통해 빅데이터와 소통하는 메커니즘을 제공하며 빅데이터 처리 결과를 바탕으로 소비자가 원하는 분석 결과를 시각화 등을 통해 제공하거나 시장에 유통시키는 산업이다.

빅데이터 서비스의 경쟁력은 데이터 처리, 분석 능력에 달려 있다. 데이터 처리 속도, 데이터 저장 용량 등 빅데이터를 구성하는 인프라, 즉 하드웨어는 빅데이터를 구성하는 중요한 요소 중 하나이다. 그러나 클라우드 컴퓨팅 기술의 발전에 따라 과거 개별 사용자 또는 기업이 할 수 있는 범위를 크게 능가하는 하드웨어 인프라를 클라우드 서비스 공급자를 통해 이용이 가능하다. 따라서 최근에는 인프라에 구축에 대한 관심과 투자에서 수집된 빅데이터를 실시간으로 분석할 수 있는 컴퓨팅 기술, 즉 소프트웨어 기술 분야로 옮겨지고 있으며, 하둡, 맵리듀스, NoSQL 등 빅데이터란 이름으로 언급되는 기술들은 데이터를 실시간으로 분석할 수 있도록 하는 분산 병렬 컴퓨팅 기술이며 협의의 빅데이터 기술로 사용[2]되고 있다.

빅데이터는 서비스의 적용 분야에 따라 ① 공공 빅데이터, ② 제조 빅데이터, ③ 금융 빅데이터, ④ 유통 빅데이터, ⑤ 의료 빅데이터 산업 분야 등이 현재 주목받고 있다. 각각 분야별 빅데이터 산업에서의 주요 이슈는 다음과 같다.

---

2) 빅데이터 시대의 한국, 갈라파고스가 되지 않으려면(LG경제연구원)

[표 3-1] 산업별 빅데이터 주요 적용 분야

산업	주요 이슈
공공	편리성, 안전 등 공공 서비스 향상을 위한 빅데이터 구축 및 개방 활성화 초점
제조	스마트 팩토리/인더스트리4.0 활성화, 센싱 데이터(IoT) 기반의 생산에서 품질/수율 중심 서비스 안정성(반도체, 제조공장), 타이어/화학 등의 프로세스(예측정비)
금융	인터넷 로그, 콜센터, 소셜 데이터 고객 성향 분석, 핀테크와 결합한 빅데이터 보안
통신	로그 데이터 기반의 고객 마케팅 및 제품 판매
유통/물류	고객관리/마케팅 분야에서 고객 성향 분석에 초점
의료	개인 맞춤형 의료 데이터, 진단, 처방, 연구, 영업점 관리, 프로모션 분야에 적용

자료 : 한국정보화진흥원, 2016년 빅데이터 시장현황조사, 2016

Ⅲ 빅데이터 산업 육성 전략　　🔍

　　과학기술정보통신부는 빅데이터 기반 산업 경쟁력 강화 정책을 추진해 오고 있다. 이의 지원을 위해 한국정보화진흥원은 ① 빅데이터 정책 기획 및 이용 활성화 기반 조성, ② 빅데이터 플래그십 사업 발굴·추진, ③ 빅데이터 기반 창업·사업화 및 기반 인프라 제공, ④ 중소기업 빅데이터 활용 지원, ⑤ 데이터 유통 시장 활성화, ⑥ 데이터 기반 미래 전략 수립 등의 사업을 추진하고 있다. 빅데이터 플래그십 사업은 통신 빅데이터를 활용한 심야버스 노선 정책 수립 지원, 감염병 질환 예보서비스 등으로 빅데이터 저변 확대에 큰 기여를 하였다. 중소기업의 빅데이터 활용을 위해 중소·벤처기업 대상 빅데이터 솔루션 매칭50개사 등을 통해 새로운 비즈니스 가치 창출 기회 제공를 제공하였다. 이런 사업의 결과로 2016년 수제 구두 업체인 칼렌시스의 경우 빅데이터를 활용한 신제품 출시 및 타겟 고객 특성 분석을 통한 맞춤형 마케팅을 수행하여 전월 대비 매출액 48% 증가의 성과를 이루기도 하였다.

빅데이터 시장 측면에서 볼 때 국내에서는 기업들만의 투자와 산업을 형성하기에는 시장이 협소하고 여전히 시장 실패 Market Failure 가 일어나고 있어 수요 진작을 위한 정부의 선투자가 불가피하다. 민간 IT 기업은 자체적으로 장기적인 R&D나 대규모 투자 시 시장 실패 위험이 높아 투자를 하지 않으므로 공공 수요 활성화와 R&D, 기반 조성 등에 대한 대규모 재정 투자가 있어야 할 것으로 판단하며, 민간 기업의 투자에 대해서는 현재의 세제 혜택을 유지하거나 강화하는 것이 필요하다. 빅데이터 활성화와 4차 산업혁명의 촉발을 위해서는 데이터의 유통 · 활용 기반을 마련해서 산업 구조 및 사회 구조를 개편해 갈 필요가 있다. 금융 · 유통 · 제조 등 각 산업 분야에서 빅데이터 기업들이 솔루션 및 분석 데이터 시장 초기 수요 확보해야 규모의 경제가 가능할 것이다. 중소기업의 경우 빅데이터 분석 시스템과 전문 인력이 없으므로 중소 · 벤처기업 대상 솔루션 매칭 등 제조 · 유통 · 소매 등에 빅데이터 활용 지원을 통해 새로운 비즈니스 가치 창출 기회를 확대해 나갈 필요가 있다. 빅데이터 분석 수요가 있는 중소기업을 대상으로 빅데이터 솔루션을 매칭하여 활용을 통한 시장 확대 정책이 가능할 것으로 판단된다. 제조업, 서비스업, 오프라인 유통 등 다양한 업종의 중소기업에 빅데이터를 활용한 제품, 서비스 기획, 생산 효율화, 마케팅 등의 지원을 수행할 수 있다. 인공지능 AI, 데이터 기술이 전 산업 분야에 적용되어 경제 · 사회 구조의 근본적 변화를 촉발시키는 기술 혁명이 눈앞에 와 있다. 빅데이터 기반의 기술 · 산업이 융 · 복합되어 신제품 · 서비스가 빠르게 창출되고 산업 간 경계 파괴가 가속화되고 있다. 오픈 데이터, 빅데이터 활용을 통해 서비스 총비용 Total Cost 또는 총소유비용 Total Cost of Ownership 최소화 또는 한계비용 제로 Marginal Cost Zero 혁신 기업이 속속 출현하고 있다. 지능정보 AI, 자율 주행 자동차 등 4차 산업혁명 패러다임에서 일자리 축소에 대한 우려가 다소 있으나, 미국은 오바마 정부 8년간 빅데이터, 클라우드 등 신생 혁신 기업들이 속속 출현, 기업들 간에 개방적 혁신 Open Innovation 을 통해 실업률이 2009년 10%에서 2017년 1월에는 4.8%으로 완전 고용 수준에 근접하고 있다. 데이터를 보유하고 있는 기업 주도 경제에서 데이터를 자유자재로 다루어 사업화할 수 있는 혁신 기업과 시장 창출을 위해 핵심 데이터의 생성·수집·활용이 가능한 인프라 조성과 사업화 지원이 확대되어야 할 것이다. 4차 산업 생태계에서 선·후발 격차가 갈수록 커져 앞으로 3~4년의 골든타임이 중요하므로, 국내의 빅데이터 시장 수요 진작과 산업 활성화를 위한 정부의 적극적인 투자가 지속되어야 한다.

04

대한민국 4차 산업혁명
지능형 유기 반도체 산업 발전 전략

차원용 아스팩미래기술경영연구소(주) 대표

I 주력 산업별 주요 추진 내용

1. 지능형 유기 반도체 추진 영역

디지털데일리는 "반도체 업계의 차세대 먹거리와 현재 이슈"라는 제목을 통해 다음과 같이 보도했다'17.10.19. 컴퓨터를 기반으로 성장해 왔던 반도체 시장은 스마트폰의 등장으로 새로운 모멘텀을 확보하고 지금껏 지속 성장이 가능했다. 앞으로는 어떻게 될까. 간단한 질문으로 보이지만 반도체 업계를 포함한 전자 산업계의 생존이 걸린 중대한 문제이다. 2017년 10월 18일 삼성동 코엑스에서 열린 '제17회 국제 정보디스플레이 전시회IMID 2017'를 통해 이 문제가 공론화됐다. KSIA한국반도체산업협회 소속 임원 및 국내 증권사 연구원 등 각계 전문가들의 견해에 따르면, 반도체 시장의 성장이 지속되는 상황에서 업체들의 먹거리 찾기 눈치싸움은 더 치열해질 것으로 보인다. 새로운 성장 모멘텀이 필요한 시점이다. 그렇다면 현재 국내 반도체 업체가 관심을 가지고 있는 차세대 먹거리는 무엇이 있을까. 우선 4차 산업혁명의 전조 현상이 반도체 업계에도 드리워짐에 따라 인공지능AI 및 빅데이터, 머신러닝 등이 반도체 기술에 접목될 가능성이 꾸준히 제기되고 있다는 점에 주목할 필요가 있다. 안기현 KSIA 상무는 "AI 반도체가 이뤄지려면 설계, 알고리즘, 공정 등 전 분야에 걸쳐 새로운 전환이 필요하다"라며 "기술적인 측면에서 우리나라가 장점이 있다. 학계에서 연구하는 분들이 많기에 2030년 안에 결론이 날 것"이라고 전망했다.

연합뉴스는 "대세 되는 AI칩 스마트폰, 2020년 전체 3분의 1 예상"이라는 제목으로 다음과 같이 보도했다'17.10.29. 애플이 2017년 9월에 출시한 아이폰8 시리즈와 아이폰X에서 먼저 선보인 AI 칩셋인 A11 바이오닉 Bionic 이 탑재된 스마트폰은 올해 전체 스마트폰의 3%에서 내년 16%, 2019년 26%로 급격히 늘어날 것으로 예측된다. 내년 후반에는 일부 프리미엄 폰뿐만 아니라 중가대의 모델까지 확대되고, 2020년이면 전체 출하량의 35%를 차지해 5억 대가 넘는 스마트폰이 이런 칩셋을 내장할 것이라는 관측이다. 애플의 최신 프로세서인 A11 바이오닉에는 뉴럴 엔진이 적용된 AI 칩셋이 장착됐다. 뉴럴 엔진은 초고속 프로세싱을 돕는 듀얼 코어 설계로 되어 있으며, 실시간 프로세싱을 위해 초당 최대 6,000억 번의 작업을 수행한다. 이 엔진은 애플이 새롭게 선보이는 얼굴인식 기능인 페이스 ID를 사용할 수 있게 돕고 추후 제작되는 증강현실 앱을 원활하게 쓸 수 있도록 한다. 화웨이는 2017년 10월에 AI용 연산장치가 내장된 고성능 모바일 칩세트 '기린 970'을 탑재한 프리미엄 폰 메이트 10을 선보였다. 화웨이는 AI 기반 이미지 자동인식을 가장 큰 매력 포인트로 내세우고 있다. 메이트 10은 분당 2,005개의 이미지를 인식하고, 촬영하는 대상에 따라 카메라의 설정을 최적화할 수 있다.

이렇듯 AI 반도체가 2030년까지 대세를 이룰 것이다. 우리나라는 이 대세를 잘 파악하고 이들보다 더욱 효율적인 지능형 유기 반도체를 추진해야 한다. 기존 2세대인 알파고를 비롯한 인공지능들은 음성·얼굴·사진·사물·감정 인식률이 90~95% 수준이다. 이를 뛰어넘어 99.5% 이상의 인공지능을 개발해야 한다. 또한, 지금 2세대의 인공지능들의 한계는 왜 그렇게 추론하고 판단했는지 그 과정을 설명해 주지 못한다. 예를 들어 알파고가 한국의 이세돌'16년 3월과 중국의 커제'17년 5월를 어떻게 이겼는지 설명을 해주지 않는다. 인공지능이 설명을 해주어야, 사용자와 인공지능과 협업도 할 수 있고, 쌍방향으로 의논·대화할 수 있다. 그래야 인공지능이 사람의 일자리를 뺏지 않고, 인간이 잘하는 것 디자인, 감성 표현 등은 인간이, 인공지능이 잘하는 것 수학, 물리, 바둑 등은 인공지능이 해야 공존 공생할 수 있다. 예를 들어 미국 국방과학연구소 DARPA 는 2016년에 설명 가능한 인공지능 Explainable Artificial Intelligence, XAI 개발을 제안하고 David Gunning, 11 Aug 2016, 2017년 7월부터 7,000만 달러약 840억 원를 XAI 개발에 투자하고 있다. 우리나라는 더 나아가 인공지능 AI 뿐만 아니라 우리 두뇌가 갖고 있는 점핑하고 우회하며 불을 붙이는 Spiking Neural Network, SNN 뉴런과 시냅스의 생물지능 Biology Intelligence, BI 을 융합해야 하고, 나비나 개미들이 갖고 있는 자연지능 Natural Intelligence, NI 까지, 계속해서 새로운 + α 를 찾아 융합해야 한다. 또한, 저전력으로 작동하는 융합 칩을 개발해야 하는데, 이세돌과 격돌한 알파고 리 AlphaGo Lee 의 전력 소모는 슈퍼 컴퓨터와 맞먹는 1MW를 소비한 반면 이세돌은 20W만을 소비했다. 왜 에너지 소비가 크냐 하면, 지금의 모든 칩은 고체 칩이기 때문이다. 고체 칩을 뉴런과 시냅스와 같은 세포의 유기체 칩으로 대체해야 하는데, 현재 유기체 칩에 도전하고 있는 스탠퍼드대는 2017년 2월에 〈뉴로모픽 컴퓨팅을 위한 저전압 인공 시냅스의 비휘발성 유기 전기화학 디바이스〉라는 논문을 발표하기도 했다 van de Burgt et al., Nature Materials, 20 Feb 2017 .

자료: David Gunning, 11 Aug 2016

[그림 4-4-1] 미국 국방과학연구소(DARPA)가 2017년 7월부터 추진하고 있는 설명 가능한
XAI(Explainable Artificial Intelligence) 프로젝트(7,000만 달러=약 790억 원 투입)

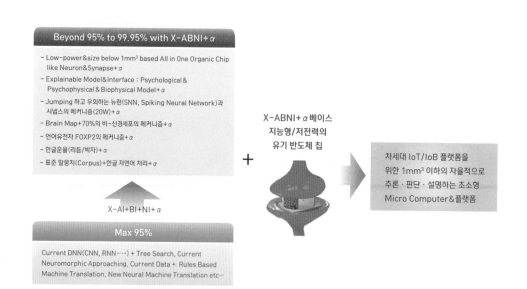

[그림 4-4-2] X-ABNI+α베이스 지능형 유기 반도체 산업의 향후 10년의 융합 프레임워크

결론적으로 99.5% 이상의 인식률에 설명이 가능하고Explainable, X 저전력으로 돌아가는, 동시에 인공지능AI +생물지능BI +자연지능NI + α 가 융합된 우리만의 X‐ABNI+ α 베이스의 유기 반도체를 개발 추진하고, 이를 다시 $1mm^3$ 이하의 초소형 Micro Computer에 융합해야 차세대 사물인터넷IoT 과 생체인터넷IoB 등 분야에서 우리가 4차 산업혁명을 주도할 수 있다.

2. 지능형 유기 반도체 추진 상세 내용

우선 X‐AI+BI+NI+ α 의 기본적인 융합 연구가 필요하다. 여기에 우리 한글의 표준 말뭉치를 최대한 확보 획득하고 통역을 위한 한글 운율리듬/박자 도 연구하고, 설명 가능한 모델과 인터페이스Explainable Model & Interface 를 연구개발해야 한다.

또한, CPU, GPU, NPU, TPU, BPU, 센서, 통신 칩셋, 메모리, 배터리+ α 등으로 구성된 AP에 X‐ABNI+ α 를 통합한 유기체 칩을 개발해야 한다. 퀄컴Qualcomm 이 2013년 10월부터 개발하기 시작한 인간의 스파이킹 뉴럴 네트워크Spiking Neural Networks, SNN를 모방한 제로스Zeroth 라 불리는 Neural Processing UnitNPU 가 탑재된 Snapdragon 820을 '17년 7월에 일반에게 공개한 것을 벤치마킹하여, 우리나라는 퀄컴보다 더욱 강력한 X‐ABNI+ α 를 통합한다면, X‐ABNI+ α 가 탑재된 강력한 유기체 반도체 칩을 확보하게 될 것이다.

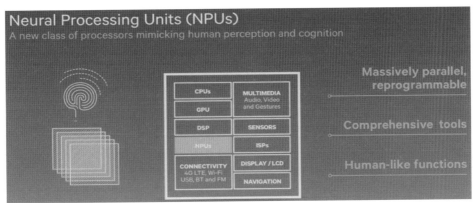

자료: Qualcomm Zeroth NPU. Image source: Qualcomm('17년 7월)

[그림 4-4-3] Qualcomm Zeroth NPUs

그다음 차세대 IoT/IoB 플랫폼 시장을 위해 가로-세로-높이 1mm³ 이하의 자율적으로 판단하고 설명하는 초소형 Micro Computer와 플랫폼에 도전해야 한다. 2015년에 미시건대학교가 10년 동안 개발한 쌀 한 톨 크기의, 부피 1mm³ 규모의 세계에서 가장 작은 초소형 컴퓨터인 Michigan Micro Mote M3를 개발했다 University of Michigan 17 Mar 2015. M3는 5센트

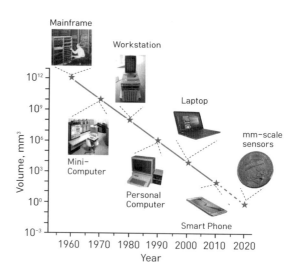

[그림 4-4-4] X-ABNI+α베이스 지능형 유기 반도체 산업의 향후 10년의 융합 프레임워크

동전 테두리에 세울 수 있을 정도로 작지만 동작·모션 감지, 혈액 감지, 혈관 막힘 감지, 당뇨 수준 감지, 생체 이미징, 먹는 내시경, 사진기, 온도계, 혈압측정기, 압력, 기후, 에너지 관리, 공기 및 물 관리, 교통, 동물 관리, 안전, 기계 작동, 스마트홈, 스마트카, 스마트 학교 등 다양한 IoT/IoB 역할을 할 수 있다. M3는 몇 개 층의 칩으로 이루어져 있는데, 앞 층은 센서들이고, 그다음 층은 라디오 칩이고 가운데 층은 마이크로프로세서와 메모리이며, 뒤 층은 태양전지 배터리로 이루어져 있다. 우리나라는 이보다 더 초소형에 X-ABNI+α를 융합한 유기체 반도체를 개발해 Micro Computer에 융합한다면 글로벌 IoT/IoB 시장을 주도할 수 있다.

1. 지능형 유기 반도체 발전 단계 로드맵

2020년까지 X-ABI, 2024년까지 X-ABNI+α가 탑재된 유기 반도체로 발전할 것으로 보이며, 2027년까지 이 모든 것들이 융합된 가로-세로-높이 1mm³ 이하의 자율적으로 판단하고 설명하는 초소형 Micro Computer로 발전할 것으로 보인다.

[그림 4-4-5] X-ABNI+α베이스 지능형 유기 반도체 산업 발전 로드맵

2. 지능형 유기 반도체 발전 단계별 추진 전략

X-ABNI+α의 유기 반도체 칩은 장기 10년으로 추진하되, 6년 차부터는 실증/적용하여 혁신 성장을 통한 고용 창출을 목표로 한다.

추진 전략/시기	1년	2년	3년	4년	5년	6년	7년	8년	9년	10년
X-ABNI+α 연구										
표준 말뭉치+한글 운율 (리듬/박자)+α										
Explainable Model & Interface										
CPU, GPU, NPU, TPU, BPU, 센서, 통신칩셋, 메모리, 배터리+α 등으로 구성된 저전력의 AP에 X-ABNI+α을 통합한 유기 반도체 칩 개발										
차세대 IoT/IoB 플랫폼 시장을 위한 가로-세로-높이 1mm³ 이하의 자율적으로 추론/판단/설명하는 초소형 Micro Computer와 플랫폼										
실증/적용 시작										
국외시장 개척										

3. 지능형 유기 반도체 산업 정책 제언

 기존 지능형 반도체 산업과 비교 분석 평가하되, 향후 10년간의 트렌드가 맞는지를 평가하여, 아니다 싶으면 과감히 일몰시키고 지능형 유기 반도체로 방향을 틀어야 한다. 여기에서 제안하는 지능형 유기 반도체는 연구할 것이 상당히 많으므로 국가가 주도하되 산학연 및 대-중소-벤처기업들로 2개의 컨소시엄을 구성하여 경쟁을 유도하면 성공할 가능성이 높다. 본 사업은 무엇보다 융합적 사고가 필요하고 중요함으로 사업을 추진하기 전에 사람의 융합 관점에서 장기간의 토론을 통한 상호 이해와 역할 분담을 유도해야 할 것으로 사료된다.

대한민국 4차 산업혁명
에너지 산업 발전 전략

정욱형 에너지코리아 대표

I 에너지 산업 주요 추진 내용

1. 에너지 산업 4차 산업혁명 추진 영역

인류 역사에서 모든 산업혁명은 새로운 에너지의 발견으로 촉발되어 더 많은 에너지를 요구하는 방향으로 전개되고 있다. 석탄과 증기기관으로 시작되어 석유와 엔진 등 내연기관을 거쳐 전기 에너지와 저장 장치에 기반한 디지털 혁신까지 에너지의 변화가 산업혁명의 근간이 되어 왔다.

그 이면에는 항상 이전보다 많은 에너지 소비를 전제로 하고 있으며, 인류는 에너지의 고효율화로 이를 대처해 왔다. 4차 산업혁명이 주도하는 미래에도 에너지 산업은 보다 깨끗하고 안전하며, 편리한 에너지를 보다 효율적으로 관리하는 방향으로 포커스가 이어질 것이다.

《에너지 혁명 2030》을 저술한 토니 세바는 청정 에너지로 인한 화석 연료와 원자력 에너지의 붕괴는 경제적이고 효율적이며, 값싸고 풍부한 에너지로 이동할 것으로 예측했다. 사람들이 유선전화에서 휴대폰으로 이동했듯이 화석 연료에서 자연에서 얻는 재생 에너지로 전환된다는 의미다.

이와는 다소 다른 의견으로 앞으로는 에너지원의 성격이 중요한 것이 아니라 종류를 불문하고 에너지를 청정하고 값싸며 풍부하게 효율적으로 관리할 수 있는 것이 4차 산업혁명을 대처하는 에너지 산업의 핵심이 될 것이라고 말하는 에너지 전문가들도 있다. 재생 에너지로의 변화는 앞으로도 상당한 시간이 걸릴 것이라는 전망 때문이다.

4차 산업혁명을 대비하는 에너지 산업은 산업 자체가 어떻게 변화할 것인가와 함께, 다른 산업들의 변화가 에너지 소비량에 어떠한 변화를 가져올 것인가와 이를 공급하는 방식이 어떻게 달라질 것인가에 주목하고 있다.

2. 에너지 산업 4차 산업혁명 추진 상세 내용

1) 에너지 설비 등 공급 회사 측면

에너지 산업에서도 인공지능, 사물인터넷, 가상현실Virtual Reality, VR , 증강현실 Augmented Reality, AR , 혼합현실Mixed Reality, MR , 빅데이터 활용 등 4차 산업혁명 관련 기술을 접목시키는 작업이 활발히 이루어지고 있다.

송전선이나 가스망 등 에너지 시설을 자동으로 점검하는 '드론'이 도입되고 있으며, 원격으로 사람들의 이를 대신하는 로봇 등도 도입되는 추세다. 한전은 전력 분야에 사물인터넷 기술을 적용한 '전력 IoT 에너지 플랫폼' 표준 모델을 개발했다. 이외에도 해상 풍력 및 화력 등 신재생 에너지와 발전 단지 주변 해역에서 빠르게 변화하는 해양 환경을 실시간으로 모니터링하기 위한 해수 수온 모니터링 기술을 개발 중에 있다.

화력발전소의 운영에도 로봇 적용이 추진되고 있다. 대표적으로 원격 조종 로봇스캐너를 이용하여 보일러 튜브의 결함을 평가하는 기술로, 현재 육안 검사와 튜브의 두께 측정 검사 등 인력을 통해 수행하고 있는 검사의 단점인 느린 검사 속도와 인력의 접근성 문제를 개선하기 위해 검사 로봇을 개발함으로써 검사 시간은 기존 66%로 줄이면서 검사의 정확성은 2배 이상 개선할 예정이다. 가상현실

VR과 증강현실AR을 이용한 교육과 훈련이 늘고 있다. 에너지 산업 전반에서 공정 관리, 자산관리, 재난 대응, 유지 보수, 대외 사업, 직무교육 등 다양한 분야에서 관련 정보 서비스 솔루션 및 소프트웨어 개발 활성화가 기대되고 있다.

2) 수요 자원의 최적화 등 소비자 측면

수요 자원관리 등 에너지 자원의 최적화를 위한 방법 연구도 진행되고 있다. 그 중 대학교 내의 건물들을 하나로 묶어 운영하는 캠퍼스 마이크로그리드나 신재생 에너지와 스마트그리드 및 정보통신 기술을 기반으로 도시 자원의 통합관리 및 에너지 효율 향상, 안전, 편리성 등 향상된 서비스를 제공하여 자원 소비와 운영 비용을 줄이는 지속 가능한 저탄소 미래 '스마트 시티'에 대한 연구도 활발히 진행되고 있다. 도시, 마을, 섬 등을 독립된 전력망을 갖고 스스로 필요한 에너지를 생산해 사용하는 것이다. 좀 더 나아가면 개개의 주택이나 건물이 그러한 기능을 갖는다는 것이 장기적인 목표가 될 것이다.

또한, 사물인터넷IoT 기능이 기본으로 탑재된 에너지 기기들도 출시되고 있다. 사용자가 외부에서 스마트폰으로 기기의 전원을 껐다 켰다를 하고 온도 조절 등 다양한 기능을 설정할 수 있다. 에너지기기 스스로가 사용자의 사용 이력을 분석해 최적화된 사용 환경을 제공하며 제품에 문제가 발생해도 사용자가 즉각적으로 오류 내용을 알 수 있도록 안내해 주는 동시에 스스로 문제를 진단하기도 한다.

스마트 에너지 사회에서 무엇보다 중요한 역할을 하는 전기차의 개발도 전 세계적으로 활발히 이루어지고 있다. 전기차의 배터리 기능은 재생 에너지의 저장과 함께 독립되고 분산된 에너지 네트워크를 가능하게 할 것이다.

1. 에너지 산업 발전 단계 로드맵

문재인 정부는 탈원전에 기반한 에너지 전환을 기본으로 하는 에너지 로드맵을 다시 짜고 있다. 우리나라는 2년에 한 번씩 전력 수급 기본 계획, 천연가스 수급 계획 등 개별 에너지원에 대한 로드맵을 세우고, 에너지 전반에 대해서는 5년에 한 번 기본 계획을 수립하고 있다. 이들 계획이 곧 다시 짜질 예정이어서 예전의 로드맵들은 그 기능이 축소되거나 의미를 잃을 전망이다.

2017년 10월, 정부는 공약사항이었지만 경제적 손실이 크다는 지적에 따라 공론화를 거쳐 신고리 5, 6호기 공사는 재개하고, 현재 계획된 6기의 신규 원전 건설 계획을 백지화했다.

정부는 현재 7%인 재생 에너지 발전량 비중을 2030년까지 20%로 확대되는 내용을 포함한 에너지 전환탈원전 로드맵을 확정 공개했다.

로드맵에 따르면, 정부는 현재 계획된 신한울 3 · 4호기와 천지 1 · 2호기 등 6기의 신규 원전 건설 계획을 백지화하고 노후 원전은 수명 연장을 금지하고 설계 수명을 연장해 가동 중인 월성 1호기는 전력 수급 안정성 등을 고려해 조기 폐쇄할 방침이다.

에너지 전환 로드맵에 따라 원전은 올해 24기에서 2022년 28기, 2031년 18기, 2038년 14기 등으로 단계적으로 감축되며, 정부는 이러한 원전의 단계적 감축 방안을 제8차 전력수급 기본계획~2031년과 제3차 에너지 기본계획~2038년에 반영할 예정이다.

원전의 단계적 감축과 관련해 적법하고 정당하게 지출된 비용에 대해서는 정부가 관계 부처 협의 및 국회 심의를 거쳐 기금 등 여유 재원을 활용해 보전하되 필요 시 법령상 근거를 마련할 계획이다.

현재 7%인 재생 에너지 발전량 비중을 2030년 20%로 확대해 원전의 축소로 감소되는 발전량을 태양광, 풍력 등 청정 에너지를 확대 공급하기로 했다. 폐기물 · 바이오 중심의 재생 에너지를 태양광 · 풍력 등으로 전환하고, 협동조합이나 시민 중심의 소규모 태양광 사업에 지원할 예정이다. 계획 입지 제도 도입을 통해 난개발 방지 및 관계 부처 및 공공기관 협업을 통해 사업 발굴도 확대된다.

2. 에너지 산업 발전 단계별 추진 전략

과거에 마련된 에너지 산업 로드맵은 의미가 없는 상황이다. 문재인 정부의 단계별 에너지 전환 로드맵은 현재 만들어지고 있고 이에 따른 단계별 추진 전략도 수립될 것이다.

재생 에너지 보급 확대와 관련해서는 새로 만들어질 에너지 로드맵으로도 재생 에너지의 비중은 2030년에 20%를 넘기는 것을 목표로 하고 있어서 당분간은 기존 화석 연료나 원자력을 기반으로 한 에너지 효율화가 중요한 전략이 될 전망이다.

그리고 미래의 에너지 산업은 기존의 공급 중심의 미래 발전 로드맵이 아니라 수요 중심의 로드맵이 짜여질 것이다. 스마트 시티나 스마트 건물 등의 확대가 4차 산업혁명과 관련해 중요한 전략이 될 것이다.

대한민국 4차 산업혁명
에너지 환경 산업 발전 전략

황일순 서울대 공대 에너지시스템공학과 교수, 한국공학한림원 정회원

I 미래 에너지 환경 산업 주요 추진 내용

1. 미래 에너지 환경 산업 주요 추진 내용

에너지 산업은 연간 1경 3,000조 원이 넘는 매출 규모를 가진 세계 최대 단일 산업이다. 식량 산업과 전자정보 산업이 각각 6,000조 원 및 4,000조 원의 규모로서 2위와 3위를 잇고 있다. 영국발 산업혁명으로 노동력을 열에너지가 대체하면서 세계 경제가 로마 중심에서 영미로 옮겨간 것도 이에 기반을 두었다. 20세기에 들어서전 기혁명, 정보통신혁명, 이제 4차 산업혁명으로 불리는 지능기술혁명으로 이어지면서 에너지의 소비는 지속적으로 증가하고 있다.

에너지 환경 분야는 과거를 돌아본 후에 미래를 내다보는 것이 유익하다. 과거에 인류는 나무, 석탄, 석유, 가스를 사용하여 공기 중에서 일어나는 산화반응으로써 에너지를 얻어 왔다. 화석 에너지는 약 1억 년 전의 쥐라기에 태양 에너지로써 광합성 반응을 일으켜 생성되고 땅속에 축적되었었다. 화석 연료 사용의 급증으로 지구 온난화와 미세먼지 문제 등 국내 및 국제적 환경 현안들이 가시화되면서 자원 한계성과 환경 지속 불가능성이 대두하였다.

그래서 화석 에너지를 대체하려는 노력이 필요하다는 공감대가 이루어지고 있

다. 태양광, 풍력, 수력, 지열 등 대부분의 대체 에너지는 자연 속의 원자력이다. 풍력과 수력은 태양광에서 발생하고, 지열은 땅속에 무진장 매장되어 있는 방사능 동위원소들이 내뿜는 열로 인한 핵붕괴 열이다.

지속 가능한 모든 자연계 에너지의 근원은 원자력이라는 사실이 아인슈타인에 의해 밝혀졌다. 그러나 자연 에너지는 간헐성과 저밀도 특성으로 인하여 이를 충분히 사용할 수 있는 지리적 여건을 갖춘 국가가 제한되어 있다. 인공적인 원자력 발전으로써 대량의 저탄소 에너지를 만들 수 있으나 핵확산 통제, 사용후핵연료 처리 및 사고 방지 측면에서 아직도 완전한 대책이 만들어지지 못하였다.

지식 정보 기술을 융합하여 에너지와 환경을 통합적으로 다룸으로써 지구 전체적이 지속 가능한 에너지 환경 솔루션을 도출하는 것을 4차 산업혁명의 목표로 정할 수 있다. 즉 원자력발전의 문제인 ① 핵확산, ② 사용후핵연료의 환경 문제 그리고 ③ 방사능 사고 위험을 해결하면서 ④ 경제성을 대폭 개선하는 것이 진정한 에너지 환경 4차 산업혁명이다.

핵확산과 사용후핵연료 문제는 납과 같은 액체 금속으로 냉각하는 제4세대 소형 초장수명 원전의 개발로 해결될 수 있다. 안전 문제는 소형화 및 출력 밀도의 하향 조절로써 해결된다. 원전의 연료인 우라늄은 바닷물에서 경제적으로 얻을 수 있게 되었으므로 인류가 지구에 살 수 있는 기간이 수억 년간 공급될 수 있다. 따라서 제4세대 원전의 소형화야말로 지속 가능한 에너지 환경 솔루션이다. 과거에는 우라늄 농축 비용이 워낙 높아서 초소형 원전은 군용으로만 사용되고 경제적 에너지원으로 쳐다볼 수 없었으나, 4차 산업혁명으로 생산, 운영 및 재활용의 표준화 및 자동화가 이루어질 수 있으므로 반도체 산업의 무어의 법칙에 따라 지속적인 비용 하락이 예상되므로 현장에서 맞춤형으로 건설되는 대형 원전보다 더욱 유리하게 될 전망이다.

고준위 방사성 폐기물도 없는 안전한 소형 원전이 가진 최고의 장점은 기후 변화와 미세먼지를 방지하는 환경 보호 기능이다. 특히 CO_2는 주로 신흥국에서 발생하고 있으므로 안전한 원자력을 신흥국에 확산하는 노력은 기후 보호에 가장 효과적인 방안이다. 나아가 4세대 소형 원전은 신재생 에너지와 연동하는 하이브리드 발전을 통하여 환경 보호에 더욱 효과적인 에너지가 된다.

4차 산업혁명으로 세계는 더욱 가까워지고 수송에 사용되는 에너지는 크게 증가한다. 따라서 3D 프린팅을 이용하면 소형 원전을 더욱 작은 초안전성 초소형 원전으로 한 단계 더 발전시킬 수 있다. 이는 마치 벽돌만 한 무선전화기가 주머니에 쏙 들어가는 핸드폰으로 바뀌는 것과 같다. 이로써 기차, 항공기, 우주선에도 초소형 원전을 이용하여 지구의 대기는 물론 우주의 환경오염을 방지할 수 있을 것이다.

2. 미래 에너지 환경 산업의 상세 내용

1) 원자력 선박

원자력 잠수함과 항공모함을 포함한 해양 추진 원자력은 이미 지난 60년간 군사용으로 사용되어 왔으며, 이미 입증된 소형 원전의 충분한 안전성과 대량생산을 통한 경제성으로 해운 산업의 4차 혁명을 불러올 기반이 갖추어져 있다. 단기적으로 북극 항로가 해빙으로 열리고 있고, 2030년에는 연중 물길이 열릴 전망이다. 북극 항로는 남방 항로에 비해 거리와 시간을 40%나 절감할 수 있고 한국이 유럽의 로테르담과 같이 해운 산업의 요충이 될 수 있다. 향후 약 10년 내로 두께가 2m 내외의 북극 항로 얼음판과 15m의 높이에 달하는 빙산을 헤치면서 대형 선단을 앞과 뒤에서 보호하는 쇄빙선의 수요가 급증할 것이다.

현재의 디젤 추진 쇄빙선은 대기 오염과 기름 유출 위험 때문에 기피 대상이며 조만간 항해가 금지될 것이다. 이에 따라 안전한 4세대 소형 원전으로 추진되는 원자력 선박이 개발되고 있다. 이미 러시아가 잠수함용 경수로 기반 소형 원전 기술을 이용한 쇄빙선을 운영하고 있으며, 지속적으로 새로운 쇄빙선을 건조하고 있다. 그러나 납과 같은 안정적인 냉각재를 사용하여 더욱 안전하고 핵연료의 수명이 선박 수명과 대등한 제4세대 소형 원전은 안전성, 친환경성, 핵 비확산성 및 경제성에서 더욱 선호될 것이다.

북극 항로가 기후 온난화로 점진적으로 해빙되면서 얇은 얼음판을 가르고 빙산을 피할 수 있는 내빙선이 상시 요구될 것이므로 소형 원전 추진이 주력이 될 것이다. 내빙선은 북극 항로는 물론 일반 항로에서도 사용될 수 있다. 노르웨이, 뉴질랜드, 호주와 같이 원자력 추진 선박의 입항을 불허하는 국가들을 고려하여 수소연료의 생산과 이를 연소시키는 연료 전지를 추가할 수 있다. 이러한 개선을 통하여 여객선도 원자력 추진으로 변환하여 청정 선박이 될 뿐 아니라 엔진과 연료 공간을 넓은 편의시설로 활용할 수 있다.

3) 인공 해양 도시

세계화의 가속과 해양 물류 산업 및 관광의 팽창으로 인공 해양 도시가 개발되고 있다. 현재는 두바이의 해안 고층 도시 및 중국의 난사도와 같이 주로 매립식 해양 도시가 개발되고 있다. 중국이 군사기지로 만들고 있는 난사군도^{필리핀명은 카라안군도}와 같이 육지에서 거리가 상당히 떨어진 해양 도시는 독립적인 에너지원을 갖추어야 하므로 소형 원전이 개발되고 있다.

점차 수심이 깊은 지역에 물류, 양식, 주거 및 관광을 겸한 해양 도시가 개발될 것이다. 원자력을 이용한 부유·고박식 해양 도시가 건설되고 해저를 양식장 및 해저 관광지로 사용할 수 있다. 기술의 성숙 시에 해양 도시 전체를 항만에서 건설하여 원자력 추진선을 부착하여 이동이 가능한 해양 도시가 더욱 인기를 얻을 것이다.

4) 재생-원자력 하이브리드 발전

태양광 및 풍력이 증가하면서 재생 에너지의 간헐성을 해결하기 위하여 배터리와 같은 고가의 에너지 저장 시설이 필요하다. 그 대안으로 지하에 소형 원전을 매설하여 재생 에너지의 간헐성을 보완하는 하이브리드 발전이 도입될 전망이다. 미국 오바마 대통령은 이 목적으로 소형 원전을 대체 에너지로 규정하는 행정명령을 2015년에 발동하여 활발한 개발에 박차를 가하고 있다. 미국에서는 경수로형 소형 원전이 주로 개발되고 있으나, 유럽, 러시아, 중국에서는 액체 금속을 냉각재로 사용하는 고속로형 소형 원전이 주류를 형성하고 있다. 국내에서도 서울대학교가 주도하는 액체 납냉각 소형 원전이 개발되고 있으며 파이로프로세스를 결합한 사용후핵연료 소멸 처리 및 최종 폐기물의 중-저준위화에 성공하여 친환경 신재생 발전과 동시에 고준위 방사성폐기물의 소각이라는 일석이조의 환경 보호 효과를 얻는 시대를 열게 되었다.

5) 해저 및 지하 도시

지구 표면적의 70%를 차지하는 바다에서 지금까지 석유 채굴 이외에는 무궁무진한 자원의 활용이라는 블루오션이 미개척 상태에 놓여 있다. 파리협약에 의해 공해의 환경 보호라는 원칙을 준수하는 한도 내에서 심해 및 해저 자원을 개발하는 방안은 친환경 지속 가능형 해상 및 해저 도시를 통하여 완성될 수 있을 것이다. 여기에는 지속적이고 친환경적이며 풍부한 에너지가 요구되고 장수명 납냉각 방식의 소형 원전이 가장 적합할 것으로 보인다. 소요되는 우라늄 핵연료는 바닷물에서 대규모로 생산이 가능하므로 자급자족이 가능해질 수 있다. Costas Tsouris, Uranium Extraction from Seawater, Nature Energy(2017) https://www.nature.com/articles/nenergy201722.pdf

해저 및 심해 자원 개발을 시작으로 하여 안전성과 쾌적성을 확립하면 여기에 관광 휴양 도시가 형성되고 해상 공항을 건설하면 태평양의 휴양 도시인 괌, 피지, 하와이 등과 같은 인기 높은 관광지가 형성될 것이다. 해상 도시의 아래에는 방대한 양식장 및 해저 관광 시설을 만들어 앞으로 청정 해산물의 대량생산 도시로 성장할 수 있다.

지하 도시는 인구밀도가 높은 도시의 인프라 확대와 남극 지방과 열대 지방의 쾌적한 생활 환경 개발을 위해 각광을 받을 것이다. 특히 테러 및 핵전쟁 위험이 지속되면 비상시와 보안을 위한 지하 시설이 늘어날 것이다. 최근 지하 굴착 기술이 급속히 발달하여 인구밀도가 높은 환경에서 지하 시설 건설 비용이 지상 시설에 비해 크게 높지 않게 되었다는 점도 지하 도시의 건설을 촉진하는 요소다. 지하 도시가 자급자족하려면 필요한 것이 지속 가능한 전력이다. 제4세대 소형 원전은 이 목적에 가장 적합할 것이다.

6) 사용 후 핵연료 중준위화

사용후핵연료 및 고준위방사성 폐기물을 지하 500m 깊이에 묻으면 수십만 년간 보관되는 기간 중에 붕괴하여 없어지므로 안전하게 격리될 수 있다는 과거 원자력계의 전통적 믿음이 바뀌고 있다. 세계 주요국 전문가들은 향후 지하 개발 속도를 짐작할 때 사용후핵연료의 지하 매설 방식은 미래에 플루토늄의 도굴을 유발하여 반인류적인 재앙을 초래할 수 있다고 판단하기 시작하였다. 따라서 최근 개발되고 있는 첨단 파이로프로세스는 사용후핵연료를 깨끗하게 분리하여 고준위원소들을 4세대 고속로 원전에서 소멸 처리함으로써 고준위폐기물을 일체 발생하지 않고 소량의 중-저준위폐기물로 바꾸는 친환경 기술이 개발되고 있다. 이미 병원과 일반 산업에서도 많이 생산하는 중-저준위방사성 폐기물은 300년 정도만 안전관리하면 깨끗이 잊어도 좋으므로 친환경 에너지로서 확고한 지위를 인정받게 될 것으로 본다.

사용후핵연료의 분리 및 재활용은 플루토늄의 추출 및 군사적 전용을 가능하게 하므로 향후 평화적 재활용을 위하여 각 지역별로 여러 나라가 공동의 치외법권 지역을 건설하여 상호 감시하에 이를 대규모로 공동 운영하는 다국 공동 핵연료 주기관리 체제가 도입될 것이다. J.S. Huh, I.S. Hwang, et al, 2011

7) 수소 및 산업 공정열

점진적으로 고온을 필요로 하는 산업 공정에 전기 또는 수소가 사용될 것이다. 소형 원전을 이용하여 현지에서 수소를 생산하여 수송 비용을 줄이게 된다. 석유나 천연가스의 분해로 이산화탄소와 함께 발생되는 현재의 수소와 대조적으로 원전을 이용하여 이산화탄소 없이 친환경적으로 생산된 수소는 연료전지발전, 자동차, 비행기, 로켓에 사용되어 대기 보호에 기여하게 된다.

8) 중준위 방사성폐기물의 저준위화 및 유독성 화학폐기물의 재활용

레이저를 이용하여 핵자기공명 분리 방식으로 방사성 동위원소를 저비용으로 추출하여 이 중에서 수명이 비교적 긴 중준위폐기물을 가속기로써 변환함으로써 저준위 방사성폐기물로 변환하는 친환경 기술이 산업화될 것이다.

첨단 플라즈마 분해 공정으로 유독성 화학폐기물을 분해하고 부산물을 재활용하는 기술이 개발되고 있다. 전술한 해양 도시에서 이러한 혐오 시설을 운영할 수 있으므로 청정 에너지인 소형 원전의 적용 시에 시장성이 높다.

9) 초소형 원전 Micro-Modular Reactor

3D 프린팅이 현재 개발되고 있는 소형 원전을 더욱 첨단화하여 초소형화하는 혁신을 일으킬 것이다. 이미 미국은 제트엔진 부품과 원전용 핵연료를 3D 프린팅으로 제작하는 데 성공하였다. 중국은 경수로 원전용 밸브를 3D 프린팅으로 만들었다. 3D 프린팅 기술의 급속한 발전으로 초소형의 초임계 CO_2사이클을 사용한 발전기의 개발이 임박하여 2차 산업혁명의 핵심 기술인 증기 터빈에 비해 5배 이상의 소형화 및 경량화가 예상된다. 따라서 선박 기술을 실용하여 충분한 핵안보성, 방사능 안전성과 유지보수 체제를 확립하면 그다음으로 전력으로 움직이는 초대형 항공기가 개발될 수 있을 것이다. 현재의 태양광 비행기처럼 친환경성을

가지면서 1,000명 이상이 탑승하며 이륙 후 장기간 공중에 체류하고 소형 항공기를 이용하여 육지와 연결하는 크루즈 방식의 운항이 가능하다. 공중에서 대기오염을 피할 수 있으며 제트엔진과 같이 잦은 정비가 불필요하므로 지상의 원전처럼 1년씩 공중 체류가 가능해질 것이다. 초소형 초경량 원전은 다중 버블로 보호되어 항공기의 추락 사고에도 방사능 오염 없이 건전성을 확보하고 해상에서 회수는 물론 재사용이 가능해진다.

10) 우주 개발

지구 온난화로 전염병과 생태계의 파괴가 심각해지고 있다. 또한, 핵무기 개발이 확대되고 무역 및 영토 갈등이 세계화와 함께 점증되고 있다. 또한, 희토류와 같이 지구의 자원이 고갈되는 사태가 발생하는 등 여러 가지 요인들이 태양계의 지구 이외의 혹성을 개발하는 데 관심이 증가하고 있다. 초대형 항공기에서 기술이 성숙된 초소형 초장수명 원전으로 우주여행 및 혹성 개발 기지에 필요한 엄청난 에너지를 생산할 수 있다. 초소형 초안전 원전을 사용하여 충분한 에너지가 공급될 수 있을 때, 우주 로켓을 탈피하고 항공기 형식과 우주선 기능을 결합한 spaceplane이 대형화하여 경제성을 확립할 수 있다. 초기에는 관광용으로 장기적으로 우주 개발용이 될 원자력 spaceplane들은 지구 밖의 혹성에 필요한 대규모 물자를 수송하여 인간이 장기적 또는 영구적으로 체제할 수 있는 거대한 인공 돔을 건설하게 될 것이다. 고 원전의 이용으로 산소가 없는 외계에서 대규모 에너지의 활용을 통하여 인간이 지구처럼 생활할 수 있는 친환경이 조성되면 해양 도시 및 해저 도시와 같은 방식으로 대규모 우주 도시의 건설이 예상된다.

3. 맺는말

지금까지 에너지와 환경은 두 개의 독립된 거대한 문제로서 별개로 다루어 왔기 때문에 지속 가능한 솔루션의 도출에 성공하지 못하고 있다. 이제 지능 기반 융합 기술 시대를 맞아서, 에너지 환경 4차 산업혁명으로 인공지능과 기술의 융·복합으로 지속 가능한 발전을 위한 스마트 솔루션이 개발될 것이다. 이를 위하여 필요한 대규모의 에너지는 기후 보호 및 미세먼지 억제를 위하여 원자력을 선호하게된다. 원전은 초소형화 초장수명화 및 초경량화를 통하여 지상, 지하, 해상, 해저 및 우주에 필요한 친환경 에너지를 안전하고 핵 비확산적으로 공급한다. 초안전 원전이라는 무탄소 에너지의 주력화와 그 과정에서 발생하는 방사성폐기물 및 유독성 화학폐기물의 재활용으로 핵 비확산성, 친환경성, 안전성, 기후 보호 및 경제성 목표를 달성함으로써 인류의 지속 가능한 발전을 가능하게 할 것이다. 이를 통하여 향후 지하 도시, 해상 도시, 해저 도시는 물론 공중 도시 및 우주 도시가 건설되어 지속 가능성이 확립될 수 있다.

에너지 환경	유망 분야	2017	19	21	23	2025	27	29	2031	33	35
원자력 선박	쇄빙선/내빙선										
	컨테이너 선박										
	여객선										
해양 도시	매립식										
	부유고박식										
	부유이동식										
재생 - 원자력 하이브리드	해상-해저 복합										
	벽지 지상-지하 복합										
	도시 건물-지하 복합										
해저/지하 도시	해저 자원개발										
	해저 관광 도시										
	쓰레기 재활용-소각기지										
사용후 핵연료 중준위화	파이로프로세스 완성										
	다국 공동 시범단지										
	국제 공동 관리 단지										
수소/산업 공정열	수소연료 산업										
	고분자 합성 산업										
	고온 공정 산업										
중준위의 저준위화 및 유독성 화학 폐기물 재활용	핵자기공명 분리공정										
	경이온 가속 파쇄										
	유독 화학폐기물 재활용										
항공기	저속 항공 수송기										
	중속 항공 수송기										
	초음속 항공 수송기										
우주 개발	동위원소발전										
	거주 기지용 초소형 원전										
	우주 자원 개발										

대한민국 4차 산업혁명
바이오 산업 발전 전략

김들풀 IT NEWS 대표/편집장

I 바이오 산업 주요 추진 내용

1. 바이오 산업 4차 산업혁명 추진 영역

바이오 산업은 생명공학 기술을 바탕으로 생물체의 기능과 정보를 활용해 인류의 건강 증진, 질병 예방·진단·치료에 필요한 유용 물질과 서비스 등 다양한 부가가치를 생산하고 있다. 바이오 산업에는 생명공학 기술과 IT 첨단 신기술을 융합해 의약, 화학, 전자, 에너지, 농업, 식품 등 다양한 산업 부문에서 새로운 개념을 창출하고 있다. 특히 유전적인 구조를 새롭게 해석하고 특정 결과를 나타나게 하는 복합적인 기술은 인류의 생명 연장의 꿈을 실현할 대안으로 등장하고 있다.

현재 바이오 산업은 국가 간 미래 전략 산업으로 선정, 육성하고 있으며, 관련 시장 선점을 위한 경쟁이 매우 치열하다. 바이오 산업은 국가별로 조금씩 다르며 아직까지 글로벌로 표준화된 산업 분류는 없는 상황이다. 미국 바이오협회는 바이오 헬스케어, 농업, 식품업 등 응용 분야로 구분하지만, 한편으로 인간의 질병 치료, 연료, 식품 등 바이오 기술의 역할 관점으로 분류하고 있다. 유럽 바이오협회는 바이오 기술 응용 분야를 색깔로 구분한다. 헬스케어는 레드RED 바이오, 농업은 그린GREEN 바이오, 화학은 화이트WHITE 바이오 등으로 구분하고 있다.

우리나라 국가기술표준원 역시 2008년에 제정한 바이오 산업 분류코드 KS J 1009로 분류해, 8개의 대분류인 바이오 의약 산업, 바이오 화학 산업, 바이오 식품 산업, 바이오 환경 산업, 바이오 전자 산업, 바이오 공정·기기 산업, 바이오 에너지·자원 산업, 바이오 검정, 정보 서비스, 연구개발 산업과 백신, 건강기능식품 등 51개의 중분류로 구분하고 있다. 또한, 우리나라도 바이오 산업 육성 전략 수립 시 유럽과 유사하게 바이오 기술 응용 분야에 따라 레드 바이오, 그린 바이오, 화이트 바이오, 융합 바이오 등 총 4가지 분야로 구분하기도 한다.

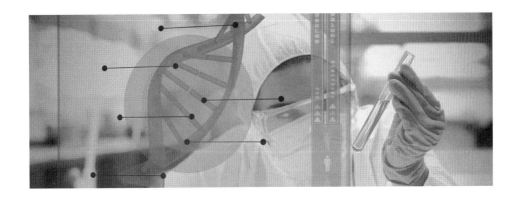

2. 바이오 산업 4차 산업혁명 추진 상세 내용

1) 레드 바이오 RED BIO

레드 바이오는 붉은색의 혈액을 상징하며, 의료 및 제약 분야 바이오 산업을 말한다. 건강 유지 및 수명 연장을 가능케 하고, 맞춤형 예방과 치료를 목적으로 미국, 일본, 유럽 등을 중심으로 인구 고령화가 진행되고, 이에 따른 건강에 대한 관심이 높아지면서 관련 기술에 대한 수요 증가가 빠르게 성장하는 분야이다. 제약의 경우, 바이오 의약품 비중이 점진적으로 증가하고 있으며, 질병의 사후 치료에서 사전 예방으로 패러다임이 변화하고 있다.

특히 유전자 가위는 인류의 고질적인 질병을 미리 진단하고 예방할 수 있는 획기적인 기술이다. 유전자 가위는 미국을 비롯해 한국, 일본, 중국, 유럽 등이 국가 전략으로 삼고, 미래 핵심 기술 확보에 총력을 기울이고 있다.

2) 그린 바이오 GREEN BIO

그린 바이오 기술을 농업, 임업, 수산업에 활용하여 산업적으로 효용 있는 소재와 제품을 대량생산하는 분야로 글로벌 화학사들이 가장 높은 관심을 보이는 분야이다. GMO 및 하이브리드 종자, 작물 보호제, 스마트팜 등이 포함된다.

3) 화이트 바이오 WHITE BIO

화이트 바이오 기술은 산업 분야를 아우르며, 환경 및 에너지 연료 분야가 대표적이다. 특히 인류 생존을 위한 환경오염 문제를 해결할 수 있다는 점에서 꾸준하게 관심이 요구되는 분야이다. 바이오 연료, 바이오 기반 화학제품, 기능성 식품/화장품, 원료 등이 포함되며, 바이오 공정 자체도 하나의 서비스 사업으로 포함될 수 있다. 타 바이오 산업에 비해 아직 산업화 속도가 느린 영역이지만, 향후 국가 경쟁력을 좌우할 수 있는 분야이다.

4) 융합 바이오 FUSION BIO

융합 바이오 기술은 바이오 기술을 기반으로 첨단 IT 기술 또는 나노 기술을 접목시킨 산업으로 생명 현상을 규명하기 위한 고성능 분석/처리 장비, 개인 맞춤형 진단 및 치료를 위한 진단기기 등을 말한다. 주요 선진국들의 융합 바이오 분야의 눈부신 발전으로 향후 글로벌 시장 선점을 위한 치열한 경쟁이 예상된다. 국내 대학 및 연구소 등의 연구 성과도 뛰어나다.

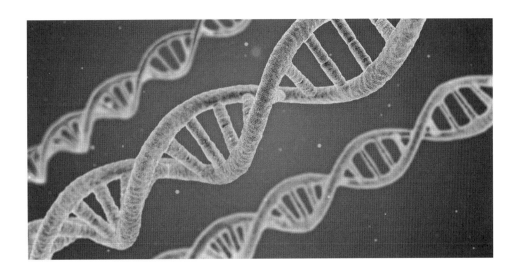

Ⅱ　바이오 산업 발전 단계별 전략　🔍

1. 바이오 산업 발전 단계 로드맵

구분	유망 분야	2017	18	19	20	21	2022	23	24	25	26	2027
레드 바이오	유전자 가위											→
	바이오 의약 개발									→		
	유전제 분석											→
그린 바이오	농림수산물 활용 제품								→			
	유전자 변형 생물체(GMO)								→			
	바이오 매스 생산							→				
화이트 바이오	바이오 화학산업									→		
	바이오 연료							→				
	기능성 식품·화장품				→							
융합 바이오	생체 인터넷(IoB)						→					
	나노 기술									→		
	바이오 의료기기						→					

2. 바이오 산업 발전 단계별 추진 전략

1) 레드 바이오 RED BIO

선진국에 비해 국내 바이오 산업 성장세는 아직 비교 열위이지만, 최근 유전체 분석, 유전자 편집, 바이오 의약품 분야 등에서 기술적 진보로 선진국과 어깨를 나란히 하고 있다. 선진국들의 국가 전략에 따라 유기적으로 R&D 및 투자를 받아 경쟁력을 높이고 있다. 하지만 국내 바이오 분야는 정부의 규제로 인해 매우 어렵게 진행되고 있다. 관련 연구 대상 및 질환 등이 매우 제한적으로 이루어지고 있어 하루빨리 허용 기준 완화를 위해 생명윤리법 개정을 추진해 글로벌 경쟁력을 갖추어야 한다. 또한, 바이오 의약 분야 국산 제품화 및 글로벌 신약을 개발하는 연구 역량 및 주변 인프라 환경을 구축해 바이오 의약 강국으로 약진할 수 있는 역량을 배양해야 한다.

2) 그린 바이오 GREEN BIO

그린 바이오 산업의 식물, 동물, 미생물체를 산업적으로 대량 생산하는 농업, 임업, 수산업을 주된 대상으로 이들 산업을 지원하는 농약과 비료를 포함 농림수산물을 활용하는 식품, 사료, 화장품 등과 유전자를 전이 및 변형시킨 유전자 변형 생물체GMO의 생산과 활용도 포함해 원천기술을 확보하고 산업의 고부가가치화와 지속 가능 성장을 이루어야 한다. 특히 국민의 건강 증진이라는 공익의 목표를 세우고, 글로벌 수준의 원천기술 확보와 그린 바이오 산업의 고부가가치화를 통해 중국, 인도, 브라질 등 생물 자원 강대국에 대한 경쟁력을 확보해야 한다.

3) 화이트 바이오 WHITE BIO

산업 바이오 인프라 구축을 통한 바이오 화학 산업 조기 정착 및 지속적인 확대를 통해 미국, 독일, 일본, 중국 등 산업 바이오 강국에 대한 경쟁력을 확보해야 한다. 국내의 우수 석유화학 산업체가 보유하고 있는 화학 기술과 융합해 시너지를 낼 수 있는 산업 바이오 원천기술을 개발해야 한다. 선택과 집중을 통한 산업 바이오 원천기술 개발과 인프라 조기 구축을 통해 국가 미래 핵심 산업으로 집중 육성하고, 석유화학 산업을 보완 또는 대체해 글로벌 바이오 화학 시장을 선점해야 한다.

4) 융합 바이오 FUSION BIO

나노 기술NT과 바이오 기술BT을 세계적 경쟁력을 확보한 정보통신IT 기술과 융합해 생체 인터넷 분야와 같은 새로운 바이오 융합 기술을 개발하기 위한 플랫폼 글로벌 원천기술을 확보해야 한다. 바이오 융합 의료기기는 종류나 시장 규모 면에서 큰 비중을 차지하지 않으나 새로운 기술 발전과 함께 성장성이 매우 높은 기술이다. 따라서 대기업을 통한 바이오 의료기기 기술 인수 및 기업 인수 · 합병을 장려하고, 대기업이 관심 있는 바이오 의료기기에 대한 중소 벤처기업의 참여 지원책을 발굴해야 한다. 또한, 제품 선진화를 위해 기업–병원–대학 및 연구소를 연계한 협력 시스템을 조기에 구축하고 지원해야 한다.

대한민국 4차 산업혁명
소프트웨어 교육 육성 전략

이형세 테크빌교육 대표이사

I   4차 산업혁명과 소프트웨어 교육의 중요성

　초연결, 초지능, 초실감 등의 기술을 기반으로 새로운 변화를 가져올 4차 산업 혁명에 대한 관심이 뜨겁다. 4차 산업혁명의 주요 동인으로 인공지능AI과 빅데이 터, 로봇 기술, 생명과학 등 신기술의 연계 융합을 꼽을 수 있다.

　이러한 신기술을 기반으로 기술·산업 구조가 초지능화되면서 '지능 정보사회' 로의 변화가 가속화되는 가운데 교육 분야에서도 기술과 교육이 결합한 에듀테크 바람이 불고 있다. 4차 산업혁명의 주요 기술들이 모두 컴퓨터 프로그램을 활용 해 운영하다 보니 에듀테크 중에서도 소프트웨어sw 교육의 중요성이 날로 커지 고 있는 실정이다. 이제 SW가 혁신과 성장, 가치 창출의 중심이 되고 있다. SW역 량은 앞으로 개인과 기업 더 나아가 국가의 경쟁력을 좌우할 것이다. IT 시장분석 기관 한국 IDC가 발표한 '한국 SW 시장 전망 보고서 2017~2021'에 따르면 지난 해 국내 SW 시장은 전년 대비 4.4% 성장해 4조 450억 원을 기록했다. 향후 5년간 연평균 3.2%의 성장을 거듭, SW 시장은 오는 2021년 4조 7,310억 원 규모에 이를 것으로 전망된다.

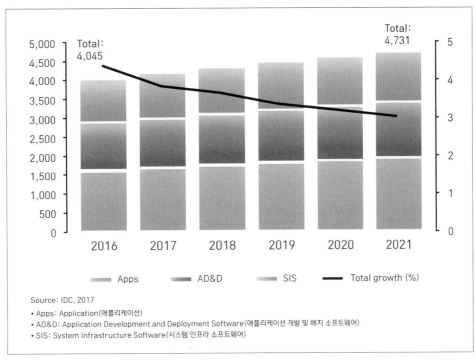

[그림 4-7-1] 국내 소프트웨어 시장 규모 및 전망, 2017~2021 (단위 십억 원)

　이미 미국·영국·인도 등 주요 국가들은 SW 교육에 대한 중요성을 인식하고 정규 교육과정 내에서 SW 교육을 시행하고 있으며 교육 시간도 확대하고 있는 추세이다.

　1990년대 초반 퍼스널컴퓨터 보급이 일반화되던 시기에 OA 교육으로 대변되는 ICT 활용 교육이 교육 현장 속으로 들어와 급속히 자리 잡았던 것처럼, 4차 산업혁명 시대에 발맞춰 SW 교육이 실제 교육 현장 속으로 들어오고 있다. 당장 국내 중학교는 2018년부터, 초등학교 5·6학년은 2019년부터 SW 교육이 단계적으로 의무화된다.

Ⅱ 우리나라 소프트웨어 교육의 문제점 🔍

1. 소프트웨어 교육 시수 부족

우리나라도 2015년 개정 교육과정을 통해 정보 교과에 대한 비중을 강화하고, SW 교육을 공교육 내에서 시행하기 위해 노력하고 있다.

'2015 개정 교육과정'에서 밝힌 인재상은 창의융합형 인재로서 인문학적 상상력, 과학기술 창조력을 갖추고 바른 인성을 겸비해 새로운 가치를 창출하는 사람이다. 창의융합형 인재를 만들겠다고 하는 것은 결국 4차 산업혁명에 어울리는 지식 생산자를 만들고자 하는 것이다.

2015년 개정 교육과정에 의하면 K12 교육과정 내에서 17시간 이었던 정보 교과의 필수 교과 시수가 51시간으로 늘어났다. 또한, 기존 정보 교과가 응용 프로그램의 활용에 많은 비중을 두었다면, 컴퓨팅 사고력과 알고리즘 등에 대한 내용이 포함되어 있다.

[표 4-7-1] 2015 개정 교육과정 중 정보 교과 개편 내용

구분	현행	개편안	주요 내용
초등학교	실과 內 ICT 단원 (12시간)	실과 內 SW기초교육 실시 (17시간 이상)	• 문제 해결 과정, 알고리즘, 프로그래밍 체험 • 정보 윤리의식 함양
중학교	'정보' 과목 (선택 교과)	'정보' 과목 34시 (필수 교과)	• 컴퓨팅 사고 기반 문제 해결 실시 • 간단한 알고리즘, 프로그래밍 개발
고등학교	'정보' 과목 (심화 선택 교과)	'정보' 과목 (일반 선택 교과)	• 다양한 분야와 융합하여 알고리즘, 프로그램 설계

그러나 영국, 인도 등 주요 국가들의 SW 교육 시간과 비교하면 턱없이 부족한

상황이다. 영국의 경우, K12 교육과정 내에서 340시간의 SW 교육을 필수 과정으로 시행하고 있다. 또한, IT 강국으로 자리 잡은 인도의 경우, K12 교육과정 내에서 540시간의 SW 교육을 필수 과정으로 시행하고 있다. 우리나라의 정보 교육이 강화되었다고는 하나 영국이나 인도에 비해 초라하기까지 하다. 우리나라의 정보교과 필수 시수는 영국의 14.2%, 인도의 9.4%

[표 4-7-2] 주요 국가의 SW 교육 비교

구분	초등학교	중학교	고등학교	비고
미국	모든 학생에게 SW를 가르치는 'Computer Science for All' 계획 발표 (2016.01.30)			주별로 교육과정 상이
영국	필수 180시간 (주당 1시간×30주×6년)	필수 90시간 (주당 1시간×30주×3년)	필수 90시간 (주당 1시간×30주×3년)	공립학교 대상 (사립학교 자율)
인도	필수 180시간	필수 180시간	필수 180시간	
이스라엘		시범운영 중	이과 필수 270시간 (졸업과목 선택 시 450시간)	
일본		필수 55시간	필수 70시간	
중국	선택 70시간 (3~6학년)	선택 70시간	필수 72시간	
한국	필수 17시간 (5~6학년)	필수 34시간 이상	선택 85시간	

가르칠 내용은 많은데 시간이 부족한 경우, 충분한 학습 효과를 거둘 수 없다는 것은 당연한 일이다.

2. 소프트웨어 전문교사 부족

컴퓨터 교육을 전공한 교사들이 정보 과목이 사라지면서 수학이나 과학 등 다른 과목으로 전과해 전문교사가 부족한 것도 큰 문제이다. 특히 비교적 단기간 연수를 통해 교수-학습이 가능한 피지컬컴퓨팅에 비해 컴퓨팅 사고 기반 문제 해결과 프로그래밍 영역은 컴퓨터 교육을 전공하지 않았거나 관련 교육 경험이 없는 교사의 경우 큰 어려움을 느낄 수밖에 없다.

Ⅲ 바람직한 소프트웨어 교육 발전 방향 제언

교육부는 SW 교육의 목적을 '컴퓨팅 사고력을 키워 다양한 상황에서 문제를 발견하고 창의적으로 해결할 수 있도록 하는 것'이라고 밝힌 바 있다.

지넷 윙 Jeannette M. Wing 박사는 컴퓨팅 사고력의 핵심 요소를 추상화 abstraction 와 자동화 automation 로 꼽는다 2006. 한국과학창의재단은 이를 위해 분해 및 패턴 인식, 추상화, 알고리즘, 프로그래밍이 필요하다고 밝혔다 2015.

[표 4-7-3] 컴퓨팅 사고력, 개념 비교

Wing (2006)	CSTA & ISTE (2011)	Google for Education (2015)	한국과학창의재단 (2015)
추상화	자료 수집		분해 및 패턴인식
	자료 분석	자료 분석	
		패턴 인식	
	자료 표현		
	문제 분해	분해	
	추상화	추상화	추상화
		패턴 일반화	
	알고리즘 및 절차	알고리즘 디자인	알고리즘
자동화	자동화		프로그래밍
	병렬화		
	시뮬레이션		

'컴퓨팅 사고 기반의 창의적 문제 해결'을 위해서는 프로그래밍으로 대표되는

'자동화' 과정 이전에 문제를 이해하고 분석하는 '추상화' 과정이 반드시 필요하다. 이 두 요소 중 '자동화'에 비해 '추상화'가 학습 내용을 구조화하고 구성하는 것이 훨씬 더 어렵다. 또한, 학습 효과를 측정·평가하는 것도 자동화에 비해 추상화가 훨씬 더 까다로우며, 자동화에 비해 추상화 능력을 키우는데 훨씬 더 많은 학습 시간이 필요하다.

[그림 4-7-2] 소프트웨어 수업 중인 초등학생

뉴스 기사 원고 집필과 튜터링에도 로봇이 활동하는 시대가 왔다. 실제로 손쉽게 코딩을 해주는 솔루션들이 많이 상용화되어 있다. 머지않아 설계, 코딩과 디버깅을 자동화해 주는 솔루션들이 개발될 것이다. 즉 컴퓨팅 사고력의 핵심 요소인 추상화와 자동화 중 자동화의 경우 로봇이나 SW가 대체할 수 있다는 것이다.

따라서 '자동화' 능력 이전에 ICT 지식을 기반으로 문제를 이해하고 분석하는 '추상화' 능력을 키우는 것이 우선되어야 한다. 또한, 이를 위한 양질의 SW 교육 콘텐츠들이 필요하다. 아직까지 전 세계적으로도 자동화 관련 학습 콘텐츠들은 많이 개발되고 있으나, 추상화 관련 학습 콘텐츠는 찾아보기 어렵다.

최근 엔트리와 스크래치 등 블록 기반 교육용 프로그래밍 언어를 활용한 '코딩' 교육 붐이 일고 있다. ICT 활용 교육 붐이 일던 시절에 그랬었던 것처럼 목적의식 WHY 없이 기능 학습HOW을 강조하는 우를 범하는 것은 아닐까 걱정이다.

SW 교육의 본질적 목적을 되짚어 봐야만 바른 방향을 찾을 수 있을 것이다.

대한민국 4차 산업혁명 정보 보호 산업 발전 전략

서재철 한국인터넷진흥원 연구위원

I 정보 보호 산업의 현재

1. 사이버 공간이 현실 세계까지 오다

수많은 센서로 무장된 자율 자동차가 거리를 돌아다닌다. 드론이 하늘 위를 활보한다. 집에 있는 가스보일러를 스마트폰으로 컨트롤한다. 10년 전만 해도 없던 일이다. 정보통신 기술ICT이 비약적으로 발달했고, 소위 말하는 4차 산업혁명 시대에 이미 우리는 살고 있다. 항공·철도·전력·가스·행정 서비스 등 전 분야에 적용되지 않는 곳을 찾기가 힘들 정도다. 인류의 새로운 영토였던 사이버 공간은 점점 현실 세계까지 땅을 넓히고 있다. 드론이, 자율 자동차가, 가전에서, 공장에서, 기반시설까지 모두가 현실 세계에서 연결되고 있다. '초연결성Hyper-Connected'과 '초지능화Hyper-Intelligent'라는 말로 대표되듯 말이다.

2. 해킹된 자동차가 백화점으로 돌진하는 세상

이를 다른 시각에서 해석하면, 조금 더 위험한 일일 수 있다. 이전에는 사이버 공간에서의 위협이 일어나면 이것은 그것으로 그쳤다. 예를 들어서 윈도우XP에 바이러스가 발생한다고 해서 우리 집이 불타지 않았다. 폴더폰을 쓸 때 폰이 먹통이 된다고 해서 내 차를 조작할 수 없던 것은 아니었다.

하지만 앞으로 이 상식이 뒤바뀔 수 있다. 사이버 공간이 긴밀히 현실과 연결된 지금은, 사이버 위험이 그 영토에만 국한되지 않고, 그것이 연결된 현실 세계까지 파장을 미칠 수 있게 되었다. 데이터 관리와 컴퓨팅이 대부분 클라우드에서 이루어지고 있는 지금의 환경은 누구나에게 열려 있는 편리함을 주었지만, 반대로 누구나에게 해킹 공격 경로가 열려 있는 것을 의미한다. 스마트폰을 사용하면서 우리는 항상 온라인에 연결될 수 있게 되었다. 언제 어디서나 연예 뉴스를 볼 수 있게 된 것이다. 하지만 항상 온라인에 연결되어 있기에 언제든지 더욱 쉽게 해킹에 공격받을 수 있게 되었다. 실제로 신뢰할 수 없는 앱들은 악성 광고를 통해 모바일 악성 코드를 전파시키는 주요 통로가 되었다.

앞으로 우리가 여태껏 경험하지 못한, 새로운 형태로 사이버 범죄가 발생할 것이다. 자율 주행차를 해킹하여 대낮에 백화점으로 돌진하는 일이 발생할 수 있다. 가스보일러를 해커가 컨트롤하여 집 안에 화재를 발생시킬 수 있다. 무엇을 상상하든 그 이상의 일이 일어날 수 있다.

3. 사이버 영토의 세 가지 보안 분야

이 사이버 영토를 지키는 일은 정부와 민간 기업이 협동하여 해 왔고, 이를 통틀어 정보 보호 산업이라 한다. 실제로 정부와 한국인터넷진흥원은 안전한 사이버 환경을 조성하기 위해 국내 인터넷의 이상 징후를 24시간 365일 상시 모니터링하며, 국내 320만 개 홈페이지의 악성 코드 감염을 탐지하는 등의 노력을 기울이고 있다. 또한, 더욱 고도화되는 사이버 위협에 선제적으로 대응하기 위해 사이버 위협 정보 공유 기관을 2015년 100개 사에서 2016년 132개 사로 확대하기도 하였다. 또한, 4개 분야의 총 677개 주요 시설, 기업, 인터넷 서비스에 대한 사이버 안전 대진단을 실시하였다.

정보 보호 산업이 발전할 때 사이버 공간을 보다 안전하게 담보할 수 있게 된다. 그렇다면 과연 어떻게 발전해 나갈 수 있을 것인가?

4. 정보 보호 산업의 분류

우선 정보 보호 산업에 대해 알기 위해서는 이에 대한 분류가 필요하다. 정보 보호 산업은 크게 세 분야로 나눌 수 있다. 첫째는 네트워크 보안, 암호 인증, 백신 및 PC 보안, 콘텐츠 보안, 정보 보호 컨설팅, 보안관제 등을 포괄하는 정보 보안 분야이다. 둘째는 CCTV 카메라, 영상 장비, 주변 장비, 칩셋, 각종 알람 및 제어 장치 등의 영상 보안, 홍채, 정맥, 동작 등의 생체 인식의 바이오 보안 등의 물리 보안 분야이다. 셋째는 드론, 자율 자동차 및 IoT 보안 등 융합 보안 분야이다. 이 세 분야는 빅데이터에 기반한 인공지능 기술과 함께 지능화된 정보 보호 산업으로 발전하고 있다.

정보 보안	물리 보안	융합 보안
해킹/침입 탐지, 개인정보 유출 방지 컴퓨터 포렌식 등	영상 감시, 바이오 인식, 무인 전자경비 등	운송 보안(자동차/항공 등) 의료/건설/국방 보안 방범 보안로봇 등
정보 보안(클린 인터넷 경제)	물리 보안(안전 안심 생활)	융합 보안(안전성 강화)

[그림 4-8-1] 정보 보호 산업의 분류

정보 보호 산업의 발전적 전략 🔍

1. 가격 중심 산업에서 성능 중심으로의 개발 환경

그동안 한국의 보안 서비스 소프트웨어가 개발되는 방식에는 너무나 많은 아쉬운 점이 있어 왔다. 그리고 이는 질 낮은 보안 서비스로 이어졌다. 보안 소프트웨어는 빈약한 플랜 하에 갑에서 을로, 을에서 병으로 가면서 낮은 가격과 짧은 시간 내에 기능을 구현했어야 했다. 유사시 인력이 급속 투입되더라도 그 가치를 크게 인정해 주지 않았다. 이런 가격 중심의 시장에서 성능 중심으로 시장 전환이 이루어져야 한다. 국내 정보 보호 산업의 체질 개선이 필요하다. 정보 보호 서비스가 어떻게 개발되는지를 지속적으로 관찰하고, 개발 인력에 대해 '정당한 대가^{代價}'를 인정할 수 있어야 한다.

2. 정보 보안의 분야 확대

현재까지의 보안은 몇 개의 특정 분야에만 집중되는 방식이었다. 하지만 보안은 하나의 틈만 있어도 무너진다. 이에 따라 정보가 연결되는 체인 전체에 걸쳐서 이루어져야 한다. 즉 빠져나갈 구멍이 없도록 사전 예방 중심으로 돔을 만들어야 한다. 그 돔은 이른바 Secure Dome으로서, 사이버 보안 대응 체계를 구축하는 것이다.

기반시설 외부 관리 인력 및 위탁 · 용역, 구매 · 조달 등 공급망_{Supply Chain} 전체 단계에 대한 보안 강화'16~'17년를 위하여 산업 제어 시스템_{ICS, Industrial Control System} 등 주요 기반시설 지정 확대'17년, 400개 및 정보 공유 · 분석 센터_{ISAC} 확대4개→7개 구축 지원'15~'17년을 해야 한다. 즉 현재의 통신, 금융, 증권, 지자체를 에너지, 의료, 교육 분야로 확대 구축하여 안정된 기반을 구축한다.

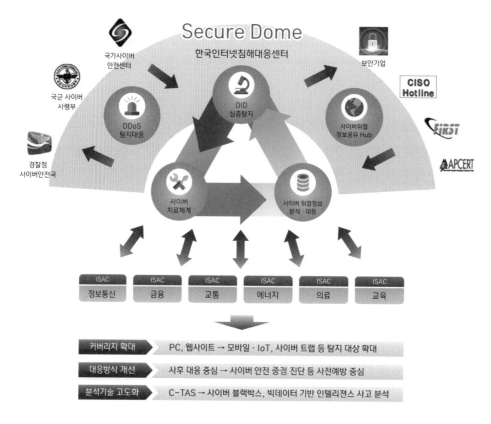

[그림 4-8-2] 정보 보호 사각지대 없는 사이버 보안 강화를 위한 시큐어 돔

3. 인센티브를 통한 산업 육성

현재까지는 정보 보호 분야의 투자가 미비해 왔던 것이 사실이다. 자발적이고 적극적인 정보 보호 투자 촉진 환경을 조성하기 위해 '정보 보호 투자 인센티브'를 마련해야 한다. 그 구체적인 방안은 다음과 같다.

중소기업의 정보 보호 제품 투자 시 조세를 감면하게 한다. 취약점 분석 등 보안 컨설팅에 대한 지원을 추진한다. 정보 보호 우수 업체의 공공·조달 및 연구개발 참여 시 가점을 부여한다. ISMS, PIMS 인증 기업 확대 및 주요 정보통신 기반시설의 보안 수준 제고를 위하여 정보 보호 투자 수준을 향상시킨다.

4. 민간 정보 보호 문화 운동 전개

민간 분야에 있어서도 보안적인 강화가 다양한 수준에서 관심을 갖고 이루어져야 한다. 민간 주요 시설ISP, 기반시설 등 및 다중 이용 서비스CDN·웹하드·공유기 등의 보안 강화를 위한 사이버 안전 중점 진단 실시'15년 : 400개를 한다. 사이버 공격의 신속한 탐지 및 대응 범위 확대를 위한 '사이버 심층 탐지 체계DID : Detection In-Depth'를 확충한다. 기존 유선망PC 중심의 위협 탐지 체계를 모바일스마트폰 등로 확대하고, 인터넷 침해 대응센터KISC 인적 역량 강화 및 이중화 구축을 추진한다. 범국가 정보 보호 문화 운동Culture of Security을 전개하고, 정보 보호를 우리 사회의 문화로 승격하여 정보 보호의 중요성을 '인식'하는 수준에서 '실천'하는 수준으로 변화WAVE를 선도하여야 한다. 또한, 개인 정보 보호를 위한 프라이버시 침해 방지, 스마트폰과 SNS에 대한 보호 대책 등을 강화해야 한다.

5. 외국 시장 확장

융합 보안·물리 보안 등 정보 보호 신시장 창출 및 글로벌 외국 진출도 강화해야 한다. IoT 제품·서비스의 기획·설계부터 구현 및 검증까지 전체 단계에 보안을 적용하는 IoT 보안 내재화 추진으로 신규 시장 창출을 꾀한다. '글로벌 STSecurity Technology 이니셔티브' 추진 및 국내외 연구기관, 학계, 세계 보안 기업 등과의 연계, 글로벌 연구개발R&D 예산 확대를 통하여 세계 일류 10대 정보 보호 제품·기술 개발 등을 통한 선진국 대비 기술 격차 축소한다. ※세계 최고 수준미국 대비 기술 격차'14년 : 1.6년 →'20년 : 0.3년

아울러 '한국형 정보 보호 모델' 수출 및 권역별 외국 진출 지원 전략 추진 등으로 현재 1.5조 원 규모인 정보 보호 수출액을 2020년까지 4.5조 원으로 확대하며, 국내 보안업체의 외국 진출 확대 및 글로벌 시장 개척 지원을 위한 'Global Security Frontier'를 추진하여 '컨설팅 → 시범·실증 사업 → 공동 진출'로 이어지

는 권역별 진출 전략을 추진하고 있다.

6. 정보 보호 인재 양성 및 일자리 창출

어느 분야나 인재가 중요하지만 보안 분야는 특히나 인재가 중요하다. 사이버 보안 인력 양성을 위하여 기존의 최정예 보안 인재 양성 및 정보 보호 실천 문화를 조성한다.

이를 위한 대표적인 방법으로 정보 보호 우수 인력 전체 주기 양성 체계를 구축할 수 있을 것이다. 예를 들어 주니어 화이트 해커가 있다면, 수능 걱정 없이 그의 실력만을 공정하게 평가하여 대학을 진학할 수 있게 해야 한다. 또한, 향후 군 복무로 인한 경력 단절을 해소하기 위해, 군·경 특기병 선발 추진'15년~, 국방부·경찰청 등을 확충하는 것도 방법 중 하나다.

또한, 타 산업 분야인 금융·제조·건설 등 산업 분야별 현장 밀착형 재직자 역량 강화를 위한 보안 코디네이터 양성'17년~ 200명하며, 최고 보안 인재 양성을 위한 인프라 확충을 위해 융합형 최고 보안 인재 양성 전담 기관사이버보안인재센터 지정 및 사이버 실전 대응 역량 강화를 위한 실전형 사이버 보안 훈련장Security – GYM을 확대할 수 있다. 이에 따라 융합 보안·물리 보안 산업 고도화 및 통신·금융·제조·에너지 등 산업 전반에 걸친 정보 보호 내재화 추진으로 정보 보호 관련 신규 일자리 약 1만 9,000여 개 창출이 가능하다. ※정보 보호 직종 종사자'14년: 36,000여 명 → '20년: 55,000여 명

정보 보호 산업별 4차 산업혁명 추진 내용		단기 2018	중기 2020	장기 2030
정보 보호 산업의 체질 개선 및 기반 조성	정보 보안 (네트워크, 보안관제 등)	⟶		
	물리 보안 (CCTV, 영상, 바이오식)	⟶		
	융합 보안 (IOT, 드론, 자율 자동차 등)	⟶		
정보 보호 산업의 육성 및 정보 보호 문화 운동 전개		⟶		
정보 보호 연구개발 및 교류 그리고, 대외 수출		⟶		
정보 보호 인재 양성 및 일자리 창출		⟶		

7. 맺는말

4차 산업혁명의 물결이 초연결성의 환경으로 전개되고, 이를 위협하는 인공지능으로 무장한 위협의 창끝이 어디로 향할지 모른다. 정보 보호 산업은 기존의 정보통신 산업의 보호막이 되고 초석이 된다. 정보 보호 산업은 체질 개선과 연구개발, 투자 확대 및 융합 보안 · 물리 보안 등 새로운 수요 창출 등의 육성을 통해 핵심 성과를 창출하여 외국 수출, 일자리 창출 등 실현에 기여할 수 있을 것이다. 이로써 국내 정보 보호 시장 규모를 현재 7.6조 원에서 2020년까지 15조 원으로 확대할 수 있을 것이다. 결국, 정보 보호 산업에 대한 끊임없는 관심, 투자 확대, 적극적인 법제도 개선으로 안전하고 효율적인 기반 산업으로 타 산업과 함께 동반성장이 이루어질 것이다.

8. 4차 산업혁명을 제대로 하기 위해서 총괄적인 제언

결국은 좋은 사람이 중차대한 업무를 시행한다. 그러므로 적재적소適材適所로 인재를 활용하고, 정권 차원에서 바꾸지 말고 인사人事를 제대로 시행해야 한다.

대한민국 4차 산업혁명
디자인 산업 발전 전략

이순종 서울대학교 미술대학 명예교수

Ⅰ 디자인 산업 주요 추진 내용   🔍

1. 디자인 산업 4차 산업혁명 추진 영역

혁신과 창조의 아이콘인 애플사는 디자인 혁신을 통하여 1997년 665달러에 불과했던 주가를 2012년 기준 5,348억 달러, 시가 총액 704조 원으로 올려 미국 기업 역사상 최고의 성장 신화를 기록하였다. 애플은 R&D 투자 규모가 2011년 기준 미국 내에서 81위, 마이크로소프트의 5분의 1 수준에 지나지 않았지만, 이를 신기술 개발보다는 디자인에 집중 투자함으로써 시장 주도형 혁신을 이루며 세계 최고의 혁신 기업이 되었다. 통계에 의하면 50년 이상 성장을 지속하여온 모든 기업의 성공 비결은 기술과 디자인의 양대 요소를 혁신한 것으로 나타나고 있다. 그리고 기술은 제품에 물리적 유용성을 제공하지만 디자인은 기술과 제품및 서비스를 통하여 인간에게 감성적 만족을 제공함으로써 디자인의 혁신이 제품 성공에 더욱 중요한 것으로 나타나고 있다. 즉 디자인은 단순한 기술에 스토리, 의미, 감성을 부여하여 영혼과 생명 있는 사물로 창조시키는 것이다. 디자인은 혁신과 문제 해결의 중심이다.

특히 컴퓨터와 인터넷이 사물인터넷IoT이나 인공지능AI 등에 의하여 사물들에 연결되고 융합되는 4차 산업혁명이 열리고 있는 미래 사회는 기술과 인간이 지향 가치를 조화시키며 살아가야 하는 창의 사회이다. 미래학자 롤프 옌센Rolf Jensen도 '미래 창의 사회는 상상과 이미지, 예술과 디자인이 중시되는 드림 소사이어티Dream Society'라고 명명했다. 디자인의 개념 또한 급격하게 전환되고 있다. 디자인의 기능은 과거 산업 시대에 제품과 물질의 조형 변용적 가치 창조의 개념을 넘어, 이제 '아름다운 인간 삶과 사회를 위한 창조적 비전의 제시'로 깊어지고 있다. 또한, 디자인의 영역은 과거의 제품, 시각, 환경, 공예 등 물질적, 요소적인 대상들의 구분을 초월하여 '소프트웨어, 콘텐츠, 뉴미디어, 사회 시스템 등 비물질적, 가상적, 시스템적 가치 영역 등 삶의 전 영역'을 포괄하여 더욱 확대되고 통합되고 있다. 따라서 디자이너의 역할은 과거의 '조형가적 전문성'에서 미래의 인간 생활과 사회 가치 시스템의 제 가치를 통찰하고 조화롭게 종합하는 '통합적 코디네이터와 전략적 역할'이 보다 중요해 지고 있다. 이제 21세기 창의 시대를 맞아 기술과 인간 가치를 융합시키는 중심이자 문제 해결의 핵심으로 변모해 가는 디자인 역할의 중차대성을 인식해야 할 뿐만이 아니라, 이를 통해 교육 · 연구 · 산업 · 사회와 국가적인 차원에서 혁신하고 새로운 가치를 창조하기 위하여 디자인을 접목시켜야 한다.

2. 디자인 산업 4차 산업혁명 추진 상세 내용

1) 디자인 교육

디자인 교육의 방향이 영역과 방행이 급격히 확장되고 있다. 과거 물체의 외형적 가치와 관련된 응용을 중심으로 한 디자인 교육으로부터, 비가시적인 경험으로 통합적으로 디자인하거나, 기술, 경영, 인터액션, 서비스 등을 다학제적으로 융합하는 교육으로 진화되고 있다. 그러나 일부 영역에서는 아직도 디자인 교육이 시각, 공업, 환경 등으로 구분되어 있어 종합적인 디자인 경험과 학습이 어렵다.

대학 및 기업에서는 디자인 사고Design Thinking ; 관찰 및 브레인스토밍, 시각적 프로토타이핑 등의 디자인프로세스, 특히 우뇌적 사고에 기반한 통합적 창조 방법의 교육을 통하여 일반인들의 창조성 증진을 도모하고 있다.

2) 디자인 연구

대기업은 자체적인 자원과 조직을 활용하여 장단기적인 디자인 연구를 진행하여 디자인 지식 발전에 일익을 담당하고 있다. 반면 디자인 전문 기업이나 대학의 연구활동을 지원하기 위한 산업부와 교육부를 통한 디자인 연구 지원 프로그램이 있으나 극히 미미할 뿐만 아니라, 대부분 특정 지역의 기반 연구나 단편적인 학술 연구에 치우치고 있어 산업적·경제적·사회적 효과가 적은 실정이다. 창조와 혁신의 뿌리라고 할 수 있는 기반 기술과 디자인 융합 연구는 물론, 타 학문과 디자인 협력 연구를 통한 창조 연구 등이 극히 미미하거나 부재하여 디자인을 통한 타 학문과의 융합이나 혁신의 기회가 거의 전무하다. 그뿐만 아니라 미래 라이프스타일 디자인 등 미래 디자인 창조의 토대가 될 수 있는 디자인 기반 기술 연구 영역이 부재하거나 일시적이어서 연구의 산업화·사회화가 어려운 실정이다.

3) 디자인 산업

대기업은 막대한 디자인 인력과 시설 규모를 자랑하고 있으나, 대다수 디자이너들이 활동하는 디자인 전문회사는 2~3명의 규모에 시각, 산업, 공간, 미디어 등 과거와 같은 조형 중심 유형의 디자인 용역을 과도한 경쟁 속에서 수행함으로써 수익성 측면에서 열악하다. 모든 비즈니스를 혁신하고 기업을 성공적으로 이끌기 위해 필요한 디자인의 중요성이 아직도 대부분의 중소기업에 인지되지 않아 디자인을 통한 중소기업의 성공 기회가 많지 않다. 또한, 마케팅-개발-홍보에 이르는 다학제적이고도 통합적인 디자인 지원 컨설팅 회사가 국내에는 전무하므로 중소기업 등에 필요로 하는 종합적인 신제품 개발 컨설팅이 어려운 실정이다. 미래

디자인 산업은 다양한 인공지능, 가상공간, 창의교육, 도시 및 사회 시스템 등 소프트한 가치 및 사회 전반의 문제 해결로 디자인 영역이 확장되어 디자인 기회는 더욱 증대될 것이다. 최근에는 디자인 용역 대신 디자이너의 창의적 사고를 기반으로 한 독자적인 디자인 브랜드가 증가하고 있고, 스타트업을 지향하는 1인 기업과 디자인 전문회사의 수가 증가하고 있다.

4) 디자인 사회

과거 산업 시대의 디자인 영역이 제품, 시각, 환경 등의 부분적 요소를 디자인하는 것이었다면 이제 디지털 기술 기반의 창의 시대를 맞아 디자인 영역은 점차 제품과 산업 시스템은 물론 주거, 교육, 건강, 생산, 교통, 문화 등으로 확장되는 통합적이고도 상호 의존적인 양상을 보이고 있다. 이것은 지역사회와 도시를 종합적이고도 창의적으로 발전시킬 수 있는 중요한 기능으로 확대되어 가고 있다. 디자인의 이와 같은 통합적인 역할에 부응하기 위하여 지금까지 산업부, 문화부, 건설부 등의 전문적인 디자인 진흥 사업들을 총체적으로 기획 조정하기 위한 국가적인 디자인 조직이 필요하다.

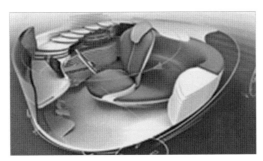

[그림 4-9-1] 창조적 활동 및 최상의 안락감을 제공하는 미래형 모빌리티 디자인 시안

1. 디자인 산업 발전 단계 로드맵

구분	유망 분야	2017	18	19	20	21	2022	23	24	25	26	2027
디자인 교육	엔터프리너십, 다학제 및 메이커 교육	━	━	━	━	━	━	━	━	━	━	▶
	디자인 사고 교육 프로그램	━	━	━	━	━	━	━	━	━	━	▶
디자인 연구	기초기술+디자인 협력 미래 가치 개발	━	━	━	━	━	━	━	━	━	━	▶
	빅데이터 기반 미래 라이프스타일 디자인	━	━	━	━	━	▶					
	디자인 주도의 연구개발 및 스타트업	━	━	━	━	━	▶					
디자인 산업	통합 디자인 기업	━	━	━	━	━	▶					
	디자인&브랜드 벤처 비지니스	━	━	━	━	━	━	━	━	━	━	▶
디자인 사회	디자인 특화 혁신도시	━	━	━	━	━	━	━	━	━	━	▶
	국가디자인혁신연구원	━	━	━	━	━	━	━	━	━	━	▶

2. 디자인 산업 발전 단계별 추진 전략

1) 디자인 교육

디자이너가 21세기 창조 시대의 중심적 기능을 수행하기 위해서는 창조적 리더십이 요구되고, 이를 위해서 디자인 교육에서 '엔터프리너십, 다학제, 메이커 교육'을 강조하여야 한다. 또한, 훌륭한 혁신가와 리더가 되기 위해서는 먼저 훌륭한 디자이너가 되어야 한다. 특히 디자인의 독특한 문제 해결의 관점을 뜻하는 디자인 사고는 이 세계에 새로운 가치와 혁신을 만드는 매우 중요한 역할을 하여,

모든 교육철학에 중심을 이루어야 한다. 이에 '디자인 사고Design Thinking 교육 프로그램'을 단계별로 개발하여 기업, 일반인, 초중고, 일반 대학에 확산시켜야 한다.

(1) 엔터프리너십, 다학제, 메이커 교육

미래 디자인 교육은 '창조적 리더십과 엔터프리너십'을 위하여 미래 삶에 대한 통찰과 비전은 물론 학생 주도의 맞춤형 프로그램과 메이커Maker 교육을 통하여 창조적 능력을 습득하게 하여야 한다. 또한, 통합적 혁신 능력을 위하여 인간필요성, 기술가능성, 경영수익성의 가치를 디자인과 팀워크를 통하여 결집하고, 현실적 문제 해결을 할 수 있도록 산업 및 지역사회 현장과의 협력을 더욱 중시하여야 한다.

(2) 디자인 사고(Design Thinking) 교육 프로그램

디자인 사고는 통찰력전체를 보는 혜안과 미래의 상상력, 융합서로 다른 요소들을 묶는 관계 엮기, 시각화와 소통아름다움을 느낄 수 있는 심미안, 그리고 다학제와 팀워크를 통하여 삶의 제 가치를 혁신하고 창조해 나가는 디자인의 핵심적인 방법이다. 이제 4차 산업혁명의 파괴적 혁신Disruptive Innovation 시대에 개개인 모두가 탁월한 창조자가 되고 일류 창조 대국이 되기 위해서는 초중고, 대학, 기업 및 일반을 포함하는 디자인 사고 기반 문제 해결 교육이 필요하다.

2) 디자인 연구

디자인 연구는 의미, 감성, 스토리, 사용성, 서비스 등 인간 중심의 다양한 가치 탐구와 심미적인 시각화 등 디자인 기능과 기술을 결합하여 종합적인 가치를 창조함으로써 연구 결과의 산업화가 용이하고 시장 성공률이 높다. 영국의 조사 자료에 의하면 기술 연구 투자비 대비 디자인 투자비는 1/20이고 소요되는 시간 또한 1/4에 불과하지만 부가가치는 반대로 디자인이 4배가 높은 것으로 나타나고 있다. 따라서 미래 4차 산업혁명 시대에 부각될 디지털 기반의 '기초 기술+디자인 협력 미래 가치 개발', '빅데이터 기반 미래 라이프스타일 디자인', '디자인 주도의 연구개발 및 스타트업' 등 디자인과 기술이 협력하여 미래의 다양한 가치를 연구개발하고 새로운 비즈니스 모형으로 전환하여야 한다.

(1) 기초 기술+디자인 협력 미래 가치 개발

4차 산업혁명의 IoT, AI, 로봇 등의 첨단기술이 단지 기술에 그치지 않고 성공적인 미래 생활 가치로 창조되기 위해서는 기술을 인간의 잠재적 요구와 결합시키기 위한 디자인 연구가 무엇보다도 필요하다. 특히 미래 사회의 키워드인 노인·건강·안전·에너지·그린 등과 신기술을 융합하여 탐구하는 21세기형 디자인 연구 또한 필요하다.

(2) 빅데이터 기반 미래 라이프스타일 디자인

미래 사회에서 디자인 활동의 주된 역할은 전망과 상상·실험·창조 등 미래의 신생활 개념을 다각적으로 연구하고 실험하는 것이다. 빅데이터 등 다양한 디지털 기술을 바탕으로 미래의 주거, 교육, 작업, 휴식, 이동 등의 라이프스타일을 상상하고, 이에 따라 시나리오를 창조해 나가는 디자인 연구는 검증, 개발, 시장화로 연결되어 신 비즈니스나 산업을 개척하는 원동력이 될 것이다.

(3) 디자인 주도의 연구개발 및 스타트업

인간 삶과 사회적 관점에서 발견된 소프트하고 하드한 다양한 문제의 해결·개발·시장화로 연결하기 위한 디자인 주도형 연구 프로그램을 개발한다. 에어비앤비Air B&B, 유튜브 등 많은 성공적인 실리콘밸리의 스타트업 비지니스들은 디자인을 전공한 학생, CEO들의 디자인 주도형 연구 및 스타트업의 결과이다.

3) 디자인 산업

4차 산업혁명으로 디자인 산업 또한 실재 공간을 넘어 가상 공간에서의 기회가 더욱 확대될 것이다. 또한, 미래의 디자인 산업은 과거 조형 위주의 업무에서 벗어나, 디자인 및 개발 구조가 취약한 중소기업들에 대해 종합적 컨설팅을 할 수 있도록 '통합 디자인 컨설팅' 활동이 강조될 것이다. 미래의 디자인 전문회사는 단순한 용역 전문회사의 개념보다는 고부가가치를 지향하는 독자적인 '디자인 브랜드'를 개발하는 방향으로 나갈 것이다.

(1) 통합 디자인 기업

미래에는 디지털 기반의 다양한 기업들이 더욱 확산될 전망이다. 이러한 기업과 함께 지방자치단체가 해결해야 할 농업, 해양, 관광 등 지역사회의 요구를 종합적으로 해결하기 위해서는 사업의 개념, 개발, 생산, 홍보, 유통, 행정, 서비스에 이르는 폭넓은 기능을 수행하는 다학제적이고도 네트워크형 통합 디자인 컨설팅 회사가 개발되어야 한다.

(2) 디자인&브랜드 벤처 비지니스

컴퓨터, 통신 네트워크, 생산 기술 등의 발달과 함께 제품 생산, 유통, 서비스가 용이해 지면서 고부가가치의 독자적인 디자인과 브랜드 비즈니스의 기회는 더욱 증대될 것이다. 타 분야 대비 성공률과 수익률이 높으므로 디자인 브랜드 벤처 설립에 박차를 가하여야 한다.

4) 디자인 사회

4차 산업혁명의 새로운 기술 등을 바탕으로 미래의 이상적인 삶의 모습을 체험할 수 있는 '디자인 특화 혁신 도시' 등 특화된 도시의 창조가 미래 디자인의 중요한 사업이 될 것이다. 또한, 산업, 문화, 건설, 교통, 외교 등 더욱 확장되는 디자인 관련 영역의 혁신 주제들을 종합적으로 연구하고 통합적으로 기획 관리할 수 있는 '국가디자인혁신연구원' 설립이 절실하다.

(1) 디자인 특화 혁신 도시

디자인 산업과 관련된 첨단 연구, 교육, 산업, 전시 및 유통, 체험, 휴식-오락 등의 시설을 종합하여 신기술과 미래 삶의 융합이 연구되고, 실험, 연출되는 디자인 혁신 도시를 개발한다. 디자인 이외에 문학, 영화, 연극, 만화, 스포츠 등 다양한 주제로 특화된 도시를 확대하여 개발한다.

(2) 국가디자인혁신연구원

산업, 문화, 건설, 관광, 외무 등 정부 각 부처 간에 산재해 있는 디자인과 관련된 기능을 통합하여 장단기적인 국가의 디자인 혁신 전략을 수립하고 효율적으로 운영하기 위한 연구원을 설립한다. 이를 운용하기 위하여 '국가디자인위원회'를 설립한다.

3. 4차 산업혁명 디자인 산업 발전 전략 제언

디자인 사고 Design Thinking 교육

21세기 창조의 시대를 맞아 무엇보다도 기술·인간·사회를 연결하는 디자인을 모든 문제 해결의 핵심으로 인식하고, 4차 산업혁명의 혁신과 창조를 선도하기 위하여 디자인 사고 교육을 통하여 창조적 리더십과 융합 능력을 습득하여야 한다. 또한, 디지털 기반의 신기술과 미래 인간 삶 및 사회를 연결하는 다각적인 디자인 중심 협력 연구와 산업이 개발되어야 한다. 삶의 새로운 터전이 될 특화된 다양한 디자인 도시가 개발되어야 하고, 증대되는 디자인 역할을 담당하기 위한 국가디자인혁신연구원이 필요하다.

대한민국 4차 산업혁명 미래 자동차 산업 발전 전략

이재관 자동차부품연구원 스마트카기술연구본부장

I 미래 자동차 산업 주요 추진 내용

1. 미래 자동차 산업 4차 산업혁명 추진 영역

앞으로 자동차는 단순한 이동 수단이 아니라 친환경적이고 안전·편리한 이동 환경을 제공하고 교통사고로 인한 인적, 물적 손실을 최소화해야 하며 사람, 사회, 산업 간의 활발한 교류와 공존 모델을 지원할 수 있어야 한다. 우리는 4차 산업혁명을 통하여 자동차 산업을 '안전과 환경'에서의 기술 혁신이라는 시대적 변화에 적응하면서 미래 시장을 준비하도록 할 필요가 있다.

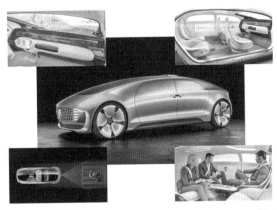

자료 : BENZ F015 "자율주행 FCEV"

[그림 4-10-1] 자동차 산업의 미래상 예시

1) 자율 주행차

미국 교통국DOT : Department of Transportation은 자율 주행차를 운전자의 주행 조작 개입 정도에 따라서 6단계레벨0~레벨5로 구분하고 있다. 현재 양산되고 있는 고급 차종에서는 이미 차간거리 제어, 차선 유지 지원 등 특정 기능의 자동화 시스템이 일부 적용레벨1되고 있으며 2개 이상의 자동화 시스템이 통합되는 자동차레벨2는 현재 많은 자동차 업체들이 양산 개발을 추진하고 있다. 제한된 조건에서 눈을 뗄 수 있는 레벨3 자율 주행차에 대해서는 최근 공도로에서의 테스트를 수행하고 있다. 완전 자율 주행차는 장소를 한정한 레벨4와 장소를 한정하지 않은 레벨5로 분류되며 탑승자가 목적지를 입력만 하면 자동차가 스스로 주행을 하는 수준으로 자동차 및 주행 환경에 대한 기술은 물론, 사고 발생 시 법적 책임, 보험 등의 문제까지 완벽히 해결되어야 상용화가 가능할 것으로 예상된다.

2) 친환경차

화석 연료가 아닌 전기, 연료전지 등을 사용하여 직간접 '고출력 전기 동력'을 생성하여 구동하는 자동차이하 xEV를 의미하며 배터리와 전기모터의 동력만으로 구동이 되는 전기차EV, 전기모터와 내연기관 병행 장착으로 외부로부터의 전기 충전이 가능한 플러그인 하이브리드차PHEV, 내연기관 구동 시 발생하는 전기를 배터리에 저장·활용하는 하이브리드차HEV, 연료전지를 활용하여 수소와 산소 반응으로 전기를 생산하여 구동되는 수소전기차FCEV로 구분된다. 미국은 승용차와 소형 트럭에 대해 2017년부터 2025년까지 단계적으로 온실가스 배출주로 CO_2과 연비 규제승용차 2017년 40.0mpg → 2025년 56.0mpg, 소형트럭 29.4mpg → 40.3mpg를 강화하고 있으며 각 국은 중앙정부와 별도로 지자체예, 미국 캘리포니아주 대기자원국가 주도로 HEV·PHEV, EV, FCEV의 도입을 확대하고 있다.

2. 미래 자동차 산업 4차 산업혁명 추진 상세 내용

1) 자율 주행차

글로벌 시장에서 자율 주행차의 연구개발과 투자도 가속화되고 있는 상황이다. 미국은 2016년 1월 '현실 세계의 파일럿 프로젝트를 통해 안전한 자율 주행차의 개발과 채용을 가속'하기 위하여 향후 10년간 40억 달러 이상 투자하는 것을 2017년도 예산안에 표명하였다. 유럽은 HORIZON 2020 Work Programme 2016~2017 'IoT-01-2016 Large Scale Pilots'에서 자율 주행차의 연구개발에 최대 2,000만 유로의 예산을 할당하였고 안전한 자율 주행차의 실현을 위해서 여러 가지 유스 케이스·시나리오에 대한 검증을 실시해 나가는 것이 목적으로 하고 있다. 일본은 2013년 내각회의에서 발표되었던 '세계 최첨단 IT 국가 창조 선언'에서 2018년을 목표로 교통사고 사망자 수를 2,500명 이하, 2020년까지 세계에서 가장 안전한 도로 교통 사회를 실현하는 것을 목표로 5개 부처가 공동으로 SIP Strategic Innovation Promotion Program 프로젝트를 통해 2015년부터 연간 30억 엔을 자율 주행차 개발에 투자하고 있다. 우리나라에서는 국토부가 2016년 3월 현대자동차 제네시스에 대하여 국내 1호 자율 주행차 임시 운행 허가를 발급한 후, 2017년 10월 초 기준 25대의 자율 주행차 임시 운행 허가를 발급받아 시험 주행 중 2016년까지는 자동차 업체 위주로 자율 주행차 임시 운행 허가가 이루어졌으나, 2017년에는 ICT기업 등에서 개발한 자율 주행차가 허가됨으로써 자율 주행차 연구가 다양한 산업으로 확대 에 있다.

CES 2017에서 엔비디아는 자율 주행차 시연 컨셉카 BB8 을 통해 인공지능과 딥러닝의 힘을 강조했고, BB8에는 인공지능 컴퓨터인 DRIVE PX2와 DriveWorks 소프트웨어와 최근 18개월 동안 개발된 딥뉴럴 네트워크 PilotNet를 탑재해 복잡하고 역동적인 주행 환경에서도 자율 주행차가 주행 가능하게 하였다. BMW는 올해 하반기 인텔, 모빌아이와 협력하여 자율 주행차 40대 정도를 시범 주행할 것이라고 밝혔고, 미래 자율 주행차의 모습에 대한 비전을 제시하는 BMW는 i Inside Future 로 봇 비서를 이용한 주차가이드, 미래형 창문인 커넥티드 윈도우, 홀로액티브 터치, 오픈 모빌리티 클라우드 기술 등 **콘셉트카를**

선보였다.

2) 친환경차

글로벌 시장에서 환경 규제가 강화됨에 따라 자동차 업체는 경쟁적으로 친환경차를 개발하고 있으며 'HEV&PHEV → EV → FCEV' 순으로 보급을 확대 중이다. 특히 4차 산업혁명을 견인할 EV 추진 상황을 살펴보면 미국은 2016년 말에 캘리포니아주, 유타주 등 자동차 환경 규제를 시행하는 지역이 판매량 상승을 견인한데에 힘을 받아 미국의 EV 판매 대수가 전년 대비 10% 이상 증가하면서 누적 판매량 54만 대를 넘어섰으며 2020년 내에 누적 100만 대 _{미국에서 EV 모델별 판매 비중: Tesla의} _{Model S가 가장 많이 판매, 다음은 GM의 Volt, Ford의 Fusion, Tesla의 Model X, Nissan의 Leaf 순}를 넘을 것으로 전망된다. 유럽은 2015년 저유가 기조에도 친환경차 시장이 빠르게 성장하고 있으며 그 이유는 EU의 연비·탄소가스 규제와 친환경차에 대한 각국 정부의 장려책 때문인 것으로 분석된다. 순수 EV 판매 실적으로는 Renault의 Zoe EV가 18,670대, Tesla의 Model S가 16,455대, Nissan의 Leaf가 15,515대 판매되었으며 특히 노르웨이에서 EV 시장이 연평균 149%로 괄목할 만한 성장_{2015년 신차 시장의 19.8% 비중으로 EV가 판}_매을 이루고 있다. 일본은 2015년 EV 시장이 소폭 감소했으며 시장에서 미치는 비중도 아직 1%에도 미치지 못하는 실정이고 판매 실적은 Nissan의 Leaf가 9,057대, BMW의 i3가 1,200대, Mitsubishi의 i-Miev가 634대 판매되었다. 중국의 EV 시장은 연평균 171%의 고속 성장을 보이고 있으며 2015년 말 기준 누적 보급 대수는 29만 대 수준이고 정부의 보급 정책_{자동차와 EV 산업발전계획(2012~2020): 10년간 1,000억 위안을 EV 개발}_{과 보급 지원에 투입}이 본격화된 2014년부터 급속도로 보급이 확대된 것으로 분석된다. 판매 실적은 Kandi의 Panda EV 20,390대, BAIC의 E-Series EV 16,488대, Zotye의 Z100/Cloud EV가 15,467대가 판매되었다. 중국은 글로벌 업체에 비해 품질이 다소 뒤처진다고 평가받는 로컬 브랜드가 중국 EV 시장의 대부분을 장악하고 있으며 이는 정부의 적극적인 지원과 로컬기업 보호가 큰 역할을 한 것으로 판단된다.

1. 미래 자동차 산업 발전 단계 로드맵

1) 자율 주행차

본격적인 자율 주행차의 상용화는 2020년부터 예상되고 있는데 2035년의 북미, 서유럽, 아시아태평양 등 글로벌 3대 시장에서의 판매량은 9,540만 대로 2020년 이후 연평균 성장률 85%가 예상된다. 또한, 자율 주행차의 비중이 2025년 4%에서 2035년 75%로 폭발적으로 증가할 것으로 예상되고 있다. 국내외 시장에서 주요 완성차 업체들은 적시에 자율 주행차 출시를 목표로 경쟁적으로 개발하고 있다. GM은 Cadillac CTV를 대상으로 2017년 레벨2의 Super Cruise 양산 계획

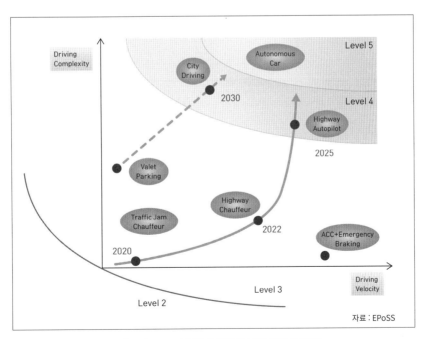

[그림 4-10-2] 자율 주행차 발전 단계 로드맵

을 밝혔는데 운전자의 주변 상황 주시가 필요한 수준의 통합 자율 주행차를 목표로 하고 있다. 벤츠는 2025년까지 Driverless Heavy Truck 개발, 2030년까지 Fully Autonomous Vehicle 개발을 목표로 하고 있다.

2) 친환경차

HEV&PHEV, EV, FCEV 등 전력을 기반으로 하는 친환경차의 2020년 글로벌 시장은 약 800만 대로 예상되며 연평균 성장률은 22%로 전망되고 있다. 2020년까지

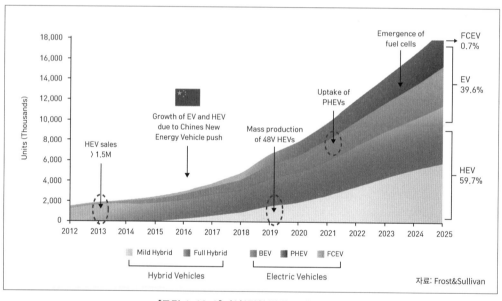

[그림 4-10-3] 친환경차 발전 단계 로드맵

친환경차의 대부분은 HEV&PHEV가 주도할 것으로 보이며 점유율은 70% 이상을 차지할 것으로 예측된다. EV는 2022년 기준 친환경차의 25%인 약 300만 대 수준으로 전망되고 있으며 FCEV는 2%인 약 25만 대로 예측되고 있다.

2. 미래 자동차 산업 발전 단계별 추진 전략

1) 자율 주행차

산업 간, 민관 협력을 통해 범국가적 역량을 결집하고 이업종 간 협업, 안전성&
신뢰성을 위한 장기간 실증, 인프라 및 법제도 연계를 위한 패키지형 정부 지원이
시급한 상황이다. 특히 자동차－인프라ᄃᄆ&ICT 융합을 통해 시장을 선도할 융합 기
술의 확보가 필요이다. 자율 주행차를 위한 공용 DB, 개방형 플랫폼을 구축·제
공하여 관련 업체의 기술 개발을 지원해야 한다. 아울러 고부가가치 서비스 모델
예, 자율셔틀을 발굴하고 실증을 통해 안전성을 확보하고 사업화를 추진하는 것이 바
람직하다.

2) 친환경차

지금까지 xEV는 시스템과 모듈 단위의 대기업 위주로 진행되었으나 앞으로는
좀 더 세분화된 기술개발이 필요하다. xEV는 내연기관차와는 상당히 다른 구조를

구분	유명 분야	2017	18	19	20	21	2022	23	24	25	26	2027
자율 주행차	핵심 부품(센서,통신 등) (지능형반도체 개발)											
	완전 자율 주행차 개발 -고속도로 T2T[1] -도심로											
	자율 주행 서비스 실증사업 (사업화 확대)											
친환경차 (xEV)	핵심 부품(배터리 등) (부품통합모듈 개발)											
	xEV 충전 플랫폼 (저비용 인프라[2] 구축)											
	xEV-ICT 융합 제품 (xEV 커넥티드 서비스)											

1) T2T: Tollgate to Tollgate, 2) 예시: 가로등 겸용 충전소

가지고 있기 때문에 새로운 제품과 서비스를 만들 수 있어야 하고 차세대 배터리, 냉난방 시스템, 전력 변환장치, 차체 경량화, 고출력·다단 변속 기능 구동 시스템 제품 경쟁력 강화 및 충전 시간 단축·가격 저감을 위하여 부품·플랫폼 공용화, xEV-ICT 융합 제품 및 xEV 커넥티드 서비스 등의 핵심 영역에 대한 기술 역량 강화가 필요하다.

3. 미래 차 정책 제언

현재		미래	
단순 수송 이동체	운전 지원 이동체	생활 공간 이동체	사무 공간 이동체
(자료: 헬로드라이브)	(자료: 모비스 차간거리 제어)	(자료: 볼보 자율 주행 레벨3)	(자료: 벤츠 자율 주행 컨셉트카 (F015))

[그림 4-10-4] 미래 차의 현재와 미래

미래 차가 실현되어 보급이 확대되기 위해서는 운전자 수용성, 사회적 수용성, 산업적 수용성을 동시에 만족해야 하므로, 적기 실용화 관점에서 관련 기술을 허가하기 위한 제도적예, 표준화, 기술규격 등 및 법규적예, 자동차 안전기준, 환경·안전규제, 인센티브 등 정비가 필요하며 글로벌 시장의 환경 변화에 능동적·선제적으로 대응하기 위해서는 범국가적인 차원에서 패키지형 R&D 지원 사업이 유기적으로 진행될 수 있는 정책 마련이 필요하다.

대한민국 4차 산업혁명 헬스케어 산업 발전 전략

강건욱 서울대학교 의과대학 교수

I 헬스케어 산업 주요 추진 내용

1. 헬스케어 산업 4차 산업혁명 추진 영역

근거 중심 평균 치료에서 개인 맞춤형 치료로, 환자 중심 치료에서 건강인 중심 항노화, 예방, 기능 향상으로 의료의 패러다임이 변화하고 있고 개인 유전체 분석, 빅데이터, 인공지능, 인공장기, 수술 로봇, 재활 로봇, 나노 로봇, 바이오 신약, 줄기세포 치료, 스마트 의료 등 첨단 신기술을 활용한 분자의학, 재생의학, 나노의학, 시스템의학, 원격의료 등 신의료 기술이 등장하고 있다. 무병장수를 넘어서 불로장생이 새로운 이슈로 떠오를 전망이다. 즉 늙지 않고 오래 사는 것이다. 지금껏 의료 시장은 이미 병에 걸려 찾아오는 환자에서 조기 검진과 예방으로 진환되는 시점에 있다. 유전자 정보를 이용하여 평생 걸린 질병을 미리 예측하고 조기 검진과 약물 예방뿐만 아니라 쪽집게 유전자 치료도 가능할 것으로 보인다. 또한, 세포 수준의 항노화 치료로 신체적 노화가 지연될 것이다. 유전체 분석 검사 가격이 매우 저렴해져 누구나 자신의 유전체 정보를 갖는 시대가 된다. 이는 자신의 미래 질병에 대한 예측이 가능해서 맞춤 예방이 일상이 될 것이다. 자신에 맞는 맞춤 항노화 화장품, 맞춤 음식, 맞춤 예방약 등이 일반화될 것이다. 평생 건강

관리 프로그램과 개인 건강 정보를 분석하여 개인 맞춤 예방 진단이 가능한 헬스 아바타와 연계되어 나이에 따른 질환 발생 예측과 산전 예방을 하게 되고, 치매에 대한 예방 백신 등이 출현하여 고위험군을 대상으로 예방적 치료가 이루어질 것이다.

2. 헬스케어 산업 4차 산업혁명 추진 상세 내용

1) 건강 의료 빅데이터와 인공지능을 이용한 맞춤형 예방 의료

(1) 개요

의료 소비자 개인이 여러 기관에 흩어져 있는 자신의 보건의료 정보를 다운받을 수 있는 서비스 플랫폼을 구축하고^{한국형 블루버튼 이니셔티브 사업} 유전자 검사 결과와 IoT 장비에서 생성된 건강 정보를 보건의료 블록체인 DB 시스템에서 관리하게 함으로써 인공지능을 이용한 개인 맞춤형 예방 서비스와 빅데이터 연구에 활용할 수 있는 시스템을 구축한다.

(2) 필요성

현재 예방접종, 성장, 건강검진, 진료 정보, 유전체 등 의료 소비자 개인 자신의 보건의료 정보가 학교, 보건소, 의료기관, 건강보험공단, 심평원, 유전체검사 기관 등에 흩어져 있어 개인 중심으로 모으는 것이 불가능하다. 개인이 동의하여 자신의 보건의료 정보를 다운받을 수 있으면 개인 건강 기록 PHR^{personal health record} 구축이 용이하며 인공지능을 이용한 종합적 빅데이터 분석을 이용하여 개인 맞춤형 예방 치료 서비스 등 헬스 분야 4차산업 발전이 가능하다.

(3) 내용

각 기관에 디지털 데이터베이스 형태로 보관되어 있는 자신의 보건의료 정보를 개인 동의 절차와 다운로드 인터페이스 구축, 이용 비용 산정 등의 서비스를 구축하여 쉽게 임상 문서 표준 CDA Clinical Document Architecture 형태로 다운로드 받을 수 있도록 한다. 자신의 모든 보건의료 정보를 개인이 책임지고 관리할 수 있도록 하여 개인정보 보호법에 저촉이 되지 않으면서 의료 소비자의 개인 정보에 대한 소유권 및 관리 권한을 대폭 향상시킨다.

유전체 정보, IoT로부터 발생하는 건강 정보, 병의원 진단·치료 정보를 블록체인 형태의 DB에 보관하며 스마트 계약을 통해 연구용 자료 재공 및 개인 맞춤용 예방 서비스를 받게 된다 그림4-11-1.

민간에서 인공지능을 이용한 의료 영상 분석, 건강 의료 정보 종합 분석 진단, 개인 맞춤형 생활 개선 및 예방 치료 서비스를 개발한다.

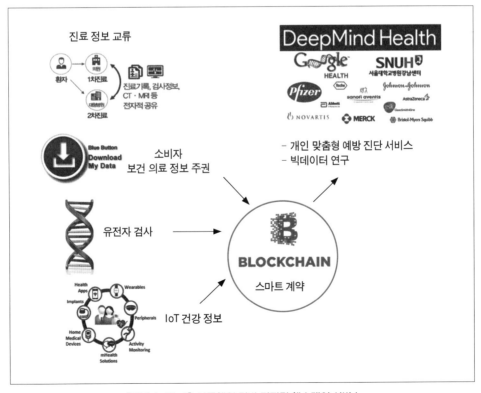

[그림 4-11-1] 블록체인 기반 디지털 헬스케어 서비스

2) 나노 기술, 유전자 가위, 재생의학 기술을 이용한 항노화 불로장생

(1) 개요

첨단 기술을 이용한 치매, 암, 유전병 등 난치성 질환의 치료와 노화, 노쇠 등 항노화 예방 및 치료

(2) 필요성

인체는 유전자, 환경 등의 영향에 따라 질병에 걸릴 확률과 노화 속도의 개인차가 심하다. 이미 발병하였을 때 치료를 하는 환자 중심 헬스케어는 무병장수를 지향하는 노인 인구를 증가시켜 사회적 부담이 는다. 유전체 검사, 건강검진 등을 통해 사전에 위험도를 예측하고 나노 기술, 유전자 가위, 재생의학 기술 등 첨단 의료 기술을 적용하여 예방적 치료를 하면 치매, 암 등 이미 질환이 발생하여 장애가 생기는 것보다 사회적 부담을 낮출 수 있다. 또한, 노화에 대한 속도를 늦추면 노인을 장년화시켜 사회의 부담 층에서 사회에 기여하는 층으로 전환할 수 있다.

(3) 내용

① 나노 기술을 이용한 조기 진단, 정확한 표적 약물 전달, 생체 친화적 인체 삽입 기구, 치료용 세포 보호, 개인 맞춤형 건강기능식품 및 화장품
② 유전자 가위를 이용한 유전병 치료, 암 유전자 억제, 노화 치료, 신체 강화
③ 줄기세포, 면역세포, 재활 로봇 등을 이용한 염증 조절, 치매 등 퇴행성 뇌질환 개선, 재생 및 재활

[그림 4-11-2] 마이크로소프트 홀로렌즈를 이용해 가상현실에서 3차원 뇌영상을 관찰하고 분석하는 장면

Ⅱ 헬스케어 발전 단계별 전략 Q

1. 헬스케어 산업 발전 단계 로드맵

영역	추진 내용	2017	18	19	20	21	2022	23	24	25	26	2027
맞춤 예방 의료	한국형 블루버튼 이니셔티브	→→→→→										
	유전체 검사 시장 활성화	→→→→→→→→→→→										
	블록체인 보건의료 빅데이터 구축	→→→→→→→→→→→→→										
	인공지능 영상 및 진단 분석 서비스	→→→→→→→→→→→→→										
	개인 맞춤형 정밀 예방치료	→→→→→→→→→→→→										
노화 치료	나노진단	→→→→→→→										
	나노의약품, 나노로봇	→→→→→→→→→→→										
	개인 맞춤형 식품/화장품	→→→→→→→→→→→→→										
	유전자 가위로 유전병 치료	→→→→→→→→										
	재생의학으로 노화 억제	→→→→→→→→→→→→										

2. 헬스케어 산업 발전 단계별 추진 전략

① 유전체 보건의료 산업이 활성화되기 위해서는 positive 규제 방식에서 negative 규제 방식으로 전환할 필요가 있다.[1] 유전자 정보를 포함한 개인 의료 데이터를 클라우드 시스템에서 활용 가능하도록 관련 법제 정비 방안 마련이 필요하다.

② 생명 윤리 및 안전에 관한 법률 의한 유전자 치료, 줄기세포 치료에 대한 과도한 규제를 선진국 수준으로 개정하여야 한다. 질환을 치료하는 무병장수의 개념에서 질환을 예방하고 노화도 예방하여야 하는 질환으로 인식하는 불로장생의 개념으로 연구 목적이 전환되고 집중 투자되어야 한다.

③ 정부는 개인이 자신의 흩어져 있는 보건의료 정보를 검색하고 다운로드받을 수 있도록 법/제도를 개선하고 보건의료 DB 표준화, 블록체인 클라우드 저장 시스템, 정보 보안, 보건의료 정보 장마당, PHR 시스템, 맞춤 예방 치료 등 파급되는 서비스는 민간 사업자가 하도록 유도하여야 한다.

④ 유전자, 줄기세포, 나노 기술, 로봇 기술 등 기술 중심의 R&D 투자에서 노화 억제, 치매 예방 등 목적 중심의 R&D 투자를 시행하여 기술 간의 장벽을 없애고 융합시키는 방향으로 유도하여야 한다.

---

1) 우리나라는 병원을 통해서 유전자 검사 시 일부를 하거나 혹은, 12개 항목, 46개 유전자에 대해서만 일반인이 유전자 분석 회사에 요청을 할 수 있도록 허용함. 미국의 경우 DTC(Direct-to-Consumer) 유전자 검사는 규제적으로 제한되어 있는 항목을 제외하고는 모든 항목에서 가능함.

4차 산업혁명의 주요 기술인 빅데이터, 인공지능 등은 급격하게 보건의료 서비스의 질을 개선하고 물리적, 경제적 접근성을 획기적으로 낮출 것이다. 특히 유전체 및 의료 정보의 빅데이터 구축은 IT 산업의 광통신망 같은 근간이 될 것이다. 개인이 자신의 보건의료 정보 접근과 열람이 가능하게 하면 개인정보 보호법의 저촉 없이 보건의료 정보 빅데이터가 구축되고 예방 중심 맞춤형 헬스케어 산업이 활성화될 것이다. 정부는 이해관계자 간의 소통을 통해 국민과 소비자의 이익에 맞추어 법, 제도를 개선하고 관련 산업 및 서비스는 민간에 맞겨 국제적 경쟁력이 있는 헬스케어 산업을 촉진하기를 바란다.

■ 총괄적 차원의 정책 제언

지금까지 정부는 공급자 중심의 정책을 주로 펼쳐 신생 산업이나 기업의 탄생과 성장보다는 기존 산업이나 기업의 이익을 보호하였다. 4차 산업혁명의 성공을 위해서는 기존 기업 간담회를 통해 기업체의 요구를 조사하고 해당 산업의 직접적인 금융 또는 연구비 지원같이 기존 산업체 중심의 지원을 지양하고 소비자와 신생 벤처가 적극 참여하고 다부처가 공동으로 참여하는 규제 개혁 위원회를 통해 관련 규제/제도 개혁을 시행하고 민간 산업이 스스로 자유롭게 발전할 수 있도록 해야 한다.

대한민국 4차 산업혁명
스마트 가전 산업 발전 전략

문형남 숙명여대 정책산업대학원 IT융합비즈니스전공 교수

I   스마트 가전 산업 추진 내용

1. 스마트 가전 산업 4차 산업혁명 추진 영역

1) 삼성전자와 LG전자, 세계 스마트 가전 시장 선도

스마트 가전smart appliance 이란 인공지능AI , 사물인터넷IoT 등을 탑재하고 인터넷 접속 기능을 내장한 똑똑한smart TV · 냉장고 · 세탁기 · 오븐 · 청소기 · 에어컨 등의 가전제품을 통칭한다. 새로운 조리법이나 세탁 방법이 추가되면, 온라인에서 내려받아 그 기능을 업그레이드할 수 있으며, 외부에서 원격으로 작동 상태를 조종할 수도 있다. 예를 들면 단순한 냉장 · 냉동 기능 외에 인터넷 쇼핑 · 식료품 관리 등의 기능을 갖춘 냉장고 등이 있다. 미국에서는 스마트 가전Smart Appliance 이라는 표현보다는 Smart Connected Appliances라는 표현을 더 많이 쓰고, 맥킨지에서는 스마트 가전 시장을 Connected Home market이라고 한다.

냉장고에 어떤 식품이 있는지 또 유통기한이 얼마나 되는지 알 수 있고, 스마트폰 앱을 이용하여 퇴근하는 길에 우리 집 냉장고에 무슨 식품이 있는지 확인하여 장을 볼 수 있다. 또한, 밖에서 휴대폰으로 집 안에서 동작 중인 세탁기의 남은 시간을 알 수 있고, 오븐 안에 미리 넣어둔 아이들 간식을 스마트폰 앱을 이용하여

원격 조정하면 아이들 하교 시간에 맞춰 밖에서도 데워 놓을 수 있다.

한국의 스마트 가전은 세계적 수준이며, 세계 시장을 선도하고 있다. 삼성전자가 2016년 업계 최초로 출시한 IoT 냉장고인 '패밀리허브'는 2017년 연말까지 전 세계 판매량이 작년의 4배 정도로 성장할 것으로 예상되고 있다. 패밀리허브는 2016년 3월 한국 출시를 시작으로 5월 미국에 출시되는 등 순차적으로 시장에 선보인 IoT · 인공지능 냉장고다. 냉장고 전면에 소형 TV 크기의 스크린을 설치해 식재료 관리와 주문, 요리 레시피_{조리법} 안내, 음악감상, 가족 간 커뮤니케이션 등을 할 수 있게 한 제품이다.

삼성전자는 국내의 경우 특히 IoT가 적용된 라인업을 확대해 '셰프컬렉션' 시리즈 외에도, 'T9000' 시리즈와 일반 양문형 냉장고까지 적용한 것이 주효했다고 보고 있다. 또 패밀리허브를 구매한 소비자들은 평균 주 1회 이상 스마트 기능을 사용하는 비중이 80%에 달하는 것으로 조사됐다. 이들이 앞으로도 패밀리허브 기능이 있는 제품을 구매할 것으로 기대할 수 있다. 삼성전자는 또 와이파이 기반의 모든 스마트 가전을 스마트폰으로 제어할 수 있는 '삼성커넥트 앱'을 서비스 중이다.

LG전자는 2017년 8월 인공지능을 탑재해 말로 제어할 수 있는 음성인식 휘센 에어컨을 출시한 데 이어 2017년 연내에 음성인식 트롬 세탁기를 내놓을 예정이다. 휘센 에어컨의 경우 'LG 휘센'이라고 부른 뒤 전원 켜짐 · 꺼짐, 온도 · 풍량 조설, 세습 · 공기 청정 등 다양한 기능을 음성만으로 제어할 수 있다. '바람을 위로 보내 줘'라고 하면 에어컨이 바람 방향을 바꾼다. 세탁기 역시 음성 명령으로 전원을 켜거나 세탁 코스를 선택하고 세탁을 시작하도록 할 수 있다. LG전자는 앞으로 TV, 냉장고 등 다른 제품군으로도 음성인식 기능을 확대할 계획이다. LG전자는 이에 앞서 2017년 1월에는 실내 공간을 분석해 사람이 있는 곳에 찬바람을 집중적으로 보내 냉방하는 인공지능 탑재 에어컨을 출시했다.

2) 중견 가전업체들도 스마트 가전 시장 진출

인공지능AI과 사물인터넷IoT 등을 적용한 스마트 가전 시장에 삼성전자와 LG전자 등 대기업뿐 아니라 중견 가전 기업들도 앞다퉈 뛰어들고 있다. SK매직은 2017년 연내 IoT 기능을 적용한 살균 청정 가습기 신제품을 출시할 계획이다. 스마트폰 애플리케이션으로 실시간 공기와 누적 공기 질 정보를 확인할 수 있는 제품인 것으로 알려졌다. 여기에 현재 SK매직의 사물인터넷 기능이 적용된 가전제품을 SK텔레콤의 스마트홈 애플리케이션과 연동해 기기 제어, 실내 공기 질 관리, 건강 관리, 음성인식, 인공지능 등 다양한 생활 밀착 서비스를 제공하기 위해 준비하고 있다. 2017년 11월 이를 위한 전산 개발을 완료하고, 12월 초부터 스마트홈 서비스를 시작할 예정이다.

코웨이도 정수기와 공기청정기에 아마존의 인공지능AI 음성인식 기술을 적용한데 이어 네이버 라인이 개발한 AI 음성인식 기술 클로바를 공기청정기에 적용한 제품을 연내 출시하기 위해 협의 중이다. 또 현재 빅데이터를 바탕으로 한 스마트 영업 시스템도 운영하며, 고객 현황과 인구밀도, 주변 시설 환경 등을 축적한 데이터를 바탕으로 고객 편의성을 분석하고 있다. 동부대우전자는 2018년 IoT 가전 제품 포트폴리오 확대를 위해 세계 IoT 표준기술 적용을 계획하며, 관련 가전제품 인증 작업을 준비하고 있다.

가전업계는 국내 스마트 가전 시장이 2017년 약 10조 원 규모에서 매년 빠르게 성장해 오는 2018년에는 19조 원 규모로 커질 것으로 예측했다. 중견 가전업체는 사물인터넷 기술이 포화한 국내 가전 시장의 새로운 성장 기회를 줄 것으로 기대했다. IoT, AI 기술을 이용해 데이터를 축적, 소비자 사용 패턴을 분석하고, 앞으로 신제품을 출시할 때 이를 바탕으로 소비자에 필요한 기능을 반영한 제품을 출시할 수 있기 때문이란 분석이다.

2. 스마트 가전 산업 4차 산업혁명 추진 상세 내용

1) 글로벌 기업들도 가세하여 스마트 가전 전쟁 치열

인공지능AI 기반 스마트 가전이 세계 가전업계 미래 먹거리로 떠오르고 있다. 글로벌 가전업체들이 AI와 사물인터넷IoT, 각종 센서를 결합해 구현한 커넥티드에 올인하고 있다고 해도 과언이 아니다. 가전업체와 구글 · 아마존 · 애플 등 AI 기술을 보유한 기업 간 합종연횡도 활발하게 펼쳐지고 있다. 2017년 9월 1일현지시간 독일 베를린에서 개막한 '국제가전박람회IFA 2017'에서 삼성전자와 LG전자, 소니, 파나소닉, 밀레, 지멘스, 하이센스, 창훙 등 글로벌 가전업체가 스마트 가전을 핵심 전시로 내세웠다.

이전까지 삼성전자와 LG전자 등 일부 선도 업체가 스마트 가전과 스마트홈 기술을 선보였고, 2017년 초 열린 CES에서는 절반 이상의 기업이 스마트홈 기술을 시연했다. IFA 2017에서는 한국과 일본, 중국, 유럽 등 지역을 떠나 종합 가전 기업 중 스마트 가전을 선보이지 않은 곳이 없을 정도로 대세가 됐다.

이전까지 AI를 접목한 스마트 기기를 선보인 곳이 많았다면, 2017년 전시회에서는 다양한 기기와 기기를 연결해 스마트 생활을 확장한 것이 차이점이었다. 업체마다 구현 방식은 조금씩 달랐지만, 기본적으로 음성인식 AI, IoT, 센서, 클라우드 기술을 융합한 형태가 많았다. 특히 스마트 가전이 보다 편리한 생활을 구현하기 위한 기술인만큼 대부분 편리한 입력 방식인 음성인식을 기본으로 적용했다.

가전업체들은 아마존 '알렉사', 구글 '구글 어시스턴트', 마이크로소프트 '코타나', 애플 '시리' 등 다양한 음성인식 기술을 채택했다. 스마트홈 사업이 진전된 곳일수록 2개 이상의 음성인식 AI 서비스와 손을 잡은 것이 눈에 띄었는데, 아직까지는 아마존과 구글 서비스를 이용하는 곳이 대부분이었다. 2017년 IFA 주인공이 아마존과 구글이라는 말까지 나올 정도였다.

국내 업계는 2016년 11조 원 규모였던 국내 스마트홈 시장이 오는 2019년 21조

원 규모로 성장할 것으로 예측하고 있다. 시장의 꾸준한 성장세가 예상되자 이를 따라잡기 위한 업계의 경쟁도 활발하다. 삼성전자, LG전자 등 대형 업체는 물론, 주방·소형 가전에 집중하고 있는 중견 가전업체들도 스마트홈 사업에 적극적으로 나서고 있다.

Ⅱ 스마트 가전 산업 발전 단계별 전략

1. 스마트 가전 산업 발전 단계 로드맵

1) 스마트 가전

구분	분야	2017	18	19	20	21	2022	23	24	25	26	2027
스마트 융합 가전	백색가전(냉장고, 세탁기, 청소기 등)	→ → → →										
	냉난방기기(에어컨, 보일러, 공기청정기 등)		→ → →				→					
	조명기기(친환경 조명, 건강 조명 등)			→ →				→				
	주방기기(밥솥, 정수기, 오븐 등)						→ →		→			
	기타 서비스(클라우드 기반 융합 서비스)								→ →			→
스마트 가전(스마트홈)에 적용되는 매슬로우 욕구 5단계	자아실현 욕구(취미, 여행, 교육 등): 웨어러블 제품 등								→ →			→

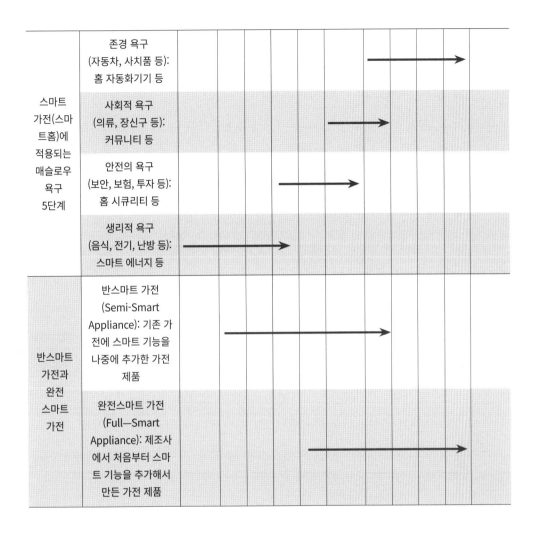

2. 스마트 가전 산업 발전 단계별 추진 전략

1) 인간 욕구 단계에 따라 스마트 가전도 발전

스마트 가전은 언제 어디서나 가정 내 환경에 대한 접근·콘트롤·제어가 가능하며, 어떠한 내·외부 위험에 대해서도 확고한 보안성을 제공하며, 다양한 종류의 양방향 엔터테인먼트 서비스를 제공하는 것이 강점이다. 스마트 가전^{스마트홈} 기술은 생활의 편리함·즐거움·안락함 등 인간의 기본적인 욕구를 충족시킨다는 점이 성장의 원동력이 된다. 스마트홈 기술은 생리적 욕구, 안전의 욕구, 애정과 소속의 욕구, 존중의 욕구, 자아실현의 욕구 등 인간의 모든 욕구를 단계적으로 충족하려고 한다. 그러므로 매슬로우 욕구 5단계설에 따라 단계적으로 스마트 가전들을 연결하고 서비스를 제공하도록 해야 한다.

2) 강력한 플랫폼과 생태계 구축해야

치열한 경쟁이 예고되는 시장에서 선제적 시장 진입과 표준 주도, 차별화된 이미지 구축으로 소비자에게 브랜드 이미지를 각인시키는 것이 중요하다. 강력한 플랫폼 및 생태계 구축과 함께 선발주자로서의 이미지 극대화를 통한 시장 침투 속도를 높이는 것도 중요하다. 취약한 영역에 대한 적극적인 M&A 추진 및 관련 업체들과의 협력 체계 구축이 필요하다. 소비자 니즈와 패턴에 대한 분석, 개방형 플랫폼 채택, 기기 간 연동 및 호환성 극대화, 합리적인 서비스 요금 체계로 차별화된 사업자로서의 이미지가 필요하다. 사용자 니즈와 패턴에 맞는 제품·서비스의 매시업이 가능하도록 유연한 플랫폼 환경과 연동·호환성이 높은 제품과 서비스를 제공하는 것이 기본이다.

빅데이터·클라우드에 기반한 고부가가치 서비스 제공과 이를 통한 신성장 동력을 확보해야 한다. 빅데이터를 통해 고객의 스마트 가전 서비스 이용 패턴 및 정보를 분석하고, 고객 친화적인 매시업 서비스 제공, 추천 큐레이션 서비스 제공, 고객 상황과 환경에 따른 자동화된 최적화된 서비스 제공이 필요하다. 클라우드 기반 사물인터넷 환경의 스마트 가전을 통해 가정 내 기기나 장치를 연동하는 것에서 벗어나, 고객에게 최적화된 콘텐츠를 제공하는 것이 핵심 가치라고 할 수 있다. 스마트 가전에는 수많은 기기와 장치들이 사물인터넷을 통해 연동되고, 프라이버시 및 안전과 밀접한 데이터를 포함 다량의 데이터가 발생하는 만큼 보안에 대한 소비자 우려 불식과 문제 해결이 매우 중요하다. 보안이 아킬레스건이 될 수 있다.

3. 스마트 가전 산업 발전을 위한 제언

한국의 스마트 가전은 삼성전자와 LG전자와 같은 대형 가전사 이외에도 쿠쿠전자_{전기밥솥}와 SK매직_{정수기, 가스레인지, 공기청정기}, 신일산업_{냉난방 가전, 지능형 온수 매트} 등 중형 가전사들도 스마트 가전 개발에 힘을 기울이고 있다. 대형 가전사들은 세계 시장을 선도할 수 있는 기술력을 갖고 있으므로 초기에 세계 시장을 선점하려는 기업의 노력이 필요하며, 정부에서는 필요한 정책적 지원을 해야 할 것이다. 스마트 가전은 신제품뿐만 아니라 기존 가전을 연결해서 스마트화하는 시장도 부상하고 있는데, 국내 기업들은 이 분야에는 시장 진출이 미약하여 외국 기업들이 시장을 선도할 가능성이 있으므로 이에 대한 대비책이 필요하다. 정부 당국은 물론 기업들도 기존 가전을 연결해서 스마트화하는 기술에도 관심을 기울여야 한다.

자료 : 7 Future Home Technologies You Should Know In Advance, www.lifehack.org

[그림 4-12-1] 스마트 가전들이 연결된 스마트홈 사례

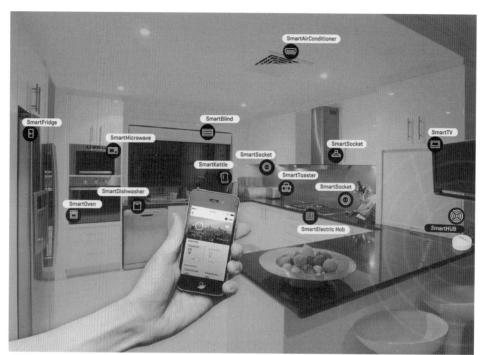

자료 : www.nordicsemi.com

[그림 4-12-2] 스마트폰에 연결된 스마트 가전 사례

대한민국 4차 산업혁명 블록체인 산업 발전 전략

박수용 서강대학교 컴퓨터공학과 교수

I 블록체인 산업 주요 추진 내용

1. 블록체인 산업 4차 산업혁명 추진 영역

세계경제포럼WEF는 '2016년 떠오르는 10대 기술'로 블록체인 기술을 선정하였으며, 2020년까지 전 세계 은행의 80%가 블록체인 기술을 적용할 것이라 전망했다. 또한, 일본 경제산업성은 블록체인 기술이 영향을 미칠 분야로 5개로 구분하며 2015년 기준으로 약 67조 엔이 될 것으로 전망했다. 이들 5개의 영역은 암호화화폐1조 엔, 자가 인증1조 엔, 공유 경제13조 엔, 유통32조 엔, 지능 산업20조 엔으로 구분하였으며 이 중 유통 시장에 가장 큰 영향이 미칠 것으로 전망했다.

블록체인 산업은 금융 산업을 시작으로 점차 활용 산업 영역을 넓혀 나가는 중이며 글로벌 컨설팅사인 맥킨지는 2022년 블록체인 기반 사업 가치가 100억 달러일 것으로 전망했다. 블록체인 산업에 대한 투자 또한 급격하게 증가하고 있는데, 블록체인 기술 투자금 규모는 2017년 기준으로 약 2.1억 달러이며, 가상화폐를 이용한 신규 투자 방안인 ICO를 통한 투자 규모는 약 12억 달러에 육박한다.

2016년을 기준으로 블록체인 산업은 가상화폐와 함께 급등하는 산업으로서 앞서 이야기한 것과 같이 금융 산업뿐 아니라 점차 확대되어 공유 경제, 스마트 시티등 신뢰가 필요한 데이터가 존재하는 곳 어디든 활용되고 있다. 그렇다면 이와 같이 블록체인 산업 영역의 발전 로드맵을 제시한다.

2. 블록체인 산업 4차 산업혁명 추진 상세 내용

블록체인 산업이 활용되는 분야는 대표적으로 금융, 공유 경제, 제조·유통, 공공 서비스, 사회·문화 미래 산업 등으로 구분된다. 각 분야에 대한 사례는 다음과 같다.

[표 4-13-1] 블록체인의 응용 사례

시장	사례
금융	외국 지불 결제, 자본 시장, 무역 거래, 규제 및 감리, 돈세탁 방지, 고객 인증, 보험, P2P 거래, 예측시장
공유 경제	재화 공유(Uber), 숙박(Airbnb) 등 서비스 공유
제조·유통	SCM, 중고 거래, 경매 서비스, 농산물 유통, 해산물 유통
공공 서비스	기록물 관리, 개인 인증, 전자 선거, 세금, 부동산 관리, 금융 감독, 귀중품 인증(금, 보석)
사회·문화	음원 및 디지털 콘텐츠 관리/유통, 티켓 서비스, 특허권, 예술품 관리
미래 산업	사물 인터넷, 자율 주행 자동차, 헬스케어, 의료정보 관리, 스마트도시, 에너지그리드

현재까지 암호화 화폐 중심의 블록체인 기술의 발전으로 인하여 금융권에서 가장 활발하게 활용 중이며, 이 중 가장 대표적인 것이 바로 'R3CEV'이며, 전 세계적으로 가장 큰 금융 프로젝트로 국내에서는 국민은행, 하나은행, 신한은행, 우리은행, 기업은행이 참여하고 있다. 'R3CEV'의 경우 세계적인 대형 은행들의 연합을 통하여 블록체인 기반 국제 금융 결제망 구축이 목표이다.

금융권 이외에도 블록체인 활용을 목표로 기업들 간의 연합이 활발하게 이루어지고 있다. 'Hyperledger'의 경우, 전 세계의 다양한 글로벌 기업들이 참여하며, IBM, Intel 등이 주도, 자체 블록체인인 Fabric을 통한 다양한 응용 서비스 개발이 가능한 오픈 블록체인 플랫폼 개발이 목표이다. 'Chinaledger'는 중국 내 증권 기업들 간의 블록체인 플랫폼 개발을 목적으로 중국 정부의 참여하에 진행된다. 'IoT Consortium'은 Foxconn, Bosch 등 글로벌 ICT 기업들의 IoT 시장에서의 블록체인 활용 방안 연구를 위해 추진한다. 'Enterprise Ethereum Alliance[EEA]'의 경우 전 세계에서 가장 많은 기업이 참여하며[MS, 삼성SDS등], 퍼블릭 블록체인인 Ethereum을 기반으로 응용 서비스 개발을 위해 진행 중이다. 이와 같은 컨소시움 블록체인을 통한 산업계에서의 블록체인 활용뿐 아니라 비트코인과 같은 퍼블릭 블록체인을 통하여 각 산업 영역에서의 P2P 환경의 사업 아이디어를 창출하고 있다.

또한, 기업들 간의 블록체인 연합체 구성 이외에도 내부적으로 블록체인 활용을 연구 중인 기업들이 대다수이며, 정부 기관에서도 블록체인 기술을 공공 서비스에 적용 중이다. 중국 인민은행, 러시아, 일본 MUFG의 경우 자체 암호화 화폐 발행을 통한 기존 아날로그 화폐에 대한 대체를 준비중에 있다. 또한, 정부 기관이 관리하는 증권거래소 분야에서도 NASDAQ[미국], KOSCOM, KRX[한국]의 경우 장외주식 거래 시장에 대한 블록체인 적용을 준비 중이다. 마지막으로 공공 서비스에 대한 블록체인 적용의 경우 영국 NHS는 개인 의료 정보 관리에 블록체인을 적용할 예정이며, 미국 우정국은 우편 업무, 온두라스는 국가 토지대장 관리, 에스토니아는 전자 투표에 블록체인 기술을 적용하였거나 할 예정에 있다.

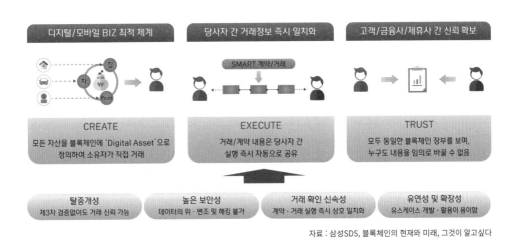

자료 : 삼성SDS, 블록체인의 현재와 미래, 그것이 알고싶다

[그림 4-13-1] 산업계에서의 블록체인 활용을 통한 이점

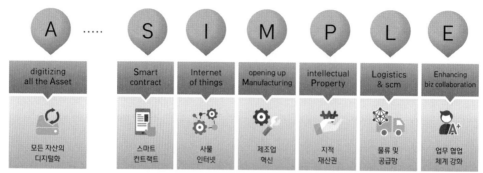

자료 : 삼성SDS, 블록체인의 현재와 미래, 그것이 알고싶다

[그림 4-13-2] 블록체인의 기존 산업계 활용 방안

Ⅱ 블록체인 산업 발전 단계별 전략

1. 블록체인 산업 발전 단계 로드맵

구분	유망 분야	2017	18	19	20	21	2022	23	24	25	26	2027
금융	암호화 화폐의 활용 및 적용											
	금융 규제를 위한 스마트 컨트랙트 기술											
	범금융권 환경의 통합 블록체인 플랫폼											
IoT	홈 IoT를 위한 블록체인 기술											
	IoT 환경에서의 블록체인을 통한 기기 관리 방안											
	스마트 팩토리 환경에서의 블록체인 활용											
공유 경제	개인 자산의 디지털화											
	개인 자산의 P2P 거래 플랫폼											
	공공 서비스에서의 P2P 거래 플랫폼											
임베 디드	자동차 내부 통신 환경(CAN)의 적용											
	자동차 간 신뢰성있는 통신 기술											
	자율 주행차에서의 블록체인 기술 활용											
스마트 시티	블록체인과 RDO(생체인증)을 통한 개인 인증											
	공공 문서의 디지털화를 통한 관리											
	사회 인프라로서의 블록체인											

[그림 4-13-3] 블록체인 산업 발전 로드맵

2. 블록체인 산업 발전 단계별 추진 전략

1) 금융권

각국은 암호화 화폐에 대한 규제 및 정책을 내놓으며 암호화 화폐의 활용 방안에 대해 고민 중이다. 현재 암호화 화폐의 가장 큰 문제점은 사기이다. ICO 금지의 이면에도 ICO를 통한 다단계 사기가 가장 큰 문제가 되고 있으며, 이는 블록체인 시장의 발전을 저해하고 있다. 따라서 안정성 있는 암호화 화폐 시장을 구축하는 것이 블록체인 산업 발전의 기준이 될 것이다. 이를 통해 사용자들의 암호화 화폐에 대한 신뢰를 먼저 구축하고 난 뒤 금융권에서 제대로 된 서비스를 제공할 수 있는 것이다.

그리고 현재 블록체인 기술이 금융 산업에 적용되지 못하는 가장 큰 이유는 바로 규제이다. 이러한 규제 정보가 블록체인상에서 인정받지 못함으로 R3CEV는 규제 정보도 함께 스마트 컨트랙트에 저장할 수 있는 기술을 개발하였다. 하지만 이러한 점이 빠르게 변화하는 규제에 대한 실시간 반영이 가능한가에 대해 의문을 가질 수 있다. 금융권에서 가장 중요시하는 규제에 대한 문제가 해결되어야 보다 나은 서비스가 출시될 수 있을 것이다.

마지막으로 이러한 기술적인 문제가 해결된다면 블록체인 기술이 현재와 같이 다양한 사업 방향으로 전개될 수 있는 한계점이 없어지게 되는 것이다. 결론적으로 이제는 하나의 사업이 아닌 블록체인 플랫폼으로서의 활용 방안에 대해 고민을 해보아야 할 것이다. 블록체인 기술은 아직 초기 단계로 미비하지만 앞으로의 발전 가능성은 매우 높다. 여러 기업의 서비스를 통합하여 사용자에게 신뢰할 수 있는 금융 환경을 제공할 수 있어야 할 것이다.

2) IoT

IoT 분야는 4차 산업혁명의 핵심 분야 중 하나로 블록체인과의 연계성이 높을 것으로 판단된다. IoT를 위한 블록체인 컨소시움이 최근 구성되었으며, 삼성과 IBM에서는 'ADEPT'라는 블록체인 프로젝트를 진행하였다. 이러한 방향성에 따라 홈 IoT 분야를 시작으로 스마트 팩토리까지 IoT의 사업 영역이 넓어짐에 따라 블록체인의 사용 방안에 대한 고심도 함께 이루어져야 한다.

이 중 대표적으로 기기 인증 방안이 있다. 블록체인이 금융권에서 가장 많이 사용되고 있는 분야가 바로 인증 분야인데, 프라이빗 블록체인 구성 시 참여하는 IoT 기기에 대한 인증을 하는 방법과 이러한 인증을 얻은 기기에 대해 신뢰성 있게 관리할 수 있는 방안이 연구되어야 한다. 이 외에도 사람이 아닌 기기의 자동 결제 시스템, 기기 간의 협업 방안 등 IoT와 블록체인 기술 간의 시너지 효과를 위한 연구가 진행되어야 할 것이다.

3) 공유 경제

현재 'Airbnb', 'Uber' 등 공유 경제 서비스가 많이 등장하고 있다. 하지만 이러한 공유 경제 서비스에도 사기, 범죄 등 문제점이 발생하며 이에 대한 신뢰성 문제가 등장하고 있다. 이를 위해 블록체인을 활용한 공유 경제 서비스는 필수적이다. 이를 위해서는 개인 자산에 대한 디지털화를 통한 블록체인 네트워크와의 연동이 필요하다. 블록체인 기업인 'Slock.it'은 이더리움 컴퓨터를 도어락과 접목시켜 Airbnb와 같은 기능을 수행할 수 있게 개발하였다. 이러한 환경과 함께 사용자들이 거래를 진행할 수 있는 거래 플랫폼이 필요하다. 중앙화된 서버에 통해 관리되는 것이 아닌 IPFS와 같이 블록체인 환경에서의 웹 페이지를 통한 관리가 이루어져야 한다. 이와 같이 다양한 공유 경제 서비스 이외에도 정부, 공공기관에서 제공하고 있는 공유 경제 서비스에도 블록체인을 활용하여 사용자들이 이러한 서비스에 대한 신뢰성을 확보할 수 있는 길이 필요하다.

4) 임베디드

최근 자동차에서의 SW 활용이 증가함에 따라 통신을 통한 자동차 해킹이 발생하고 있다. 이러한 자동차 해킹은 사용자의 상해와 직접적인 관계가 있음으로 매우 크리티컬한 부분이다. 자동차 임베디드 환경에서의 보안성 강화의 한 방법으로 블록체인이 논의되고 있다. 이를 통해 외부의 위협으로부터 내부 통신 환경을 보호하며 서로 신뢰할 수 있는 통신 환경을 제공한다. 또한, 블록체인 기술을 확장하여 자동차 내부 통신뿐 아니라 자동차 간 통신에서도 이러한 기술을 활용할 수 있다. 이는 미래 자율 주행차의 기반이 될 수 있는 기술로써 최근 영화에 등장하는 자동차 해킹을 통한 공격 등이 사라지게 할 수 있으며, 안전한 사회 인프라를 구축하는데 핵심적인 개념이다. 임베디드 환경은 또한 자동차뿐 아니라 인공위성, 방산 무기 등 다양한 환경에서 활용이 가능함으로 이에 대한 기술적인 투자가 필요하다.

5) 스마트 시티

스마트 시티는 4차 산업혁명의 총집합체라고 볼 수 있다. 여기서 블록체인은 스마트 시티의 기반이 되는 기술로 서비스 플랫폼을 혁신적으로 바꾸는 역할을 맡게 될 것이다. 스마트 시티의 선두 그룹인 두바이, 중국의 완샹그룹은 블록체인을 사회 인프라로서 활용할 계획을 발표하였다.

세계 각국이 스마트 시티 구축에 블록체인을 활용하고 있는 상황에서 주목할 만한 기술은 FIDO생체인증 와 디지털화된 공공 문서에 있다. FIDO는 비밀번호를 대신하여 지문, 홍채, 얼굴, 정맥, 음성, 뇌파 등 생체인식 기반의 새로운 인증 시스템이다. 인증 시스템을 통해 나오는 데이터는 개인정보로 신뢰성이 무엇보다 중요하기 때문에 블록체인을 활용하는 것에 대한 연구가 필요하다. 이와 마찬가지로 공공 문서가 점차 종이 문서에서 디지털로 변환됨에 따라 해당 정보를 안전하게 보관할 방안이 필요하다. 블록체인을 통해 공공 문서를 관리한다면 보안성과 효율성을 모두 가질 수 있기에 미래에 대비하여 공공 영역 적용 방안을 생각해 봐야 할 것이다.

3. 블록체인 산업 발전을 위한 제언

다양한 산업에서의 사용자에 대한 신뢰성 보장을 위하여 블록체인 기술 적용은 이제 시대의 패러다임이다. 이미 기술적인 격차가 벌어지고 있는 국내 시장의 강점을 가져가기 위해서는 다른 기업들보다 빠르게 신기술을 다양한 산업에 접목하여 선도하는 것이 가장 중요하다. 또한, IT 인프라가 발달한 국내 시장을 기반으로 하여 전 세계에서의 블록체인 테스트베드로서의 활용도 가능하다. 이러한 국가 차원의 기반 마련은 4차 산업혁명 사회에서 2년 앞선 대한민국을 만들 수 있는 길이다.

대한민국 4차 산업혁명
드론 산업 발전 전략

장문기 한국드론협동조합 이사장

I 드론 산업 주요 추진 내용

1. 드론 산업의 4차 산업혁명 추진 영역

드론 개발은 1900년대 미국 과학자 니콜라 테슬라Nikola Tesla가 세계 최초로 무인 항공기의 이론을 제시하면서 시작한다. 이후 정찰, 공격 등의 군수용 목적에서 사용되던 드론이 센서 가격 하락 추세와 MEMSMicro Electro Mechanical Systems로 인한 부품 소형화와 사물인터넷이 결합된 스마트폰으로 등장한 드론이 미니멀리즘Minimalism 현상과 어우러져 개인 무인 항공기 개념으로 1가구 1드론 소유 시대를 예측한다.

미국의 여론조사 기관인 퓨리서치센터Pew Research Center는 미국인 72%가 군인의 희생이 필요 없는 드론 작전에 찬성을 하듯 인구의 감소와 더불어 군수용 드론의 기술 혁신이 계속될 것으로 예상하고 있다.

민간 부분에서는 미래학자 토마스 프레이Thomas Fery는 드론은 유동성流動性 미디어Media 플랫폼으로 드론을 활용한 "192개의 새로운 직업이 만들어질 것"이라며 드론은 4차 산업혁명을 진화시키는 "촉매 기술"이라고 한다. 또한, 매쿼리보고서는 2020년 드론 산업은 600억 달러 규모로 성장하고 600만 개의 상용 드론이 세상을 누빌 전망이라고 한다.

이렇듯 드론은 사물인터넷, 빅데이터, 인공지능 등 변화하는 산업과 첨단 정보통신이 융합한 플랫폼으로 4차 산업에서 하늘의 눈이 되어 더 넓은 범위scope에 더 빠른 속도velocity로 더 많은 데이터Data를 수집하는 도구로 인식되어 활용한다.

인간의 상상력과 창의력으로 만들어지는 4차 산업의 시대에서 빅데이터를 통한 새로운 산업도, 인공지능AI을 통한 새로운 과학의 진보도 결국은 데이터의 활용이며 데이터를 기본으로 한다. 그래서 드론은 인간의 오감五感을 기록하는 센서를 장착하여 다양한 장소에서 데이터를 수집하는 도구이자 촉매로서 플랫폼의 역할을 한다.

현재는 군수용 드론이 90% 이상을 차지하고 있지만 국경 감시, 경찰, 건설, 에너지, 농업 등 계속 늘어나는 민수용 시장 그리고 취미용 드론 시장에서 날아다니는 로봇인 드론의 향후 10여 년의 발전해 가는 로드맵을 작성한다.

2. 드론 산업의 4차 산업혁명 추진 상세 내용

1) 군수용 드론

1990년 첫 국내 드론인 '송골매' 이후 지속해 온 개발 경험을 토대로 이 부문에 집중적으로 투자하는 것이 효율적이다. 군단급, 사단급, 대대급 등 다양한 군수용 드론을 개발하는 등 드론 개발 기술을 보유하고 있고, 군수품 수송, 폭발물 처리 등 다양한 용도로 활용될 계획을 가지고 있다.

우리나라는 세계 7위 수준의 군수용 드론 제조 기술과 세계에서 2번째로 틸트로터Tiltrotor 기술을 보유하고 있어 향후 새로운 형태의 시장인 산악형 무인기 시장을 시장 창출과 선점할 것이다.

우리나라의 지리적 특성과 사회적 여건을 고려했을 때 군용 드론의 활용도나 수요는 크다. 북한 무인기가 잇따라 발견됨에 따라 이에 상응하는 군사적 드론 기술이 필요하며, 북한의 도발에 대비하기 위해서는 감시 및 정찰용 무인 헬기, 무인 전투기를 포함한 무인 항공기의 지속적인 연구개발과 지원이 요구 된다.

2) 민수용

민수용 시장 규모는 2015년 약 1억 달러로서 연평균 35%씩 성장하고 있다. _{도표}
_{참조} 공공용, 상업용, 취미용으로 구분되며 이 중 영상 촬영용, 농업 방제용을 중심
으로 상업적 활용 분야에 확대되고 있다.

[표 4-14-1] 민수용 드론 시장 규모 전망

(단위 : 억 달러)

구분	2016년	2019년	2022년	2025년	연평균 성장률
공공용	0.3	2.1	3.4	4.6	32.8%
상업용	3.9	17.2	41.4	65.1	36.8%
건설	0.65	5.24	13.10	16.54	-
에너지	0.42	2.15	5.36	8.98	-
농업	1.75	4.27	8.92	13.63	-
통신	-	2.00	6.00	15.00	-
보험	0.26	1.16	4.66	6.88	-
촬영	0.80	2.39	3.32	4.10	-
취미용(소비자용)	22.0	35.0	37.0	39.0	6.6%
합계	26.2	54.3	81.8	108.7	17.1%

자료 : 국토교통부('16.8), '드론 활성화 정책 방향', Teal Group('16.7) 재구성

무인 이동체 지상 관리 System, 통신 System, 지상 지원 System 등 안전한 비행
과 임무 수행을 위해 다른 비행체나 물체 등의 위험 요소를 탐지하고 충돌을 회피
하는 기술과 자율화를 위한 기술 개발을 통해 고_高 신뢰도 무인기 제어 링크 기술
개발을 하고 있지만 현재 국산 드론 기술의 국제 경쟁력은 미국, 독일, 중국에 비
해 3~6년 뒤고 있다.

사업용 드론 분야 중 농업용 드론 분야에서는 활발한 기술 개발이 되고 있으며
건설, 에너지, 통신, 보험 등 시장 형성 초기 단계이다.

또한, 드론에 장착되는 센서의 소형화 추세로 인한 정보의 처리에 필요한 S/W

기술 개발의 관심과 개발이 요구한다.

3) 교육용 드론

기술 발달로 조정이 쉬워지고 다양한 기능이 탑재된 키덜트 드론의 등장과 보급화로 키덜트 관련 시장 규모는 2014년 5,000억 원대에서 해마다 20%씩 성장해 2016년 1조 원을 넘었다.

자이로 기능만 적용되고 있는 교육용 드론 사장과 레이싱 기능으로 스프드를 즐길 수 있는 레이싱 드론 시장, 고급 소형화된 키덜트 시장으로 분류한다.

교육용 드론은 10~30만 원대의 중저가와 50만 원대의 고가 드론의 분류되며 항목별 분석에서도 보드게임, 건담 등을 누르고 드론이 46%의 점유율로 1위를 차지하는 등 드론의 인기는 점점 늘어나고 있다.

1. 산업별 발전 단계 로드맵

분야	부문	2017	18	19	20	21	2022	23	24	25	26	2027
군수용	소형 및 중고도 드론개발											
	틸트로터 무인 기술											
	헬기 무인화											
	고정익 드론 운영											
민수용	농업용 드론 시장 성장											
	산업용 드론 시장 성장											
	드론 동작부품 소형화											
	드론 임무장치 소형화											
	드론 비행 지원 체제											
	드론 OS 및 S/W											
	드론 비지니스											
취미용	레이싱 드론 시장 성장											
	키덜트 드론 개발											
	드론 디자인											

2. 산업별 발전 단계별 추진 전략

1) 군수용 드론

세계 7위 수준의 군수용 드론 제조 기술과 세계에서 2번째로 틸트로터 Tiltrotor 기술을 바탕으로 중고도 무인 정찰기부터 군단, 사단, 연대, 대대급 전술급 무인기 및 소형 무인기에 이르는 전 기종에 대한 라인업이 구축되어 국내 기술로 개발된 군사용 드론이 등장한다.

새나 곤충형 드론이 개발되어 소규모 부대 및 국지전에서 정찰과 요인 암살 등의 자살 드론 등 목적형 드론관 개발이 진행되어야 한다.

통신 두절에 대비한 고고도 통신위성을 통해 네트워크를 유지하며 무인 공습 및 정찰부대를 창설한다. 한국 지형에 맞는 중고도 이하의 저비용·고효율성의 정찰용과 타격 용도의 드론과 3000~5000t의 화학무기를 보유한 북한의 군사력을 감안하여 화학 센서나 바이오 센서를 탑재하여 화학무기 감지하는 드론 개발이 추진되어야 한다.

2) 민수용 드론

우리나라는 드론 체계 통합 기술을 보유하고 있고, 국내 부품 공급처를 확보하고 있는 등 독자 개발 능력을 가지고 있다. 정부는 드론 사고 및 사생활 침해 등 이슈에 관한 정책 수립과 드론의 안정성, 안전성, 자율성을 위한 기술 표준 마련과 차세대 통합 관제 시스템을 통한 운항 제어를 한다. 또한, 드론 해킹 및 정보관리 및 보호, 한국형 드론 지도 및 운영 시스템을 구축한다.

드론 제조사는 고기능이 요구되는 드론의 요소 기술을 '선택과 집중'을 통해 전문 업체로 변화해야 한다. 특히 창의적 솔루션을 통해 드론 운영 체제os, 빅데이터처리 기술, 인공지능 기술 등 S/W 융합 기술을 개발하고 드론 시대에 맞는 새 비즈니스 모델을 창출해야 한다.

(1) 통신, 항법 관리

- 노콘 방지를 위한 별도의 주파수와 대역을 설정한다.
- 지상 관제 소프트웨어Ground Control Station Software 지도, 클라우드Cloud 운항 계획 관리를 이용, 비행 계획을 수립, 안전하고 정확한 비행 지원 체제를 구성한다.

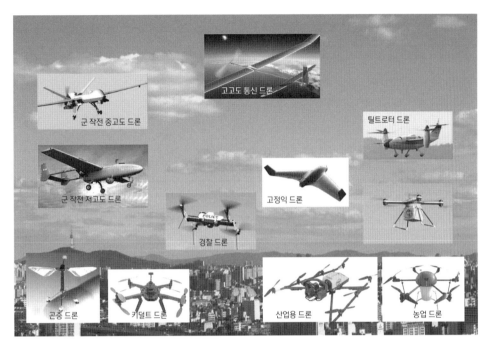

[그림 4-14-1] 현재 활용 중인 드론과 미래형 드론

- 규정을 확정하고 분류에 따른 인증 및 비행거리에 따른 운영과 조종사 면
  허제도를 운영하는 준법 지원Compliance 을 한다.

(2) 제어 및 탐지, 응용

- 플라이트코어Flight Core 각종 하드웨어 및 센서와 연결돼 자율화 향상 기술
  을 통해 운항의 안전화, 안정화를 추구한다.
- 친환경적인 고성능, 고효율 동력 개발을 추진한다.

(3) 센서

- 감지 및 회피, 발견 및 회피의 장애물 회피 기술과 추락 방지 기술의 향상
  을 통해 무인 이동체 동작의 안정한 이동을 지원한다.

(4) 플랫폼

- 운항 및 수행하게 될 특정 임무 수행을 위한 빅데이터 처리 및 응용 기술 향상에 지원한다.

3) 교육용 드론

제조 단가와 부품 공급 업체의 부족 현상으로 중저가형 모델 중 국내에서 거래 되는 드론 80% 이상이 중국 제품이지만, 고사양의 키덜트 제품은 국산 드론 시장 을 점유하고 있다.

고사양의 키덜트 제품의 확산을 위해서는 디자인과 안전하고 안정한 비행을 위 한 동작 센서에 집중해야 한다. 디자인과 접목한 레이싱 드론 시장은 확대될 것이 며, 특히 충돌 회피 기능과 인식 기능 S/W를 활용한 새로운 셀카용 드론 시장에 준비를 해야 한다.

3. 드론 산업 발전을 위한 제언

드론 산업은 4차 산업 원동력으로 현재의 열세를 극복하고 국내 드론이 국제 경 쟁력을 확보하기 위해서는 산·학·관·군 협력체를 구축하고 드론 산업 생태계를 활성화해야 한다. 향후 자동차, 선박들과 복합된 드론의 시대와 개인 비행 시대를 위한 장기적인 대비를 해야 한다.

15

대한민국 4차 산업혁명 로봇 산업 발전 전략

김들풀 IT NEWS 대표/편집장

I 로봇 산업 주요 추진 내용

1. 로봇 산업 4차 산업혁명 추진 영역

로봇 산업은 지난 50년간 비약적인 발전을 경험해 왔으며 최근에는 인공지능 기술과 센싱, 로봇 비전, 빅데이터 등 4차 산업혁명의 인프라스트럭처infrastructure를 기반으로 사회 전반에 걸쳐서 막대한 영향력을 확대하고 있다. 또한, 첨단 IT 기술, 바이오 기술, 나노 기술, 인공지능 기술들과의 융합을 통한 새로운 로봇 기술의 등장은 더 나은 생산성을 가져오고 있다.

현재 인간을 위한 로봇 종류는 제조용 로봇과 개인 서비스용 로봇, 물류 · 농업 로봇, 의료 · 재활 로봇, 안전 로봇 등으로 구분된다.

특히 최근 로봇 산업은 제조업의 생산성 경쟁이 심화되고, 안전 이슈가 부상하고 있다. 또한, 저출산 · 고령화 진행 속도가 가파르게 진행되고 있어 로봇 산업이 급부상하고 있다.

세계 로봇 시장 규모 또한 급속히 성장하고 있으며, 굳건한 성장세를 지속할 전망이다. 이미 미국과 일본, EU, 중국 등 주요 선진국은 각국 상황에 맞게 로봇 산업 정책 전략을 적극적으로 추진하고 있다. 최근에는 글로벌 IT 대기업들의 적극적인 로봇 산업 진출은 시사하는 바가 매우 크다.

국내 역시 중소기업 중심의 로봇 생산 규모가 성장 중에 있다. 정부 또한 지능형 로봇 정책을 추진, 선택과 집중을 통한 로봇 산업 생태계 조성을 통해 국내 로봇 생산은 지속적으로 추진할 전망이다. 하지만 중소기업 중심의 로봇 산업 업계의 글로벌 대기업과 경쟁의 한계와 역량 부족 등으로 인해 새로운 대응 전략이 필요한 시점이다. 따라서 본 로드맵은 향후 로봇 산업의 변화에 능동적으로 대응하는 정책을 전개하는 데 도움이 되고자 한다.

2. 로봇 산업 4차 산업혁명 추진 상세 내용

1) 제조 로봇

각국의 제조업 생산성 경쟁 심화, 안전 이슈 부상, 저출산·고령화 심화 등이 로봇 산업 부상에 영향을 크게 미치고 있다. 특히 글로벌 경제위기 이후 제조업은 경제성장뿐만 아니라 경기 안정 측면에서도 매우 중요하게 떠오르면서 제조업 경쟁을 심화시키고 있다. 따라서 글로벌 기업들의 산업의 고부가가치화, 생산성 향상 등 제조업 경쟁력 제고를 위해 로봇 산업이 급부상하고 있다.

제조용 로봇은 산업의 고부가가치화, 생산성 향상, 외국 이전 설비의 본국 회귀 Reshoring에 기여하고 있다. 이는 수작업 대비 정밀도 향상, 표준화된 시스템 구축을 통한 작업 시간의 단축, 비용 절감을 위해 외국으로 생산설비를 이전했던 기업들이 본국으로 다시 돌아오고 있는 것이다.

2) 물류 · 농업 로봇

물류 로봇 분야에서는 물류센터, 공장 등에서 사물인터넷IoT 기술과 자율 주행 등이 기존 로봇 기술 및 학습을 통한 환경 및 상황 인식, 스케줄링 등 인공지능 기술의 융합이 이루어지고 있다. 이는 물류 효율 향상을 목적으로 하는 로봇 시스템으로 물품의 포장 · 분류 · 적재 및 이송 과정에 주로 활용되고 있다. 농업 로봇 분야에서는 로봇 기술을 이용해 작물의 생장 환경에 대한 모니터링 같은 단순 작업부터 작물의 상태에 따라 다양한 작업이 가능한 제초, 방제, 이송, 수확, 모니터링, 파종, 접목, 이식, 비료 · 퇴비 살포 등 농업용 서비스 로봇이 등장하고 있다.

3) 의료 · 재활 로봇

정밀 수술의 경우 로봇을 통해 오차를 줄여 정밀도 향상시켜 수술의 정확성과 안전성을 높이고, 신체의 손상을 최소화시키고 있다. 또한, 전 세계적으로 고령화가 심화되는 가운데 우리나라는 저출산 · 고령화가 급격히 진행되고 있어 노약자 재활 지원 등 헬스케어 분야 수요는 증가하지만 공급이 부족한 상황이다. 따라서 로봇 수요가 증가될 것으로 전망된다.

4) 안전 로봇

2011년 후쿠시마 원전 사태, 2014년 세월호 사건, 2015년 IS 테러 등 재난·재해가 증가하면서 안전 이슈가 부상하고 있다. 이에 따라 사람이 접근하기 어려운 현장 대응 및 복구 등을 위한 로봇의 필요성이 증가하고 있다.

5) 개인 서비스 로봇

개인 서비스용 로봇은 삶의 질 향상, 노약자 재활 지원, 교육·학습 등에 활용되고 있다. 특히 인간-로봇 상호작용Cognitive/Physical HRI 기술이 매우 중요하게 떠오르고 있다. 가사 업무 시간 단축을 통한 삶의 질 향상, 인간이 수행하던 재활치료를 보완·대체해 인력 부족 문제를 해결하고 재활의 질적 향상과 유치원·방과후 교실 등에서 로봇을 활용해 학습 효과를 높이고 있다.

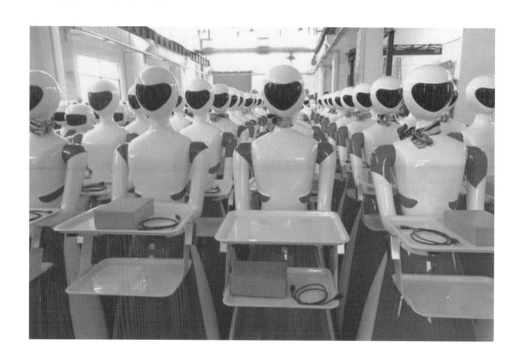

1. 로봇 산업 발전 단계 로드맵

구분	유망 분야	2017	18	19	20	21	2022	23	24	25	26	2027
제조 로봇	자동차 생산 협동 로봇	→							→			
	IT/전자 생산 협동 로봇	→				→						
물류·농업 로봇	물류센터 · 창고 자동화 로봇		→				→					
	스마트 팜용 농업 로봇				→					→		
	노지 환경 경작 농업 로봇			→					→			
의료·재활 로봇	수술 로봇											
	마이크로 의료 로봇	→								→		
	재활치료 및 기능 보조 로봇	→					→					
안전 로봇	AGV(무인 로봇), UAV(드론) 등 감지 · 감시 로봇		→				→					
	군사적 목적의 국방 로봇	→										→
	재난·재해 대응 군집 로봇	→								→		
개인 서비스 로봇	가사용 로봇				→							
	개인 헬스케어 로봇		→			→						
	교육용 로봇	→										→

2. 로봇 산업 발전 단계별 추진 전략

1) 제조 로봇

국내 제조 로봇 기업의 기술이나 경제적 경쟁력이 매우 취약하다. 현재 잠식된 전통적 제조 로봇 시장에서 주도권을 확보하는 것이 매우 어렵다. 따라서 전통적 제조 로봇 산업이 아니라, 향후 크게 성장할 것으로 예상되는 IT, 전자, 자동차 분야에서 활용할 조립 로봇과 협동 로봇에서 주도권을 확보할 수 있도록 하는 전략이 필요하다. 로봇 단품으로 원천적 안전 구현이 가능한 제조 로봇의 안전 기술 확보 또한 중요하다. 그리고 인간 작업자의 조립 능력에 도전하는 새로운 조립 로봇 기술을 확보하고, 핵심 부품을 일본 등 외국에 의존하는 현재 상황에서는 국내 로봇 제조 기업들의 가격 경쟁력 확보가 매우 어렵다. 따라서 개발 단계에서 국산 로봇 부품을 적용해 가격을 낮추는 기술 확보가 필요하다.

2) 물류 · 농업 로봇

물류 로봇 관련 주요 기술은 하드웨어 HW, 주행, 인식, 조작, 협업, 사용성 및 유지보수 기술로 딥러닝 기반 인식 및 파지 기술을 개발해 24시간 사람이 없어도 어떤 상품도 집어서, 패키징하고 배송 가능하도록 하는 기술을 개발해야 한다.

농업 로봇은 반자율형에서 자율형으로 개발을 지향하고, 지능형 트랙터 및 콤바인 로봇 개발에 집중해야 한다. 특히 국내 스마트 팜 및 중소형 규모 경지 경작에 적합한, 제초 · 방제 · 운반 · 수확용 농업 로봇 개발을 단계적으로 추진해야 한다.

3) 의료 · 재활 로봇

의료 로봇의 경우 글로벌 거대 IT 기업들의 참여로 현 단계에서 경쟁력이 없다. 특히 다양한 분야의 융합이 중요한 의료 로봇은 국내 기업 및 연구소가 필요하고 IT융합 의료 시스템을 지원하는 범부처 차원의 컨트롤 타워와 원천기술, 시스템 개발, 각종 인허가 지원 및 표준화 등이 필요하다.

재활치료 로봇은 전문 개발 인력에 의해 각각의 치료별로 단품으로 개발되어 있어, 다른 치료에 응용이 어려운 단점이 있어 제조 플랫폼 표준화가 시급하다. 또한, 기존의 병원에서 수행되는 재활치료의 방법을 표준화된 재활 프로토콜과 더불어 개별 환자 맞춤형으로 제공되어야 한다.

4) 안전 로봇

세계 안전 로봇 시장은 성장 잠재력이 매우 높다. 고충격, 고온/저온, 고습, 방사선 환경 등 특수한 극한 환경에서 사용할 수 있는 부품, 험지 및 협소한 공간 등 특수 환경에서 자유롭게 움직일 수 있는 소형 군집 로봇 플랫폼, 자율/반자율 주행 알고리즘 제어 기술 개발이 필요하다.

5) 개인 서비스 로봇

개인 서비스용 로봇의 핵심 기술은 음성인식 기술과 영상 및 행동인식 기술, 빅데이터 추론 기술, 인간–로봇 상호작용HRI 기술 등이다. 하지만 원천기술이 매우 미흡해 핵심 기술에 대한 선택과 집중적인 전략이 필요하다.

16

대한민국 4차 산업혁명
첨단 콘텐츠 산업 발전 전략

이재홍 숭실대학교 예술창작학부 문예창작전공 교수

I 주력 산업별 주요 추진 내용 🔍

1. 산업별 4차 산업혁명 추진 영역

프랑스 미디어 그룹인 비방디Vivendi의 아르노 드 퓌퐁텐느Arnaud de Puyfontaine 최고 경영자는 19세기가 황금, 20세기가 오일러시Oil Rush 시대였다면, 21세기는 콘텐츠를 향한 골드러시Gold Rush 시대가 전개될 것이라고 말하고 있다. 그러하듯이 디지털 및 스마트 기술의 발전으로 인하여 문화 산업의 패러다임이 변화되고 있다. 지금은 ICT의 기술적인 발전이 PC 시대에서 스마트 기술 시대로 연결되며 기계와 기술과 서비스가 융·복합하는 기술 혁신이 이루어지고 있다. 최근에 가장 활발하게 산업적 관심을 불러일으키고 있는 가상현실과의 기술적 융합은 산업 생태계의 문화적 가치를 극대화시키는 역할을 담당하고 있다. 따라서 인공지능, 사물인터넷, 가상현실Virtual Reality, VR, 증강현실Augmented Reality, AR, 혼합현실Mixed Reality, MR 등은 앞으로도 꾸준히 성장 가도를 달리며 4차 산업혁명의 핵심 축인 콘텐츠 산업 분야를 이끌어나갈 것으로 예측된다. 이러한 상황으로 미루어볼 때, '첨단 콘텐츠High-tech Contents'라는 용어 표현은 적절하다고 사료된다. 콘텐츠로 구현되는 인간의 상상력과 창의력은 5G, 빅데이터, 인공지능, 사물인터넷, VR·AR·MR 등의 다양한 기술과 융·복합하며, 클라우드 환경에서 쌓인 Big Data가 사람과 사물, 사물과 사물로 네트워킹되는 IoT 산업으로 확산되고 있다. 영화, 애니메이션, 만화, 게임, 음악, 방송, 캐릭터, 전통문화 등과 같은 문화 콘텐츠들은 모두 데이터화되고, 인공지능과 연결되어 변화의 속도가 가속화되고 있다. 그뿐만 아니라 콘텐츠들은 각 개인의 취향을 파악하여 최적화된 상품으로 탄생되어 나가고 있다. 첨단 콘텐츠들이 향후 10여 년에 걸쳐 발전해 나가는 로드맵을 상상해 보았다.

2. 산업별 4차 산업혁명 추진 상세 내용

1) 영화 산업

영화 산업은 컴퓨터 그래픽스CG나 특수효과 등 원천기술의 의존도가 높은 편이다. 그러한 반면에 극장을 방문하는 우리 관객의 연간 평균 관람 횟수는 세계 최고의 수준을 자랑하고 있다. 영화 관람은 극장을 비롯하여, IPTV, 디지털케이블 TV, 인터넷 VOD 등과 같은 디지털 온라인 시장으로 다변화되고 있다. 스트리밍 기술의 발전에 따라 개인 맞춤형 서비스 기술 개발이 활성화되고 있으며, 3D, ATMOS, CG 기술 등과 같은 다양한 시각적 특수효과의 접목으로 인하여 관객이 영화에 몰입할 수 있는 기술 개발이 활성화되고 있다. 기술 동향은 몰입형 음향 사운드와 3D, 4D, ATMOS, CG 기술 등을 활용한 극장 시스템이 구축되거나 디지털 돔이 등장하고 있으며, 현실에서 불가능한 촬영이 Visual Effect를 통해 재현 및 복원이 가능해지고 있다.

2) 애니메이션 산업

국내의 애니메이션 분야는 기획 및 제작에 있어서 매우 취약한 편이다. 아동층에서 성인층 관객으로의 인기를 몰아가고 있는 미국, 디지털 제작기법을 활용하고 있는 유럽, 홈비디오 시장에서 벗어나 디지털 비디오 시장을 활성화시키고 있는 일본, 디지털 비디오 시장으로 급격하게 성장해 나가고 있는 중국 등에 비하여, 국내의 기술 동향은 캐릭터 생성 및 모델링 소프트웨어를 개발하며 문화 콘텐츠의 OSMU 쪽에 관심을 두고 있는 수준이다.

3) 만화 산업

기존 만화 시장은 스마트 디바이스 시대의 경쟁력을 갖춘 디지털 콘텐츠로 진화되고 있다. 웹툰 시장의 급성장으로 인하여 웹툰 공급 사업자들이 다양화되고 있으며, 소비 패턴의 변화에 따라 출판 만화 시장은 축소되고 있다. 웹툰의 스토리 보급 역할이 증대되면서 OSMU의 전초기지가 되고 있다. 기술 동향은 디지털 만화 플랫폼의 부상으로 인하여 플랫폼 관련 기술개발이 활발하게 이루어지고 있다. 또한, 가상현실 및 증강현실 기술이 접목되어 몰입감이 극대화되고 있다.

4) 게임 산업

스마트 기기 보급의 확대에 따른 온라인 게임의 모바일화가 급속하게 가속되며 게임 콘텐츠 시장이 꾸준히 성장하고 있다. 요근래에는 '리니지'와 같은 기존 IP^지_{식재산권}를 기반으로 한 신작 모바일 게임이 출시 러시를 이루고 있다. VR 및 AR을 활용한 게임 개발이 시작되었으며, 인공지능을 융합한 사물인터넷과 융합된 게임 개발이 시도되고 있다. 기술 동향은 인공지능 기반의 게임, VR · AR · MR 등의 실감형 게임, 게이미피케이션 기반 기능성 게임 등이 개발되고 있다.

5) 음악 산업

한류 바람에 편승한 K-POP의 활성화에 따른 대중음악의 글로벌 시장 진출이 활발해졌다. 따라서 국내 음악 기획사들의 외국 시장 진출과 저작권 보호에 대한 관심이 높아졌다. 음향 및 무대 기술의 발전과 함께 대형 뮤지컬이나 공연이 확대되어 페스티벌 중심의 콘서트 시장도 확대되고 있으며, 국내외의 업계들이 시장 진출을 위해 다양한 협력 및 성과를 도출해 내고 있다. 기술 동향은 음악을 분류하고, 정보를 검색하는 기술 개발이 이루어지고 있으며, 음악적 표현 인식 및 합성 기술 개발이 활성화되고 있다.

6) 방송 산업

방송 산업 분야는 다양한 방송 콘텐츠들이 개발됨으로 인하여 지속적인 성장세가 이어지고 있다. 지상파 방송, 케이블 방송, DMB, IPTV, 방송영상 독립 제작사, 개인 방송 등이 활성화되고 있으며, 모든 방송들이 디지털 방송으로의 전환을 완료하여 방송 영상 상생 환경 조성에 심혈을 기울이고 있다. 방송 영상 시장은 지속적인 성장이 전망된다. 기술 동향은 QR코드 없이 사물을 인식하는 기술이 등장하고 있으며, 지상파 DTV 방송 프로그램 보호 기술과 ATSC 3.0 LTDM 방송 시스템 기술이 주목받고 있다.

7) 캐릭터 산업

국내 캐릭터 소비 시장이 다양한 연령층으로 확대되고 있다. 캐릭터 산업은 문화콘텐츠를 통해 대중에게 알려진 지식재산권을 활용하여 캐릭터 라이선싱 산업으로 연계되고 있다. 스마트 콘텐츠의 활성화와 소셜네트워킹을 통한 이모티콘 캐릭터의 활성화는 디지털 캐릭터 산업을 가속시키고 있다. 그리고 영상 수출과 더불어 캐릭터의 외국 진출이 활발하며, 성인 타겟 캐릭터 상품 문화가 확산되고 있다. 기술 동향은 캐릭터 개발, 제조, 라이선싱 지원의 확대, 마케팅 전략 및 전문 인력 양성, 미디어믹스 전략이 풍성해지고 있으며, 가상현실 및 증강현실 기술이 접목되어 디지털화 작업이 추진되고 있다.

8) 전통문화 산업

4차 산업혁명에 따른 콘텐츠 산업의 중요성이 부각되는 상황에서 전통문화 산업은 전통문화의 재발견과 새로운 가치 창출이라는 측면에서 미래 성장 동력 확충을 위한 중요한 전진기지다. 각종 첨단 기술과의 융합을 통해 낙후된 전통문화 자원의 재현과 융합 기술 경쟁력을 높일 수 있는 방안이 강구되어야 된다. 기술 동향은 다양한 전통문화 유산을 디지털로 보존하고, 3D 이미지를 보존하는 디지털 아카이브Digital Archive 기술이 정착되고 있다.

자료 : 매직리프의 혼합현실(Mixed Reality, MR) 영상 캡처

1. 산업별 발전 단계 로드맵

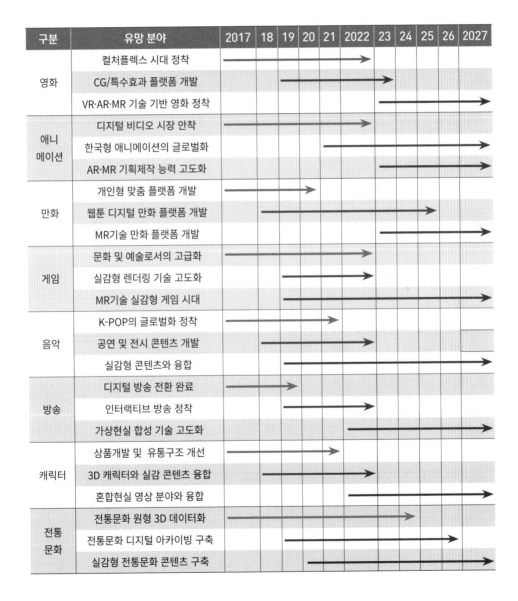

구분	유망 분야	2017	18	19	20	21	2022	23	24	25	26	2027
영화	컬처플렉스 시대 정착											
	CG/특수효과 플랫폼 개발											
	VR·AR·MR 기술 기반 영화 정착											
애니메이션	디지털 비디오 시장 안착											
	한국형 애니메이션의 글로벌화											
	AR·MR 기획제작 능력 고도화											
만화	개인형 맞춤 플랫폼 개발											
	웹툰 디지털 만화 플랫폼 개발											
	MR기술 만화 플랫폼 개발											
게임	문화 및 예술로서의 고급화											
	실감형 렌더링 기술 고도화											
	MR기술 실감형 게임 시대											
음악	K-POP의 글로벌화 정착											
	공연 및 전시 콘텐츠 개발											
	실감형 콘텐츠와 융합											
방송	디지털 방송 전환 완료											
	인터랙티브 방송 정착											
	가상현실 합성 기술 고도화											
캐릭터	상품개발 및 유통구조 개선											
	3D 캐릭터와 실감 콘텐츠 융합											
	혼합현실 영상 분야와 융합											
전통문화	전통문화 원형 3D 데이터화											
	전통문화 디지털 아카이빙 구축											
	실감형 전통문화 콘텐츠 구축											

2. 산업별 발전 단계별 추진 전략

1) 영화 산업

복합 문화 공간을 지향하는 멀티플렉스 영화관이 컬처플렉스Cultureplex로 진화된다. 이러한 공간 개념을 풍요롭게 해주는 영상 미디어 기술인 CG 및 특수효과 등과 같은 원천기술이 글로벌 표준화 플랫폼을 정착시켜 나간다. VR·AR·MR 기술 기반의 영화가 새로운 미디어 콘텐츠 시대를 연다.

2) 애니메이션 산업

디지털 비디오 시장의 안착을 도모하며 스토리 발굴과 기획 제작 능력을 고도화시키고, 캐릭터 생성 및 모델링 소프트웨어를 개발한다. 그리고 AR·MR 기획 및 제작 능력을 고도화시켜 글로벌 시장을 겨냥한다.

3) 만화 산업

온라인 개인형 맞춤 플랫폼을 확산시킨다. 그리고 IoT를 활용한 클라우드 기반의 웹툰 플랫폼의 활성화로 인한 디지털 만화 플랫폼 개발을 가속시킨다. VR·AR·MR 기술에서 원활하게 운용될 수 있는 플랫폼을 개발한다.

4) 게임 산업

게임의 문화 및 예술로서의 고급화를 통해 인식의 전환을 도모하고, 기능성 게임을 활성화시키고 문화 콘텐츠로서의 다양성을 확보하여 게임 산업을 세계적인 수준으로 도약시킨다. 그리고 실감형 고품질 영상 콘텐츠 실시간 렌더링 기술을 고도화시킨다. 또한, 차세대 통신 기술과 VR·AR·MR 기술이 활용되는 실감형 게임 시대를 개화시킨다.

5) 음악 산업

K-POP의 글로벌화를 정착시킨다. 언더그라운드 뮤직 음악 클럽들을 활성화시키고, 그에 따른 무대 장치와 영상 효과 기술을 개발하여, 다양한 계층이 이용할 수 있도록 공연 및 전시 콘텐츠를 개발한다. 차세대 통신 기술과 인공지능 기술이 활용된 증강현실 콘텐츠를 융합 확산시킨다.

6) 방송 산업

모든 방송이 디지털 방송으로의 전환을 완료하며, 홀로그램 및 실감 영상 기술이 실시간 전송되는 고도화 기술을 개발한다. MR 기술이 활용되어 시청자가 직접 방송에 참여하는 인터랙티브 방송 시대를 열어나간다. 고품질 특수 촬영된 영상과 가상현실 합성 기술의 고도화 작업을 정착시킨다.

7) 캐릭터 산업

소재 발굴 및 상용화에 매진하며 국산 캐릭터의 인지도 제고와 라이선싱 비즈니스 활성화에 따른 캐릭터 상품 개발 및 유통 구조 개선을 활성화시킨다. 각종 문화 콘텐츠의 OSMU를 위한 캐릭터를 개발하고, 3D 캐릭터와 실감 콘텐츠를 융합하는 작업을 시도한다. 더 나아가서는 혼합현실 영상 분야를 활발하게 융합시켜 나간다.

8) 전통문화 산업

한국 전통문화 원형을 복원 및 재현시키기 위해 3D 데이터화 작업을 구축한다. 한국 문화 산업의 브랜드화를 위해 증강 영상처리 기술과 디지털 아카이빙 기술을 구축시켜 시공간을 초월한 실감형 전통문화 콘텐츠 시대를 열어나간다.

3. 첨단 콘텐츠 산업 발전을 위한 제언

4차 산업혁명 시대에 인류의 문화를 이끌어나갈 첨단 콘텐츠 분야는 인간의 창의력과 인공지능의 딥러닝deep learning이 대격변을 주도해 나갈 것으로 예상된다. 따라서 영화, 애니메이션, 만화, 게임, 음악, 방송, 캐릭터, 전통문화 등으로 대별되는 우리들의 문화 콘텐츠가 글로벌 경쟁력을 주도해 나가기 위해서는 5G, 빅데이터, 인공지능, 사물인터넷, VR · AR · MR 등과 융 · 복합되는 기술력을 강화시켜 나가야 한다.

17

Korea Masterplan for the Fourth Industrial Revolution

대한민국 4차 산업혁명
3D 프린팅 산업 발전 전략

조성수 3D 프린팅매거진 발행인, 한국잡지연구소 소장

I 주력 산업별 주요 추진 내용

1. 산업별 4차 산업혁명 추진 영역

3D 프린팅은 3차원 형상을 금형 없이 빠른 시간에 제작할 수 있는 기술, 즉 3차원의 사물을 2차원 평면으로 미분하여 적층을 통해서 적분하는 방법이다. 앞으로 주목할 사항은 3D 프린팅이 혁신을 가속할 수 있는 잠재력을 가지고 있으며, 디자인, 소프트웨어와 통신의 발달로 인한 웹 기반의 생산 방법과 방식이 산업 구조를 바꿀 수 있는 잠재력 보유로 미국과 일본이 중국을 이기기 위한 새로운 제조 방법론으로 육성하는 실제 이유로 해석되기도 하고 있다. 4차 산업혁명으로 일자리가 감소할 것인지, 어떤 직업이 4차 산업혁명에 의해 영향을 많이 받고 어떤 직업이 덜 받는지, 수행하는 업무는 얼마나 변화할 것인지, 변화가 시작된다면 그 시점은 언제인지, 그리고 4차 산업혁명에 대하여 어떻게 준비해야 하는지 등에 대하여 많은 사람이 우려와 관심을 표명하고 있다. 그러나 현 시점에서 4차 산업혁명이 우리 사회와 직업 세계에 미치는 영향을 정확히 예측하고 분석하기는 어렵다. 아직 4차 산업혁명이 시작 단계이며 인공지능 같은 기술적 발전이 우리 사회와 직업 세계에 긍정적 영향을 가져올지, 혹은 부정적 영향을 가져올지 좀 더 시

간을 두고 지켜봐야 하기 때문이다. 특히 선진국 사례를 보면 3D 프린팅이 가져올 파급 효과는 매우 클것으로 전망되고 있다. 3D 프린팅 기반에 제조업 경쟁력 강화와 신성장 동력 창출을 위해 글로벌 시장 선도 기술력 및 경쟁력 확보를 위해 우리 정부는 11대 3D 프린팅 활용 분야 육성 방안을 적극적으로 지원해야 한다. 현재 추진 중인 치과용 의료기기, 인체 이식 의료기기, 맞춤형 치료물, 스마트 금형, 맞춤형 개인용품, 3D 전자부품, 수송기기 부품, 발전용 부품, 3D 프린팅 디자인 서비스, 3D 프린팅 콘텐츠 유통 서비스, 식품 관련 서비스 등 앞으로 추진해야 할 여러 가지 11대 핵심 활용 분야이다.

2. 산업별 4차 산업혁명 추진 상세 내용

1) 치과용 의료기기 산업

치과 시술 시행에 사용되는 치아 모델과 임시 치아, 투명 교정기 등과 같은 치료용 또는 치료 보조용 의료기기, 치과용 임플란트 구성물 등의 치과용 의료기기가 포함된다. 선진국 사례를 보면 이 분야는 특허가 다른 분야에 비해 아직은 많지 않은 것으로 보인다. 현재 선진국에도 아직은 이 분야가 특허 부분이 미약해 현재 산업으로서의 경쟁력이 높을 뿐만 아니라 시장 전망이 높기 때문에 투자시 빠른 시장 선점이 유리할 수 있다.

2) 인체 이식 의료기기 산업

인체 조직 또는 기능을 대체할 수 있는 임플란트, 인공 연골, 인체 삽입형 디바이스 등 인체에 이식되어 영구, 반영구적으로 사용되는 치료용 의료기기들이다. 현재 일부 치과와 대학병원에서도 집중 연구되고 있다. 치술을 시행하기 위해 사용되는 치아 모델과 임시 치아, 투명 교정기 등과 같은 치료용 또는 치료 보조용 의료기기 등 치과용 임플란트 구성물 등을 포함한 치과용 의료기기이다. 현재 산업으로서의 경쟁력이 높을 뿐만 아니라 시장 전망이 높기 때문에 투자 시 빠른 시장 선점과 글로벌 시장 선도가 가능한 제품이다.

3) 맞춤형 치료물 산업

기존 방식으로 제작이 어렵거나 불가능한 체외용 치료물 등 시술을 하기 위해 임시로 인체에 삽입 또는 시술 보조용으로 사용되는 장치와 부분품 등의 맞춤형 치료물이다. 의료 서비스 고도화를 위한 연구 투자를 통해 시장을 선도할 수 있으며 글로벌 경쟁력 확보로 수익사업 창출이 가능한 제품이다.

자료 : 로컬모터스

[그림 4-17-1] 제이 로저스 로컬모터스 CEO는 오크리지 국립연구소(ORNL)와 함께
세계 최초의 3D 프린팅 자동차 '스트라티(Strati)'를 만들었다.

4) 스마트 금형 산업

특수한 기능을 가진 금형 코어 및 복잡한 형상을 가진 지능형 금형 관련 제품이다. 대부분의 제조업 분야에 광범위하게 쓰이고 있으며, 예를 들면 주조의 경우 자동차 및 조선 엔진 제작에 쓰이고 금형은 스마트폰 프레임 제작, 소성 가공은 손목시계 제작과 영국 만년필, 디스플레이 검사기기에 쓰인다. 열처리는 자동차 엔진 부품을 만들 때, 표면처리는 미래 자동차 및 스마트폰 디자인 등에 활용된다.

5) 맞춤형 개인용품 산업

개인이 착용할 수 있는 다양한 종류의 기능성 제품이며, 스포츠, 주얼리 등 여러 가지 제품들이다. 손목에 착용하는 웨어러블 등이 있다. 다품종 소량 생산이 가능하며, 개인 맞춤 생산에 최적인 3D 프린팅의 특성을 활용하여 스포츠 기어와 맞춤형 주얼리 등 여러 가지 응용 분야 개척을 통해 수익 사업화 추진이 가능한 제품이다.

6) 3D 전자부품 산업

다양한 기능성 복합 소재를 활용한 전자기기 부품들이 있으며 단순한 형상물의 제작이 아닌 기능성 부품 및 제품의 3D 프린팅을 가능하게 함으로써 제조기술 혁신 실현이 가능한 제품이다. 3D 프린팅 기술 활용의 장점을 살릴 수 있는 웨어러블 기기 시장은 무궁무진하다.

7) 수송기기 부품 산업

자동차, 항공, 조선 등 수송기기에 사용되는 부품류가 있다. 보잉과 GE, 람보르기니, 스포츠카 등 여러 업체에서 맞춤형 3D 프린팅을 함으로써 비용을 줄이고 있으며 효과를 보고 있다. 예를 들면 자동차, 항공, 조선 등 수송 산업은 어느 나라든지 국가 주력 산업으로 키우려고 하는 것이 현실이다. 3D 프린팅 응용이 활발한 분야 중 하나로 외국 선진 기업들과 경쟁 우위 선점을 위한 R&D 연구개발이 절실히 필요한 시점이다. 고수익을 낼 수 있는 아이템이다.

8) 발전용 부품 발전용 산업

가스터빈 등에 사용되는 효율 향상 부품 및 구조물이며 블레이드, 연소기 등 산업 경쟁력이 높고 미래 성장 산업인 에너지 분야에 포함되는 발전용 핵심 부품의 제조 경쟁력을 높이고 발전 효율 향상 추진 가능성이 많은 제품이다. 가스터빈 같은 경우에는 10MW 미만에서 250MW 미만에서 이르기까지 다양한 기술 수요가 존재하고 있다.

9) 3D 프린팅 디자인 서비스 산업

실질적인 서비스 산업이다. 3D 프린팅에 특화된 저작 도구 국산 기술 기반을 마련으로 3D 프린팅 응용 산업 발전에 기여해야 하며, 제작 도구 제공 및 교육 및 마켓 활성화 및 응용 등을 통한 콘텐츠 산업 활성화를 해야 한다. 온라인 CAD 툴은 서비스, 협업 디자인을 지원하는 서비스 플랫폼을 구축하는 사업이다. 직접 모델링한 후 외국처럼 온라인에 올리고 판매하는 수익 구조를 가지는 서비스의 일종이다. 특히 한국 3D 프린팅 응용에 필수적인 소프트웨어 솔루션들 역시 외국 선두기업들이 시장을 주도하고 있으며, 우리는 교육, 컨설팅, 출력 서비스 수준에 머무르고 있다. 현재 인텔리코리아가 국산 CAD 프로그램을 만들어 사용하고 교육하고 있지만 더 좋은 제품을 국산화할 수 있도록 제도적 지원이 절실히 필요한 시점이다.

10) 3D 콘텐츠 유통 서비스 산업

3D 프린팅을 위한 모델 및 부품 거래 등 3D 프린팅을 활용, 거래, 디지털 저작권 보호, 관리 등을 지원하는 유통 서비스 플랫폼 및 솔루션이다. 앞으로 3D 프린팅이 관련 제품의 설계도, 디자인 등 2차적 저작권 문제에 대한 보안 조치가 필요하며, 이를 보완하기 위한 저작물 및 관련 콘텐츠의 생태계를 조성하고 활성화 가능성에 집중해야 한다.

11) 식품 관련 서비스 산업

3D 프린터는 원료와 설계도만 있으면 무엇이든 쉽게 인쇄가 가능하다. 특성을 지니고 있기 때문이다. 3D 푸드 프린터들은 카트리지 형식을 채택하고 있어 그 안에 원료와 영양소, 감미료, 향신료 등 함량을 조절하여 원하는 식품을 인쇄해서 먹을 수 있다. 이런 덕분에 가정에서뿐만 아니라 여러 사회적 문제들을 해결할 수 있을 것으로 예상된다.

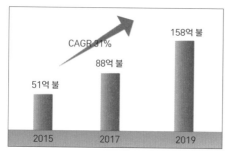

자료 : Wohlers Associates('16)

[그림 4-17-2] 시장 규모 및 성장률

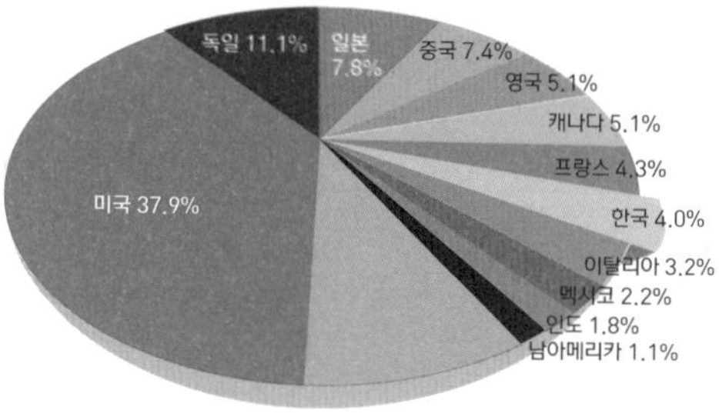

자료 : Markets and Markets('16)

[그림 4-17-3] 국가별 시장 점유율

자료 : 두바이미래재단

[그림 4-17-4] 3D 프린팅으로 건축을 한 두바이, 건축의 신세계를 보여 주고 있다.

1. 산업별 발전 단계 로드맵

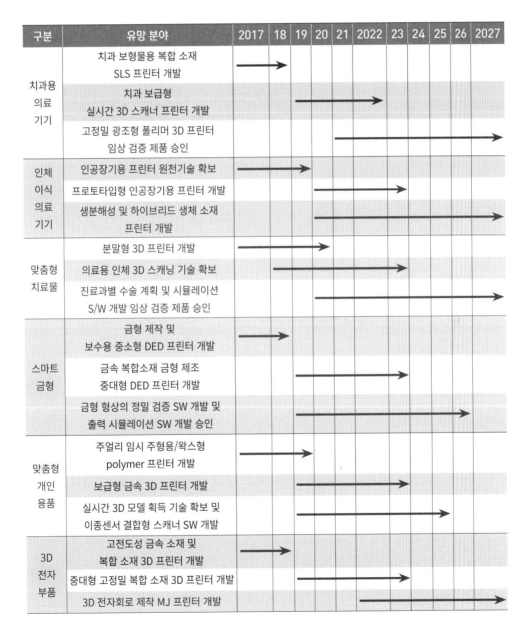

구분	유망 분야	2017	18	19	20	21	2022	23	24	25	26	2027
치과용 의료 기기	치과 보형물용 복합 소재 SLS 프린터 개발	→										
	치과 보급형 실시간 3D 스캐너 프린터 개발			→			→					
	고정밀 광조형 폴리머 3D 프린터 임상 검증 제품 승인					→						→
인체 이식 의료 기기	인공장기용 프린터 원천기술 확보	→		→								
	프로토타입형 인공장기용 프린터 개발			→				→				
	생분해성 및 하이브리드 생체 소재 프린터 개발			→								→
맞춤형 치료물	분말형 3D 프린터 개발	→		→								
	의료용 인체 3D 스캐닝 기술 확보	→						→				
	진료과별 수술 계획 및 시뮬레이션 S/W 개발 임상 검증 제품 승인	→										→
스마트 금형	금형 제작 및 보수용 중소형 DED 프린터 개발	→		→								
	금속 복합소재 금형 제조 중대형 DED 프린터 개발			→				→				
	금형 형상의 정밀 검증 SW 개발 및 출력 시뮬레이션 SW 개발 승인			→								→
맞춤형 개인 용품	주얼리 임시 주형용/왁스형 polymer 프린터 개발	→		→								
	보급형 금속 3D 프린터 개발			→					→			
	실시간 3D 모델 획득 기술 확보 및 이종센서 결합형 스캐너 SW 개발			→						→		
3D 전자 부품	고전도성 금속 소재 및 복합 소재 3D 프린터 개발	→		→								
	중대형 고정밀 복합 소재 3D 프린터 개발			→					→			
	3D 전자회로 제작 MJ 프린터 개발					→						→

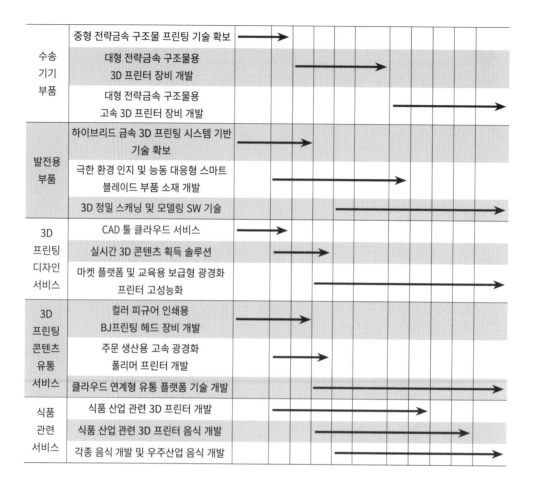

2. 산업별 발전 단계별 추진 전략

1) 치과용 의료기기 산업

3D 프린팅의 전략 품목으로는 스톤 모델, 임시 치아, 투명 교정기, 치과용 맞춤형 보철물 등이 있다. 치과용 의료기기의 경우 3D 프린팅을 위한 장비의 국산화뿐만아니라 가격 경쟁력 확보에도 유리하며, 글로벌 시장 선점을 위해 특수 소재를 사용한 의료기기 생산 기술 확보가 중요하다. 치과용 의료기기의 3D 프린팅을 위한 장비 국산화 및 가격 경쟁력을 확보할 수 있으며, 글로벌 시장 선점을 위한

특수 소재를 사용한 의료기기 생산 기술 확보로 외국 시장 진출이 가능할 것으로 보인다.

2) 인체 이식 의료기기 산업

단기적으로 보면 맞춤형 임플란트 설계, 제조기술을 확보하고 한국형 임플란트를 만들고 외산 기술을 대체할 수 있으며, 글로벌 외국 시장에도 진출할 가능성이 높은 시장이다. 인체 이식 의료기기 산업은 중장기적으로 보면 맞춤형 심혈 관계 임플란트, 삽입형 진단 기기로 시장 점유율 확대 및 글로벌 시장 진출에 탄력을 받을 수 있는 제품이다.

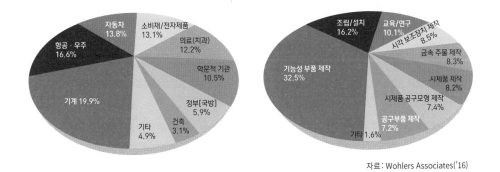

자료 : Wohlers Associates('16)

[그림 4-17-5] 산업 활용 분야별 비중(좌), 사용 용도별 비중(우)

3) 맞춤형 치료물 산업

단기적으로 보면 맞춤형 재활기구, 맞춤형 서지컬 가이드 국산화 기술 확보 및 의료 서비스 고도화 기반을 마련하고 중장기적으로는 복합 소재 재활 기구와 복합소재 보형물과 보철물, 생분해성 임시 삽입 기술을 개발해 외국 시장에 진출할 필요가 있다.

4) 스마트 금형 산업

저렴한 소재 확보와 복잡 형상 제작 및 정밀도 향상을 통한 금형 제조 패러다임을 통한 변경으로 제조 기술 경쟁력을 제고하고 특수 금형 소재 및 가공 기술 확보로 특수 기능 금형 코어, 지능형 금형 기술 개발로 뿌리 산업 혁신 및 제품 생산성에 이바지할 수 있다. 제조업 기반인 뿌리 산업의 경쟁력 향상에 기여할 수 있는 아이템이다.

5) 맞춤형 개인용품 산업

단기적으로 보면 현재 인기가 있는 개인 맞춤 스포츠 기어, 맞춤형 주얼리 등 소비재 중심 시장 발굴이 가능하며 중장기적으로 보면 기능성 스포츠 기어와 맞춤형 착용 장비, 전자장치 내장 피복 등 기술 범위가 확대될 수 있다.

6) 3D 전자부품 산업

중기적으로 회로기판, 수동 부품 내장 등 인쇄 전자 복합 3D 프린팅 장비 및 소재 기반 기술을 확보할 수 있으며, 장기적으로 볼 때 능동 부품 일체형 보드 생산, 기구 일체형 기능성 보도 제작 등 양산화 기술 확보를 할 수 있는 기술이다.

7) 수송기기 부품 산업

수송기기 부품 산업은 단기적으로 보면 소형 부품 기능 검증 및 외관 검증, 내외장 튜닝 부품 제작 장비 및 소재 기술 확보가 우선되어야 한다. 중장기적으로는 중대형 섀시, 동력계 부품 제작을 위한 장비, 소재, 설계 및 시뮬레이션 소프트웨어 프로그램이 필요하다. 보잉사나 GE처럼 이 분야에 핵심 기술을 보유할 수 있는 아이템이다. 특히 자동차 부문이 큰 효과를 볼 수 있다. 대형 스포츠카와 경주용 스포츠카는 3D 프린팅으로 제작되는 사례가 선진국일수록 많이 등장하고 있다.

8) 발전용 부품 산업

단기적으로 보면 압축기 블레이트, 베인 등 중대형 복잡 형상 제작을 위한 소재, 장비, 설계 SW 개발이 시급하며 중장기적으로 보면 연소기 부품, 터빈 부품 제작을 위한 특수 소재, 장비, 설계 시뮬레이션 SW 개발이 현실적으로 필요하다. 그래야 선진국에 맞는 여러 가지 사양들을 맞출 수가 있으며 고부가가치를 얻을 수 있다.

9) 3D 프린팅 디자인 서비스 산업

선진국 및 선진 기업 대비 부족한 원천기술력 확보를 위한 적극적인 투자가 필요하며, 우리나라 ICT 기반의 강점을 활용하여 현재 외산 솔루션에 의존적인 3D 콘텐츠 획득 및 저작 소프트웨어 솔루션 관련 기술의 적극적인 개발과 지원이 필요하며, 기존 산업_{의료, 자동차, 전자정보기기, 패션 등}의 부가가치를 높이고 신산업 기회 창출을 위한 3D 프린팅이 응용 사업 발굴과 관련 기술 개발의 시급한 추진도 필요하다. 3D 프린팅 기술 신시장 기회 창출을 위해 중소, 소호기업 및 개인의 디자인, 제조, 서비스 등 신규 시장 형성과 활성화를 위한 비즈니스 모델과 솔루션 개발 지원이 필요하다. 3D 프린팅 응용 산업 생태계 조성을 위한 안전 유통 플랫폼 구축이 절실하다.

10) 3D 콘텐츠 유통 서비스 산업

단기적으로 볼 때 저작권 보호 기술, 안전 유통 서비스 기술 등 3D 프린팅 콘텐츠 유통 기반 마련과 중장기적으로 마이크로 라이센싱, 표준화, 저작권 보호제도, 오픈마켓 등 유통 서비스 플랫폼이 구축되어야 한다. 3D 프린팅 기술의 산업 분야별 활용은 디자인 검증, 시제품 제작, 검토용 모형 등을 위주로 응용되고 있으며, 피규어 및 디자인 제품의 직접 제작과 생산에도 일부 활용되고 있으나 시장 규모에서는 미미한 수준이다. 신산업 분야로 응용에 대한 연구도 일부 이루어지고 있다.

11) 식품 관련 서비스 산업

3D 푸드 프린터는 단순하게 맞춤형 음식을 만들어 내는 기계를 넘어 지구촌 기아 극복의 문제를 해결해 줄 수 있으며, 3D 프린터를 저개발국에 보급하여 인간의 생명 유지에 필요한 필수영양소가 함유된 음식을 인쇄하여 공급한다면 최소의 비용으로 많은 기아들을 구제할 수 있을것이다. 특히 3D 프린팅 푸드는 모든 수분을 제거한 가루 형태이기 때문에 유통 기한은 최대 30년까지 유지가 가능하며 이렇게 가루로 만든 재료들을 3D 프린터가 기름과 수분을 결합해 음식으로 만들어 내게 되는 것이다. 음식을 인쇄하는 순간 바로 조리가 시작되어 인쇄가 끝나면 바로 먹을 수 있다는 점도 장점이다. 아직까지 분말의 제조 및 탑재 들의 기술 장벽이 남아 있지만, 이제 우주선에서도 따뜻한 피자를 먹게 될 날이 얼마 남지 않았다. 우리 정부도 이 분야의 관심을 가지고 특허를 신속하게 나올 수 있도록 법적, 제도적 안전한 장치가 필요한 시점이다.

3. 11대 3D 프린팅 분야 선정 과정

[표 4-17-1] 11대 3D 프린팅 핵심 활용 분야

11대 핵심 활용 분야	사례	분야
치과용 의료기기	임시 치아, 치료 보조용 의료기기	의료
인체 이식 의료기기	임플란트, 스캐폴드, 인공 연골	의료
맞춤형 치료물	인체 삽입, 시술 보조용 장치 또는 부품	의료
스마트 금형	복잡 형상의 지능형 금형 제품	뿌리산업
맞춤형 개인 용품	주얼리, 국방, 스포츠 분야 가능성 용품	문화,체육,국방
3D 전자부품	웨어러블 등 복합 소재 활용 전자기기 부품	전기전자
수송기 부품	섀시,튜닝 등 수송기기 사용 부품류	자동차, 항공, 조선
발전용 부품	가스터빈 등에 사용되는 부품 및 구조물	에너지
3D 프린팅 디자인 서비스	협업 디자인 서비스 플랫폼	서비스
3D 프린팅 콘텐츠 유통 서비스	3D 프린팅 모델 및 부분품 거래 플랫폼	서비스
식품 관련 서비스	식품 산업 관련 3D 프린터 개발 및 음식 개발, 우주항공 음식 개발	서비스

자료 : 2017과학기술정보통신부, 산업부

4. 3D 프린팅 산업 발전을 위한 제언

11대 3D 프린팅 분야의 선정 이유는 가트너에서 말하는 2016년 10대 전략 기술로 3D 프린팅 기술은 폭넓은 물질들과 만나 계속 진보할 것이라고 예측했으며 니켈합금, 탄소 섬유, 유리, 전도성 잉크, 전자기기, 약학 및 생물학적 물질들을 말하며 그 응용 영역을 우주 산업, 의학, 자동차 산업, 에너지 산업 그리고 군수 산업으로 뻗어 나갈 수 있다고 정부도 예측을 하고 있다. 3D 프린팅 관련 기술은 국내 일부 기업이 기술력을 확보하고 있으나 인지도 및 기술적 수준이 아직은 미흡하다. 미국은 3D 프린팅을 저임금 국가로 이동한 제조업체의 패권을 다시 미국으로 가져올 핵심 기술로 간주하고, 관련 법령 정비와 산업 클러스터 형성, 산학연계 연구를 지원하고 있다. 특히 미국이 강점을 가진 의료, 제약업계에서는 기술 응용에 대한 연구가 활발하게 이루어지고 있으며, 미국, 유럽, 일본, 중국 등은 관련 산업이 활성화되기 시작하고 응용 분야의 확대가 이루어지고 있는 반면, 국내는 3D 프린팅에 대한 준비가 아직은 미흡한 것이 사실이다. 그래서 한국 제조업 경쟁력과 우수한 인력, ICT 인프라를 고려할 때, 3D 프린팅은 한국이 글로벌 경쟁력을 가질 수 있는 분야이기 때문에 매진할 필요가 있다. 벤처, 중소기업을 위한 정부가 4차산업 핵심인 3D 프린팅 산업을 성장시키려면 3D 프린팅 설비 지원, 선제적 기술, 연구, 응용 분야 연구 및 소프트웨어 분야에 정부의 정책적 지원이 절실히 필요한 시점이며, 특히 의료 바이오 부분의 첨단 시장과 앞으로 다가올 미래 산업인 4D 시장에 주도적인 특허권 확보를 위해서도 꼭 필요한 시점이다. 이제 정부도 3D 프린팅 시장을 대한민국의 미래 4차산업의 중요한 핵심 산업인 3D 프린팅 시작을 선도해 나가길 바란다.

[그림 4-17-6] NSRDEC에서 개발한 3D 푸드 프린터로 만든 음식을 보여주고 있다.

PART

5

대한민국 4차 산업혁명 마스터플랜
추진 단계 로드맵

대한민국 4차 산업혁명 마스터플랜
추진 단계 로드맵

안종배 국제미래학회 미래정책연구원 원장

I 대한민국 4차 산업혁명 마스터플랜 추진 단계

대한민국 4차 산업혁명 마스터 플랜 추진 단계를 총 4단계로 볼 수 있다. 먼저 추진 동기를 유발하고 붐을 조성하는 단계인 Boom up, 본격적으로 4차 산업혁명 혁신 추진 단계인 Jump up, 4차 산업혁명 경쟁력 강화 단계인 Strong up, 그리고 4차 산업혁명 글로벌 선도 국가로 부상하는 Global Power up 등의 단계로 볼 수 있다. 동기부여를 주고 혁신 추진을 실시하면서 경쟁력을 강화하여 글로벌 리더 국가로 대한민국이 4차 산업혁명을 성공적으로 추진할 수 있도록 힘을 모아야 할 것이다.

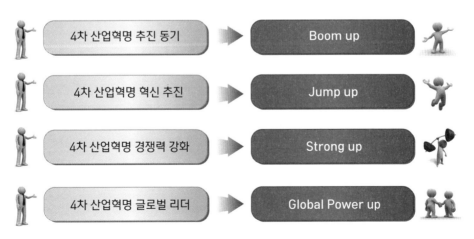

4차 산업혁명 추진 동기 ➡ Boom up

4차 산업혁명 혁신 추진 ➡ Jump up

4차 산업혁명 경쟁력 강화 ➡ Strong up

4차 산업혁명 글로벌 리더 ➡ Global Power up

[그림 5-1] 대한민국 4차 산업혁명 마스터플랜 추진 단계

대한민국 4차 산업혁명 마스터플랜 추진 단계 로드맵은 먼저 Boom up에 해당되는 추진 동기 유발을 2017년과 2018년 초 조기에 조성하고 핵심 기술 산업과 사회 기반 산업, 4차산업혁명 응용 산업 등 전반에 4차 산업혁명으로서 혁신 추진 동기를 마련토록 한다. 두 번째 Jump up 단계로 2020년까지 4차 산업혁명의 핵심 기술과 주력 산업이 성장할 수 있도록 한다. 핵심 기술 R&D 강화, 사회 인프라 조성, 응용 산업 비즈니스 개발 등 실제 사회와 산업 전반에 4차 산업혁명이 적용되는 중요한 단계이다. Jump up 단계에서 사회와 산업 전반에 성장이 이루어지면 Strong up으로 한단계 업그레이드 하여 핵심 기술 응용을 확산하고 사회 서비스를 강화하며 응용 산업 비즈니스 모델을 활성화시키는 단계를 2022년까지 마련하는 것이다. 그리고 Global Power up 단계에서는 핵심 기술 글로벌 경쟁력 강화, 사회서비스 글로벌 진출, 응용 산업 글로벌 비즈니스 확산을 방향으로 2027년까지 추진하여 대한민국을 4차 산업혁명 선도 국가로 자리 잡게 해야 한다.

	BOOM UP ~2017	JUMP UP ~2020	STRONG UP ~2022	GLOBAL POWER UP ~2022
핵심 기술 산업 인공지능 / 사물인터넷 / 빅데이터 / 지능형 반도체		4차 산업혁명 핵심 기술 R&D 강화	4차 산업혁명 핵심 기술 응용 확산	4차 산업혁명 핵심 기술 글로벌 경쟁력 강화
사회 기반 산업 에너지 / 바이오 / 스마트 교육 / 정보 보호 / 디자인		4차 산업혁명 사회 인프라 조성	4차 산업혁명 사회 서비스 강화	4차 산업혁명 사회 서비스 글로벌 진출
4차 산업 혁명 응용 산업 미래 자동차 / 헬스 케어 / 스마트 가전 / 블록체인 / 드론 / 로봇 / 첨단 콘텐츠 / 3D 프린팅		4차 산업혁명 응용 산업 비즈니스 개발	4차 산업혁명 응용 산업 비즈니스 모델 활성화	4차 산업혁명 응용 산업 글로벌 비즈니스 모델 확산

[그림 5-2] 대한민국 4차 산업혁명 마스터플랜 추진 단계 로드맵

대한민국 4차 산업혁명의 마스터 플랜을 통해 보다 나은 대한민국이 되도록 4차 산업혁명을 이끌어 나가야 한다. 4차 산업혁명의 기반 인프라, 핵심 기술 산업, 사회기반산업, 응용 산업이 핵심 역량과 지속 성장 역량, 글로벌 역량에 발맞추어 Boom up, Jump up, Strong up, Global Power up 단계를 거쳐 2027년까지 4개 영역의 다양한 인프라와 디지털 확산 및 강화, 글로벌 경쟁력 강화로 추진해 나가야 한다.

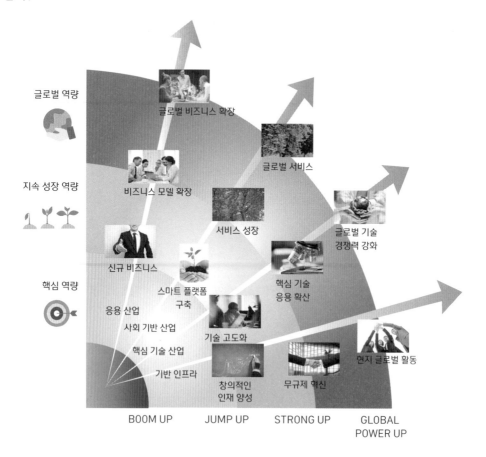

[그림 5-3] 대한민국 4차 산업혁명 마스터플랜 추진 단계 전략

대한민국 4차 산업혁명
국가 R&D 프로젝트 추진 전략

대한민국 4차 산업혁명
국가 R&D 프로젝트 추진 전략

차원용 아스팩미래기술경영연구소(주) 대표

현재의 진단을 통해 다음과 같은 접근 방법으로 우리나라가 잘할 수 있고 일자리 창출에 도움이 되는 분야를 모색하였다.

① 빠른 추격자Fast Follower를 탈피, 첫째 선도자First Mover 혹은 4차 산업혁명을 촉진시킬 촉진자Enabler를 모색하였다. 따라서 트렌드 분석과 특허 분석을 동시에 진행해 첫째 선도자 혹은 미래의 촉진자를 찾아냈다.

② 구글/아마존 등의 선진 기업들의 잘 나가는 제품/서비스를 철저히 분석하여 단점을 찾아 보완하고 차세대 제품/서비스를 선도할 수 있는 점핑Jumping 전략으로 탐색하여 도출하였다.

③ 고령·1인 가구·100세·에너지 등 우리나라가 안고 있는 사회/경제문제를 해결하는 솔루션을 모색하여 도출하였다.

④ 기존 개발한 기술을 융합하고 산학연정·온 국민이 모두 참여하여 우리가 잘할 수 있는 분야를 모색하여 도출하였다.

👤 트렌드/변화 동인	🗒 목적	🔬 15개 국가 R&D 프로젝트 도출

사회 지능정보/복잡/증강 가상 저출산/노령화/솔로 경제 안전/건강 수명/100세 대물림 유전병 근절 능력 향상/일자리 요구 기후/에너지 변화	차세대 인공지능 선도 및 개인 SD의 주권화 확보	(1) 99.5%의 X-ABNI+α, 이를 통합한 X-ABNI+α의 유기 칩+MC, 정보 은행/신탁
	전국민의 슈퍼컴퓨팅 활용	(2) 전 국민의 국가 슈퍼컴퓨팅 M&S 활용
	감각/생각 센싱-능력 향상	(3) 두뇌 인터넷(Internet of Brain)
	'15년 HALE(73세) → '25년 76세	(4) 생체 인터넷/에너지(Internet of Biosignal / Bioenergy)
	대물림 유전병 근절	(5) 유전자 가위로 배아에서 유전병 제거
산업 지능정보 산업화 디지털 변형/복잡/증강 가상 전통 산업의 스마트화 산업의 융-복합화/고도화 플랫폼화/서비스화 기후/에너지/자원 고갈 신산업(자율차/로봇/드론)	전 국토의 스마트 데이터화	(6) 자율차 개조+도로주행+데이터 공유
	신속한 자율차 학습	(7) 인공 버추얼 랩에서 자율 주행 테스트
	멀티-센서 융합 시스템 선도	(8) 멀티-센서 융합 시스템의 소형화
	충돌 시 많은 생명을 구함	(9) 자율차 충돌 내구성의 경량 소재
	인간과 로봇의 공존공생	(10) 인간과 협업하는 협동/협업로봇
	대면적 감시 드론으로 누구나 드론 활용 창업	(11) 대면적 감시-수백 대의 동조화 군집비행 드론 기술
기술 지능정보/복잡/증강 가상 전문/공유/크라우드 소형/융합/모듈화 신기술/신-요소 기술 …….	산업 융합 → Hyperloop 준비/대응S	(12) AVs+Co-Bots+Drones+α = 물류 전용 Hyperloop
	전 국토의 먹거리 산업/문화	(13) 요리법+3DP/Co-Bots의 키친 플랫폼
	고품질 미네랄 소금/태양광	(14) 스마트 염전 & 태양광발전 동시 구축
	탈원전/청정 석탄을 위한 대체 에너지	(15) OG SYSTEM(유기물 가스화/ 수소화 에너지)

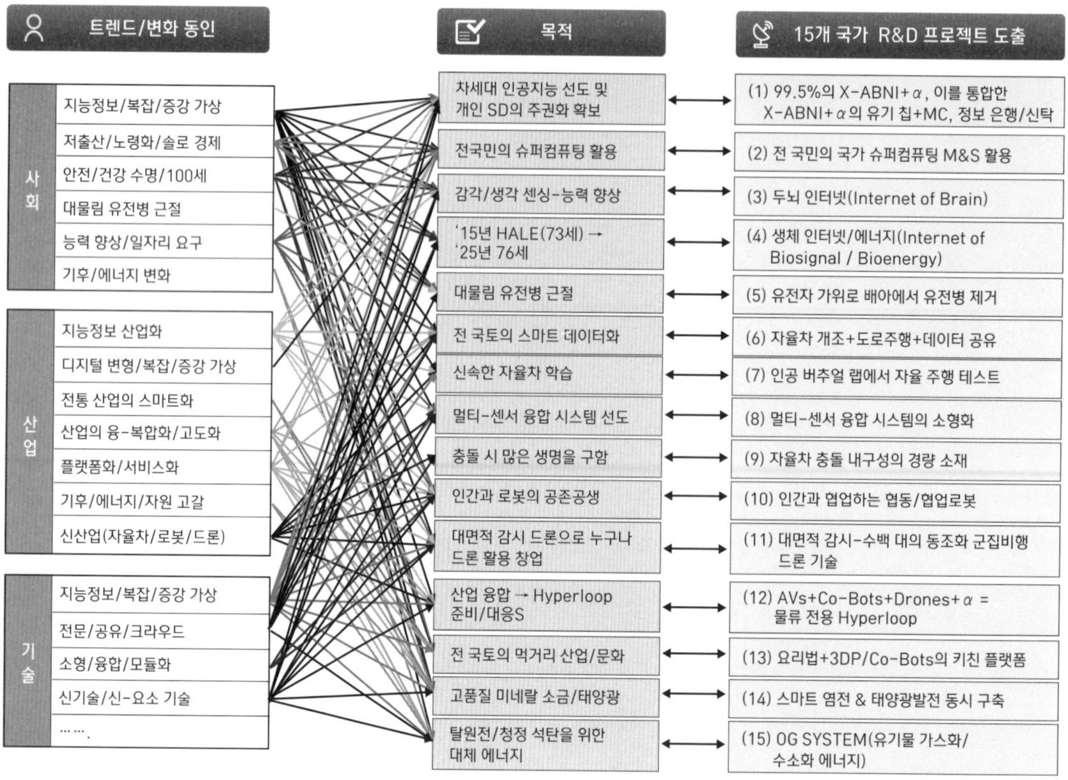

[그림 6-1] 15개 R&D 프로젝트 도출

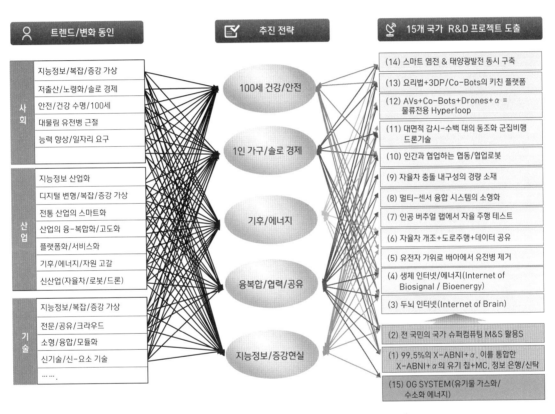

[그림 6-2] 15개 국가 R&D 프로젝트 전략

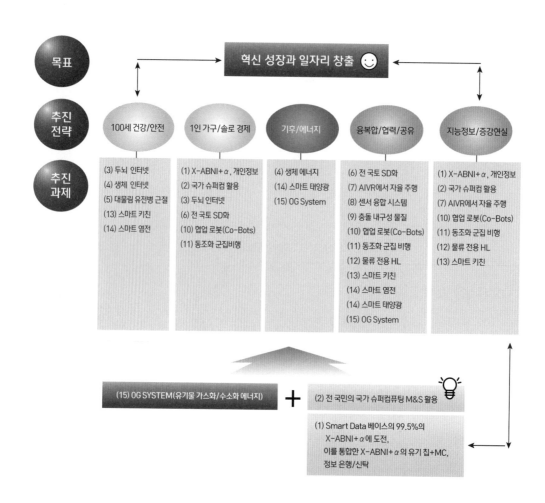

[그림 6-3] 15개 국가 R&D 프로젝트 목표

키워드 및 융합 기술 분야	15개 R&D 프로젝트 주제	시기
지능 정보 사회 (FT)	99.5%의 X-ABNI+α, 이를 통합한 X-ABNI+α의 유기 칩+MC, 개인정보 활용 개방 시스템	장기
복잡계 사회문제 (IT)	슈퍼컴퓨팅 M&S(Modeling & Simulation)	단기
고령·건강사회 (BT)	두뇌 인터넷	장기
	생체 인터넷/생체 에너지	
	유전자 가위	
자율 주행 자동차 사회 (IT, NT, FT)	자율차 개조+도로 주행+데이터 공유 지원	단기
	가상 인공 버추얼 랩에서 자율 주행 테스트	중기
	센서 융합 시스템의 소형화/상용화	중기
	충돌 내구성의 경량 소재	중기
로봇·드론 사회 (FT)	인간과 협동/협업 로봇 (Co-Bots)	단기
	대면적 관리/감시용 수백 대 동조화 군집비행 기술	단기
산업의 융합화 (FT)	AVs+Co-Bots+Drones+α=물류전용 Hyperloop ※ AVs : Autonomous Vehicles	장기
솔로 경제/1인 가구 시대 (FT)	요리법+3DP/Co-Bots의 스마트 키친 플랫폼 ※ 3DP: 3D Printing	단기
스마트팩토리/ 자연 에너지 (IT, FT)	스마트 염전 & 태양광 발전	단기
탈원전/청정 석탄의 신재생 에너지 (ET)	OG System (한국형 IGCC 기화기) ※ OG: Organic materials Gasification	단기

※ 단기: 3년, 중기: 5년, 장기 10년
※ FT=Fusion Technology, ET=Energy Technology, IT=Information Technology, BT=Bio Technology,
    NT=Nano Technology

키워드 및 융합 기술 분야	15개 R&D 프로젝트 기대 효과 및 성과 활용
지능정보 사회 (FT)	**99.5%의 X–ABNI+α, X–ABNI+α의 유기 칩+MC, 개인정보 활용 개방 시스템** – 지능정보 신 서비스가 일자리 창출 과제(안)로 창출되는 연구 산업으로 육성 – 기본 스마트 데이터와 인공지능 인프라로 전 산업에 활용하고 선순환 사이클 유지로 품질 좋은 X–ABNI+α 베이스의 스마트 데이터 유지 – 우리나라가 (1) 99.5%의 X–ABNI+α를 선도, (2) 이를 통합한 X–ABNI+α의 유기 칩+마이크로 컴퓨터 개발, (3) 개인정보 은행/신탁제도로 개인의 스마트 데이터 주권화 및 활용 촉진
복잡계 사회문제 (IT)	**슈퍼컴퓨팅 M&S(Modeling & Simulation)** – X–ABNI+α와 Super Real M&S Platform의 연계로 시너지 효과 – 대중소 벤처 스타트 기업의 차세대 제품제조·운영 기술에 대한 솔루션, 복잡계 사회문제를 산학연정·국민 참여 국가적 전략으로 추진하여 과학기술과 정보통신기술 한 차원 상승, 전 국민의 과학적 마인드/시스템 사고 전환(초중고/대학생들도 활용, 예: 에디슨 사업)
고령·건강 사회 (BT)	**두뇌 인터넷** – 2020년까지 오감, 2025년까지 감수성과 감정 표현, 2030년에 생각 센싱 지원으로 고령자들도 누구나 일할 수 있고, 일반인들은 자신의 능력을 향상. 고령자 근로 복지/건강 비용을 줄일 수 있음. – 개발한 센싱과 알고리즘 기술을 X–ABNI+α에 융합 시 인공지능이 탑재된 모든 인공지능 기계를 제어/조절 가능 **생체 인터넷/생체 에너지** – 착용형에서 건너뛰어 의류 일체형 → 신체 부착형/현장 진단형 → 생체 이식형 도전 시 생체 인터넷 선도 가능. 우리나라는 옷과 반도체가 강하고, 이미 생체 인터넷 구현 역량과 생체 에너지 구현 역량이 많이 확보되어 있어 관련 개발 제품과 서비스를 융합하면 플랫폼 구축도 가능함. – 2015년 현재 건강 수명이 73세인 것을 2025년에 76세로 늘려, 각종 건강 보험/복지 비용을 줄이고 시공간의 비용을 줄일 수 있음. – 특히 우리가 갖고 있는 생체 에너지에 도전하면 노벨과학상도 가능하며, 신체 친화적/생체 호환적인 스마트 나노스필까지 개발할 수 있음.

키워드 및 융합 기술 분야	15개 R&D 프로젝트 기대 효과 및 성과 활용
고령·건강 사회 (BT)	**유전자 가위** – 대물림의 유전자병을 치료, 정상 아이들의 새로운 세상 구현 – 우리나라를 유전자병을 치료하는 나라로 인식, 전 세계 사람들이 우리나라로 오게 함으로써 의료 강국 실현하여 국민소득 4만 달러 돌파 – 향후 연구 성과를 활용하여 차세대 식량인 인공 고기/클린미트/차세대 농작물에 도전
자율 주행 자동차 사회 (IT, NT, FT)	**자율차 개조+도로 주행+데이터 공유 지원** – 대한민국 전 국토를 데이터/지도로 기록하고 공유 – 자율차 개조를 지원받은 산학연이 획득한 데이터를 공유 시 자율차 시대가 도래하면 가장 강력한 지적 재산권 확보 가능 – 해외 진출 – 상기 노하우를 바탕으로 해외 진출 시 큰 수익 창출 가능 – 드론(무인기)도 상기와 같은 전략으로 접근 **가상 인공 버추얼랩에서 자율 주행 테스트** – 도로주행 테스트 시 획득한 데이터와 지도를 바탕으로 가상 인공 버추얼랩을 구축하여, 빠른 시간 내에 수많은 자율차가 실제 도로가 없어도 실제 상황과 같이 학습 가능 – 가상 인공 버추얼랩에서 자율 주행 모드 해제의 이유를 집중 분석하고 최적의 답을 찾아 소프트웨어를 업데이트하고 전 자율차의 자율 주행 컴퓨터 시스템에 리얼타임으로 업데이트 가능. 이를 통한 최적의 답을 새로운 특허로 출원하여 IPs를 확보할 수 있음. **센서 융합 시스템의 소형화/상용화** – 반자율차이든 자율차이든 가장 중요한 것이 우리의 눈과 귀와 손과 발에 대응하는 센서임. 만약 개발과 상용화에 성공한다면 자율차 센서 분야에서 세계 1위가 될 수 있으며, 대한민국을 10년간 먹여 살릴 수 있음. – 대기업, 중소기업 간 경쟁 유발시키면 매우 효과적인 기대가 예측됨. – 향후 드론/무인기, 로봇, 농촌의 트렉터, CCTV, 트럭, 소방차, 응급차, 철도, 선박 등 다양하게 성과를 적용할 수 있고 활용할 수 있음

키워드 및 융합 기술 분야	15개 R&D 프로젝트 기대 효과 및 성과 활용
자율 주행 자동차 사회 (IT, NT, FT)	**충돌 내구성의 경량 소재** – 충돌 내구성 물질을 개발해 확보한다면, 충돌 시 많은 생명을 구할 수 있어 자율차 차체분야에서 세계 1위가 될 수 있으며, 대한민국을 10년간 먹여 살릴 수 있음 – 대기업, 중소기업 간 경쟁 유발 시 매우 효과적인 기대가 예측됨 – 부가 기대 효과로 이산화탄소 절감 – 향후 드론/무인기, 로봇, 농촌의 트렉터, CCTV, 트럭, 소방차, 응급차, 철도, 선박 등 다양하게 성과를 적용할 수 있고 활용할 수 있음
로봇·드론 사회 (FT)	**인간과 협동/협업 로봇 (Co-Bots)** – 인간이 잘하는 분야는 인간이, 로봇이 잘하는 분야는 로봇이 역할 담당 함으로써 로봇의 일자리 차지 불안감 해소 및 인간과 로봇과의 공존공생 – 대기업, 중소기업 간 경쟁 유발 시 매우 효과적인 기대가 예측됨 – 향후 제조용 작업장, 물류창고 작업장, 스마트 홈의 스마트 키친에 적용할 수 있고, 원천 융합 기술을 드론/무인기에 활용 가능 **대면적 관리/감시용 수백 대 동조화 군집 이행 기술** – 한 사람/여러 명이 조를 이루어 수백 대의 동조화 군집비행 가능 드론 기술 개발 시 대면적 관리/감시/모니터링 가능 – 대기업, 중소기업 간 경쟁 유발 시 매우 효과적인 기대 예측됨 – 응용 분야는 대면적의 산림/산불/해안선/국가 핵심 시설/인프라 시설 감지와 모니터링, 비상 긴급 상황·수색과 구조 활동, 엔터테인먼트용/이벤트용/스포츠용 에어쇼 등 무궁무진함. – 동조화 비행 기술의 원천 융합 기술은 타 산업의 로봇, 농촌의 트렉터, 트럭, 소방차, 응급차, 철도, 선박 등 다양하게 적용 및 활용 가능

키워드 및 융합 기술 분야	15개 R&D 프로젝트 기대효과 및 성과활용
산업의 융합화 (FT)	AVs+Co-Bots+Drones+α = 물류 전용 Hyperloop ※ AVs: Autonomous Vehicles - 장기적으로 AVs+Co-Bots+Drones+α 융합으로 물류 전용 Hyperloop가 등장할 것이므로 정부는 모든 이해관계자들과 장기적인 비전과 철저한 준비로 대응해야 함. - 우리나라가 자율차와 코봇과 드론의 융합 산업 진흥시킬 좋은 기회 - 일본+한국+중국+러시아를 잇는 Hyperloop도 제안 가능
솔로 경제/ 1인 가구 시대 (FT)	요리법+3DP/Co-Bots의 스마트 키친 플랫폼 ※ 3DP: 3D Printing - 스마트한 부엌 하나로 1인 가구/솔로 경제의 건강과 행복과 더불어 우리나라 전 지역을 먹거리 산업과 문화로 육성할 수 있는 절호의 기회 - 산업의 융합화(Co-Bots+3DP+요리법+의료+농업+α)를 구현 고수익 창출 - 농림축산식품부 추진 지역별 클러스트 스마트 팜(Farm) 및 농촌 관광과 직거래 프로그램, 향후 추진될 맞춤식 인간형 농업 융합 가능. 여기에 한의학연구원의 사상체질 분석 시스템과 향후 등장할 의사들의 약 처방 이외에 식단 처방 등을 융합한 에코시스템의 플랫폼을 구축하고, 앱과 웹으로 서비스한다면, 10년 내에 고수익 창출 차세대 먹거리 창출
스마트팩토리/ 자연 에너지 (IT, FT)	스마트 염전 & 태양광 발전 - 고유의 염전 → 위생적인·스마트 염전 자동화 시설(가칭)로 대변혁. - 국민의 오랜 숙원 사항 해결 → 환경호르몬 없는 맑고 깨끗한 '고품질 미네랄 천일염' 생산. 고수익 창출 - 자연 신재생 에너지 '태양광 전기' 생산 → 재생 에너지 정책 공조 - 한의학 연계 '천연 바이오기능성 천일염' 생산 → 고부가가치 창출 - 생명공학 + 토목공학 + 한의학 + 식품가공학 + 전자 전기공학 + 기계공학 → 하나된 융복합의 '고품질 기능성 천일염' 생산 기술 확보. - 천일염 수출 전문단지 조성, 경제 활성화, 새로운 대단위 일자리 창출 - '천연 바이오기능성 천일염' 연구단지 확보 → 양산 체제 시스템 구축 - 천일염 관광 체험 및 염전 발전 변천 테마 활용 관광 자원 극대화

키워드 및 융합 기술 분야	15개 R&D 프로젝트 기대 효과 및 성과 활용
탈원전/ 청정 석탄의 신재생 에너지 (ET)	OG System (한국형 IGCC 기화기) ※ OG: Organic materials Gasification
	– 국내 가연성 폐기물을 이용한 전력 생산 추정(원자력 신고리 5, 6호기 발전 용량보다 4.5배) – 가연성 폐기물(유기물 쓰레기, 하수 슬러지, 축산 분뇨 슬러지 등) (※익산 지역 축산 분뇨 슬러지 등) – 청정 석탄을 활용한 발전(향후 석탄화력의 청정 발전이 가능한 원천기술) – 효율성 있는 수소 발생 장치(연료 전지 연계 활용 등) – 이산화탄소의 메탄올 제조를 통한 발생량 조절 가능

※ FT=Fusion Technology, ET=Energy Technology, IT=Information Technology, BT=Bio Technology, NT=Nano Technology

Ⅳ 15개 국가 R&D 프로젝트 추진 정책/추진 체계

1. 추진 정책

1) 법·제도 개선

R&D 촉진과 사업화의 성공을 위해 기술 확산점 Tipping Point, 16% 에 이를 때까지는 법제도를 고려 안 하는 네거티브 제도 도입이 필요하다. 예들 들어 미국의 전기차 가이드라인'16.07, 미국의 드론 정책 가이드'6.08, 미국의 자율차 정책 가이드라인 '16.09 등이 이에 해당된다. 또한, 4차 산업혁명을 주도할 '15개 국가 R&D 프로젝트'는 인재 양성과 일자리 창출이 매우 중요함으로, 매년 평가하여 보상하는 보상 제도를 마련해야 한다.

2) 재정 확보

기존 계속 사업의 R&D 과제 중 트렌드를 벗어난Out of Trend 과제들을 평가하여 과감히 일몰시켜 재정을 확보하고 미래 지향적으로 추진한다.

3) 투자 방안

확보된 재정으로 '15개 국가 R&D 프로젝트'의 단-중장기 로드맵에 따라 집중 투자하고 오픈 플랫폼으로 구축하여 국민에게 공유/참여를 유도한다. '15개 국가 R&D 프로젝트'를 매년 평가 점검하여 트렌드를 벗어난 분야는 일몰시키고 다른 최신 드렌드로 신속하게 전환한다. 단기 3년, 중기 5년, 장기 10년으로 투자하되, 단기는 2년 차에, 중기는 3년 차에, 장기는 6년 차부터 실증/적용하여 혁신 성장을 통한 고용 창출을 유도한다.

2. 추진 체계

15개 국가 R&D 프로젝트에 산학연, 대기업, 중소 벤처기업 중심으로 참여를 시켜 상호 경쟁을 유발시키면 매우 효과적인 기대가 예측된다. 산학연은 R&D 분야에 콘소시엄으로 참여시키고, 단기 3년, 중기 5년, 장기 10년, 단기는 2년 차에, 중기는 3년 차에, 장기는 6년 차부터 실증/적용하여 혁신 성장을 통한 고용 창출을 유도한다.

키워드 및 융합 기술 분야	15개 R&D 프로젝트 내용	시기	추진 기관	실증/적용
지능 정보 사회 (FT)	99.5%의 X-ABNI+α에 도전	장기	산학연(C)	X-ABNI+α가 필요한 산학연 모집
	이를 통합한 X-ABNI+α의 유기 칩+마이크로 컴퓨터	장기	산학연(C)	X-ABNI+α의 유기 칩이 필요한 산학연 모집
	개인정보 활용 개방 시스템	장기	정부	산학연/공공기관/국민
복잡계 사회문제 (IT)	슈퍼컴퓨팅 M&S(Modeling & Simulation)	단기	KISTI	산학연정/공공기관/국민
고령·건강사회 (BT)	두뇌 인터넷	장기	산학연(C)	고령자가 가장 많이 고용된 지역을 순차적으로 지정 확대
	생체 인터넷/생체 에너지	장기	대-중소기업	건강 수명이 제일 낮은 지역을 순차적으로 지정 확대
	유전자 가위	장기	유전자 가위 연구단(C)	(1) 한국인 -> (2) 외국인 대상
자율 주행 자동차 (IT, NT, FT)	자율차 개조+도로 주행+데이터 공유 지원	단기	산학연	데이터를 바탕으로 서비스+α를 하려고 하는 산학연 모집
	가상 인공 버추얼랩에서 자율 주행 테스트	중기	산학연(C)	인공 버추얼랩을 원하는 산학연 모집
	멀티-센서 융합 시스템의 소형화/상용화	중기	대-중소기업	자율차/로봇/드론 등 산학연 모집
	충돌 내구성의 경량 소재	중기	대-중소기업	자율차/로봇/드론 등 산학연 모집
로봇·드론 사회 (FT)	인간과 협동/협업 로봇(Co-Bots)	단기	기계연 중심 중소기업(C)	Co-Bots를 활용할 산학연 모집
	대면적 관리/감시용 수백 대 동조화 군집비행 기술	단기	대-중소기업	드론 관련 산학연 모집

키워드 및 융합 기술 분야	15개 R&D 프로젝트 내용	시기	추진 기관	실증/적용
산업의 융합화 (FT)	AVs+Co‐Bots+Drones+α= 물류전용 Hyperloop ※ AVs: Autonomous Vehicles	장기	산학연(C)	인천‐평택, 평택‐목 포, 목표‐부산, 부산‐ 속초 등
솔로 경제/1인 가구 시대 (FT)	요리법+3DP/Co‐Bots의 스 마트 키친 플랫폼 ※ 3DP: 3D Printing	단기	스마트홈 산업협회(C)	1인 가구가 가장 많은 지역을 순차적으로 지 정 확대
스마트팩토리/ 자연에너지 (IT, FT)	스마트 염전 & 태양광 발전	단기	지역 중소 벤처(C)	서해안/남해안 염전 지 역을 평가 선정
탈원전/청정 석탄의 신재생 에너지 (ET)	OG System (한국형 IGCC 기화기). ※ OG: Organic materials Gasification	단기	연구재단 중심 산학(C)	OG System을 수용할지 자체 평가 선정

※ 단기 3년, 중기 5년, 장기 10년
※ FT=Fusion Technology, ET=Energy Technology, IT=Information Technology, BT=Bio Technology, NT=Nano Technology, (C)=콘소시엄

PART

대한민국 4차 산업혁명
15개 국가 R&D 프로젝트 세부 내용

대한민국 4차 산업혁명
15개 국가 R&D 프로젝트 세부 내용

차원용 아스팩미래기술경영연구소(주) 대표

> **I** 지능정보사회 → (1) 99.5%의 X-ABNI+α에 도전, (2) 이를 통합한 X-ABNI+α 베이스의 유기 반도체+마이크로 컴퓨터(MC), (3) 개인 정보 은행/신탁 Q

1. 국내외 기술/서비스 현황 분석/진단

현재 국내외 인공지능 2.0 세대의 음성/얼굴/사진/사물/감정 등 인식률은 90~95%의 수준으로 고객 맞춤식 서비스를 못하는 실정이며, 만약 5%가 실수를 했을 경우 고객이나 기업 입장에서 리스크Risk가 크므로 다양한 분야로의 대중화에 어려움이 있는 것으로 분석되고 있다.

1) 음성 인식률 – 95%가 한계

2017년 미국 CES와 독일 IFA에서 대단히 인기를 끌었던 Amazon의 알렉사Alexa가 탑재된 스마트 스피커인 에코Echo를 분석한 결과 단점은 다음과 같다.

① 음성인식률 95%가 한계이다. ② 고객이 누구인지 신원이름을 인식하지 못한다. 따라서 일반적으로 누구나 대화가 가능해, TV에서

[그림 7-1] Amazon의
스마트 스피커 에코

나오는 광고의 소리를 듣고 주문하기도 한다. 애플의 시리도 마찬가지이다. ③ 인간처럼 멀티 사용자와 멀티-대화가 불가능하다. ④ 인간은 오감으로 사람의 음성을 인식하지만, 오로지 일반 음성 모델로 인식한다. ⑤ 인간처럼 멀티태스킹이 불가능하다. ⑥ 항상 켜져 있어야 함으로 보안/해킹에 취약하다.

[그림 7-2] Google Home

KT의 기가지니GiGA Genie, SKT의 누구NuGu, 네이버의 웨이브Wave, 카카오의 카카오미니Kakao Mini, 삼성전자의 빅스비Bixby도 마찬가지 실정이며 스마트 데이터가 부족해 인식률이 에코Echo보다 낮다. Google은 2017년 4월에 6명의 신원이름을 인식하는 구글 홈을 선보였으나 단 두 번의 음성으로 학습시키고, 그 대신 스마트기기의 모든 데이터예, 일정/전화번호 등를 오픈해야 한다. 따라서 음성 인식률에 데이터를 추적하여 초기의 고객 맞춤식 서비스를 하고 있으나, ① 6명의 멀티 사용자들multiple users과 동시에 대화할 수 없고, ② 아마존의 에코와 같은 단점들이 그대로 남아 있다.

2) 사진의 사물/얼굴 인식률 – 95%가 한계

Google은 2015년 5월 28일에 사진의 사물과 얼굴들을 자동으로 분류하여 서비스하는 구글 포토Google Photos를 선보였으나, 한 달 만에 잭키 앨신Jacky Alcine의 여자 친구를 고릴라Gorillas로 분류하는 실수를 했다. 이에 대해 잭키 앨신은 2015년 6월 28일에 "Google Photos, y'all fucked up. My friend's not a gorilla"이라는 트윗을 했다. 이에 대해 구글 플러스의 수석 설계자인 조너선 정거Jonathan Junger는 피부색이 짙은 얼굴에 대한 자동 인식 알고리즘과 태깅 시스템을 개선하겠다고 밝히고 "머신 러닝은 힘든 일"이라고 말했다연합뉴스/조선일보, 2 Jul 2015. 이는 페이스북도 마찬가지로 검은색 _{사람과 원숭이 구별}과 노랑색 _{빵과 고양이 구별} 등 특정 색의 구별에 2.0 세대의 인공지능으로는 어려운 실정으로 판단된다. 반면 인간은 오감으로 색을 구별한다.

3) 사진에 찍힌 사람의 감정 인식률 – 90%가 한계

마이크로소프트사는 2015년 11월에 사진에 담긴 사람의 8가지 감정을 수치로 나타내는 서비스를 개발했다. 분노, 경멸, 불쾌, 공포, 행복, 무관심, 슬픔, 놀라움 등 8가지 감정이 수치화돼 표시되나 아직은 8가지를 다 인식하지 못한다. 특정 감정 인식률은 90% 정도이다. 구글은 '15년 12월에 클라우드 비전 API를 공개했으나 감정을 정확하게 인식하지 못한다. 사람은 눈을 보고 기쁨과 놀라움을 금방 인식하지만 2.0 세대의 의 인공지능은 아직 인간을 따라오지 못하고 있다.

[그림 7 3] Google Photos와 MS Oxford

4) 동영상 속의 사물 인식률 – 90%가 한계

구글은 2014년에 자동영상 사물인식 _{Automatic Large Scale Video Object Recognition, 8,792,732, 29 Jul 2014} 이라는 특허를 미국 특허청에 등록하고, '17년 3월에 이를 바탕으로 클라우드 비디오 지능 _{Cloud Video Intelligence} 이라는 서비스를 출시했다. 이는 비디오의 문맥 인식/라벨 인식 _{Labels}과 사진 이미지 _{Shots}를 인식하는 인공지능 서비스로, 실제 분석한 결과 라벨 인식 _{Zoo}은 91%, 샷 인식은 _{Tiger} 90%로 수준이 낮다.

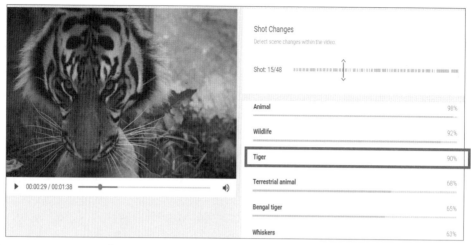

[그림 7-4] 구글의 검색 진화 – 자동 영상 사물/인물 인식

5) 알파고의 한계: 멀티태스킹 불가, 왜 이겼는지 설명 불가, 1MW의 슈퍼컴퓨터

구글은 2016년 3월에 알파고 리Alphago Lee를 선보이며 이세돌 9단을 4:1로 승리했다. 하지만 단점은 인공지능 2.0 세대라 바둑밖에 두지 못하는 실정이다. 다시 말해 모노태스킹만 하지 인간처럼 멀티태스킹 바둑, 커피, 담배, 감정 표현 등을 아직은 하지 못한다.

또 다른 구글 알파고의 한계는 왜 그렇게 추론하고 판단했는지, 왜 이겼는지 설명을 안 해 준다는 것이다. 지금 2.0 세대의 인공지능들은 모두 왜 그러한 추론·판단으로 인식했는지, 어떠한 논거를 바탕으로 이겼는지 논리적으로 설명하지 못해 활용 범위가 제약되는 한계가 있다. 인공지능과 인간과 협력하는 방향에서 이는 커다란 난제이다. 인간이 인공지능의 추론과 판단을 이해하고, 인공지능은 인간을 이해해야 공존공생의 협력이 가능하다. 따라서 현재의 인공지능 2.0 세대에 설명 가능한 모델을 넣어야 하고 프로그램 언어와 사용자의 언어가 상호 인터페이스 되어야 한다. 예를 들어 미국 국방과학연구소DARPA는 2016년에 설명 가능한 인공지능Explainable Artificial Intelligence, XAI 개발을 제안하고David Gunning, 11 Aug 2016, 2017년 7월부터 7,000만 달러약 840억 원를 XAI 개발에 투자하고 있다.

자료: 미국 국방과학연구소(DARPA)가 2017년 7월부터 추진하고 있는 설명 가능한(Explainable, X)
XAI(Explainable Artificial Intelligence) 프로젝트(7,000만 달러=약 790억 원 투입).

[그림 7-5] 설명 가능한(Explainable, X) XAI(Explainable Artificial Intelligence) 프로젝트

또 다른 구글 알파고의 한계는 에너지 소비인데, 이세돌과 격돌한 알파고 리 AlphaGo Lee의 전력 소모는 슈퍼컴퓨터와 맞먹는 1MW를 소비했다. Alphago Lee에는 1,202대의 CPUs, 176대의 GPUs가 연결된 클라우드 컴퓨터48 TPUs로 오퍼레이팅하는데 무려 1MW의 전력을 소비하는 슈퍼컴퓨터이다. 따라서 일반인들에게 상용화할 수 없는 실정이다. 2017년 5월에 중국에서 선보인 Alphago Master는 4 TPUs11.5Pflops로 Alphago Lee의 1/10인 0.1MW를 소비했는데, 이는 아직도 전력을 많이 소비한 것이다. 반면, 정확히 비교할 수 없지만, 한국의 이세돌과 중국의 커제는 20W만

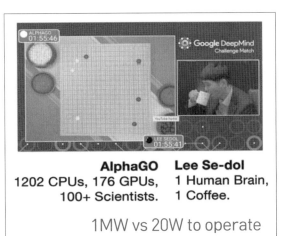

자료: Image & 와트비교: Business Insider('16.03.09)
& Jacques Mattheij('16.03.17)

[그림 7-6] 이세돌과 알파고 리의 대국 장면

소비했다.Business Insider, '16.03.09; Jacques Mattheij, '16.03.17. 따라서 알파고가 저−전력의 인간 두뇌를 따라오기란 쉽지 않음을 알 수 있다.

6) IBM Watson & 뉴로모픽 칩의 한계: 고체 칩을 유기체 칩으로 전환해야 두뇌와 생체 호환

IBM이 2012년에 선보인 Watson은 의료 분야 스마트 데이터를 바탕으로 2015년에는 유방암 진단 정확도를 91~100%까지 끌어올렸다asco.org, '15. 현재 가천의대 길병원을 비롯해 6개 병원이 도입해 운영 중이다. 하지만 ① 데이터가 전부 미국인의 데이터라는 점이어서, 한국인의 데이터를 추가로 구축해야 한다는 단점이 있으며, ② Watson에 사용하는 인공지능 칩이 고체 칩이어서, 두뇌가 가지고 있는 뉴런과 시냅스 등과 생체 호환이 안 된다는 단점을 갖고 있다.

현재 개발되고 있는 뉴로모픽 칩도 한계가 있다. 인간 두뇌의 뉴런과 시냅스를 모방하는 뉴로모픽 컴퓨팅Neuromorphic Computing에 사용되는 뉴로모픽 칩에 IBM과 Intel 등이 도전하고 있다. IBM은 2008년부터 개발하기 시작하여, 2014년에 트루노스TrueNotrh라는 뉴로모픽 칩을 개발하고, 2015년에는 인간 두뇌의 1,000억 개로 추정되는 뉴런 중 4,800만 개의 고체로 만들어진 뉴런 칩을 집적시켰고0.000048% 모방, 1,000조개로 추정되는 시냅스 중 130억 개의 고체로 만들어진 시냅스칩을 집적시켰다0.000012% 모방.

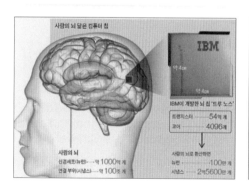 

[그림 7-7] IBM과 Intel이 개발하고 있는 뉴로모픽 칩

인텔은 2017년 9월 25일에 인공지능 테스트 칩인 로이히Loihi을 개발하고 있다고 발표했다. 13만 개 뉴런과 1억 3,000만 개 시냅스로 구성되어 있다. 하지만 문제는 ① 고체 칩이어서 인간의 유기체로 이루어진 뉴런과 시냅스들을 모방한 것이라 볼 수 없다. 세포나 뉴런과 시냅스와 호환되고 동시에 저−전력의 유기체 칩에 도전해야 한다. 또 하나의 문제는 ② 인간의 두뇌에는 뉴런과 시냅스의 신경세포가 30%이고 나머지는 성상세포별세포, glia or astrocytes 등의 비신경세포가 70%라는 점이어서 Schummers & Sur et al., 2008, 아직 갈 길이 멀다.

현재 유기체−칩에 도전하고 있는 스탠퍼드대는 2017년 2월에 〈뉴로모픽 컴퓨팅을 위한 저−전압 인공 시냅스의 비−휘발성 유기 전기화학 디바이스〉라는 논문을 발표하기도 했다van de Burgt et al., Nature Materials, 20 Feb 2017.

2. 1) 99.5%의 X−ABNI+α에 도전, 2) 이를 통합한 X−ABNI+α 베이스의 유기 반도체+마이크로 컴퓨터(MC), 3) 개인정보 은행/신탁

1) 99.5%의 X−ABNI+α에 도전

지금까지 살펴본 '국내외 기술/서비스 현황 분석/진단'을 종합해 보면, 지금의 인공지능 2.0 세대의 한계는 인식률이 95%인데, 이를 99.95% 수준 이상으로 높여야 하는 방법과 알고리즘과 모델을 찾아야 하고, 왜 그렇게 추론하고 판단했는지 설명을 해주어야 인간이 활용할 수 있다. 그것이 바로 우리나라가 도전해야 하는 3.0 세대의 '99.5%의 설명 가능한Explainable X−AI+BI생물지능+NI자연지능+α추가연구'이다. 이를 통해 3.0 세대를 구현한다면 구글/페이스북/IBM 등을 능가해 10년 이내에 인공지능을 뛰어넘는 강국이 될 수 있다. 다음은 이를 위해 우리나라가 도전해 융합해야 하는 과제들이다.

(1) 한글 자연어 처리 및 데이터 표준화+α

우선해야 할 것이 한글의 표준화 및 정제를 통해 무수히 많은 말뭉치Corpus
의 스마트 데이터를 구축해야 한다.

(2) 한글 운율을 리듬/박자로 코딩+α

모든 전 세계 7,000의 언어에는 운율리듬/박자이 있다. 충남대 정원수 교수에
따르면 그중 한글에 가장 아름다운 운율이 있다고 한다월간조선, '17년 11월호. 운율
을 음표콩나물 대가리로 나타내면 전 세계 언어를 번역할 수 있어 스마트 데이터를
한 손에 다 장악할 수 있다. 그리고 이를 인공지능 3.0 세대에 활용할 수 있다.

(3) SNN & JNN & GAN+α

인간의 뇌는 지금의 컴퓨팅처럼 선형/순차Linear/Serial나 병렬 방식Parallel이
아닌 다층적인Multi-layered 가소성Plasticity이 있어, 어떤 때는 뉴런에 불을 붙일
때 고장 난 100개를 우회하거나 점핑할 수도 있고, 과거에는 고장 났지만 현
재 기억을 회상할 때에는 다시 살아나 불을 붙일 수 있다. 이러한 신경망을
JNNJumping Neural Network 혹은 SNNSpiking Neural Network라고 한다. 따라서 다층적인
가소성의 메커니즘과 JNN or SNN의 메커니즘을 연구하여 3.0 세대에 융합해
야 한다. 또한, 사람이 직접 인공지능을 지도 학습Supervised Learning해 줄 필요가
없이, 서로 다른 인공지능AI이 상호 경쟁을 통해 상호 성능을 개선하는 방법인
생성적 적대 신경망Generative Adversarial Networks·GAN도 연구하고 다른 +α도 지속적
으로 찾아야 한다.

(4) Low Powered X-AI+BI+NI+α embedded in One Organic Chip

지금 인공지능 2.0 세대의 최대 걸림돌은 아날로그적인 하드웨어이다. 왜
냐하면, 칩이 모두 고체 칩이기 때문이다. 아무리 알고리즘이 좋다 한들 고체
칩에서 돌아가기 때문에 전력이 많이 소비되고 비효율적이다. 따라서 뉴런과

시냅스와 호환되는 저-전력 베이스의 X-AI+BI+NI+α 가 내장된 유기체 칩을 개발해야 한다. 그리고 왜 그렇게 추론하고 판단했는지 설명이 가능해야 Explainable=X 인간이 활용할 수 있다.

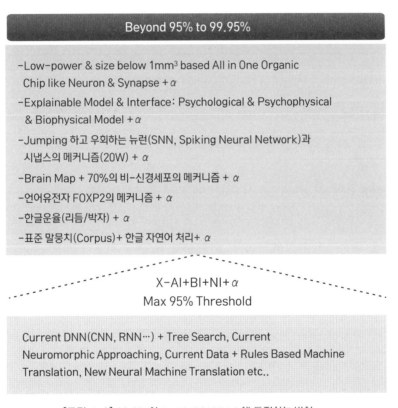

[그림 7-8] 99.5%의 X-AI+BI+NI+α 에 도전하는 방안

(5) 생물지능(BI, Biology Intelligence)의 융합+α

30%의 뉴런과 시냅스로 이루어진 신경세포 이외에 성상세포 등으로 이루어진 70%의 비신경세포로 이루어진 인간의 두뇌를 따라오기란 그리 쉽지 않다. 따라서 비신경세포의 메커니즘을 밝혀 인공지능 3.0에 융합해야 하고, 이들 안에 들어 있는 유전자, 유전자가 생산하는 단백질, 히스톤Histone 변형 등의

후성유전Epigenome, 신진대사, 환경 등에 따라 항상성Homeostasis과 의사 결정이 바뀌는 메커니즘도 밝혀 융합해야 한다. 인간의 뇌는 이러한 여러 변수들에 따라 물리적인 구조를 자유롭게 바꿔가며 정신물리학적 모델과 생물물리학적 모델 등 정보를 입력하기 때문에, 지금의 신경망 알고리즘에 한 차원 높은 다른 알고리즘들이 융합되어야 한다. 이외에 인간의 오감 작동 메커니즘, 감성 표현 메커니즘, 언어 유전자인 FOXP2의 메커니즘도 연구하여 융합시켜야 한다.

(6) 자연지능(NI, Natural Intelligence)의 융합+α

기타 생물/식물/동물/어류 등이 갖고 있는 자연지능도 밝혀 3.0에 융합해야 하는데, 이를 생체 모방 기술Biomimetics or Biomimicry이라고 한다.

(7) 시공간에 99.5%의 X-AI+BI+NI+α 의 매핑

4차 산업혁명을 주도하고 있는 기술들을 시간-공간-인간의 매트릭스로 표시해 보자. 우선 시간-공간-인간이 융합되는 가운데에는 빅데이터BD에서 표준화되고 정제된 스마트데이터SD 베이스의 인공지능AI, 우리 인간의 몸과 두뇌의 생체지능BI, 자연이 갖고 있는 자연지능NI, 여기에 +α 의 무엇이 융합되는 지능이 매핑된다. 아무리 좋은 인공지능도 소프트웨어도 스마트데이터가 없으면 무용지물이다. 그래서 나머지 매핑된 4차 산업혁명을 주도하고 있는 기술들인 O2O-AR/VR-IoT-자율차-로봇-드론-생체 인터넷웨어러블-두뇌 인터넷-게놈-정밀 의료-크리스퍼/카스9도 스마트데이터를 획득하고자 난리인 것이다. 그리고 획득한 스마트데이터와 각종 지능이 도출한 지식의 패턴/추론/예측을 시간의 클라우드와 스토리지에 저장해서, 관련 고객들과 각종 기기들에 푸시 다운Push down할 수 있도록 해야 한다. 그리고 이 과정은 리얼타임으로 반복하면서 선순환되어야 더욱 가치 있는 부를 창출하는 것이다.

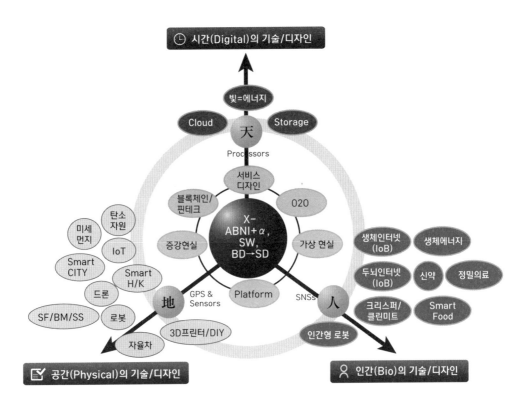

[그림 7-8] 시간-공간-인간의 매트릭스에 SD베이스의 X-ABNI+α의 매핑

2) 이를 통합한 X-ABNI+α 베이스의 유기 반도체+마이크로 컴퓨터(MC) → 차세대 IoT/IoB 플랫폼 시장을 주도

이를 위해 CPU, GPU, NPU, TPU, BPU, 센서, 통신칩셋, 메모리, 배터리+α 등으로 구성된 AP에 개발한 3.0 세대의 X-ABNI+α 을 통합해서 유기체 칩을 개발해야 한다. Qualcomm이 2013년 10월부터 개발하기 시작한 인간의 Spiking Neural Networks_SNN를 모방한 제로스_Zeroth라 불리는 Neural Processing Unit_NPU가 탑재된 Snapdragon 820을 2017년 7월에 일반에게 공개한 것을 _The Verge, 25 Jul 2017_ 벤치마킹하여, 우리나라는 퀄컴보다 더욱 강력한 X-ABNI+α 를 통합한다면, X-ABNI+α 가 탑재된 강력한 유기체 반도체 칩을 확보하게 될 것이다.

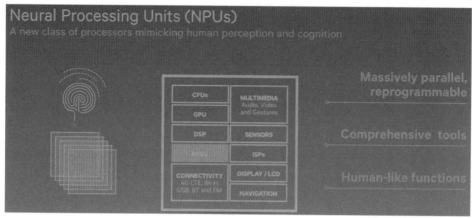

자료: Image source: Qualcomm

[그림 7-9] Qualcomm Zeroth NPUs

그다음 차세대 IoT/IoB 플랫폼 시장을 위한 가로-세로-높이 1mm³의 자율적으로 판단하고 설명할 수 있는 초소형 마이크로 컴퓨터 Micro Computer 와 플랫폼에 도전해야 한다. 2015년에 미시건대학교가 10년 동안 개발한 쌀 한 톨 크기의, 부피 1mm³ 규모의 세계에서 가장 작은 초소형 컴퓨터인 Michigan Micro Mote M3 를 개발했다 University of Michigan 17 Mar 2015. M3는 5센트 동전 테두리에 세울 수 있을 정도로 작지만 동작/모션 감지, 혈액 감지, 혈관 막힘 감지, 당뇨 수준 감지, 생체 이미징, 먹는 내시경, 사진기, 온도계, 혈압측정기, 압력, 기후, 에너지 관리, 공기 및 물 관리, 교통, 동물 관리, 안전, 기계 작동, 스마트홈, 스마트카, 스마트학교 등 다양한 IoT/IoB 역할을 할 수 있다. M3는 몇 개 층의 칩으로 이루

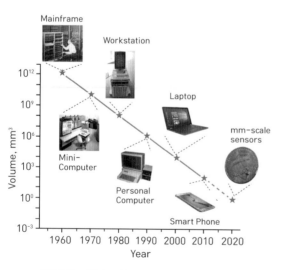

[그림 7-10] 초소형 마이크로 컴퓨터 개발 추이

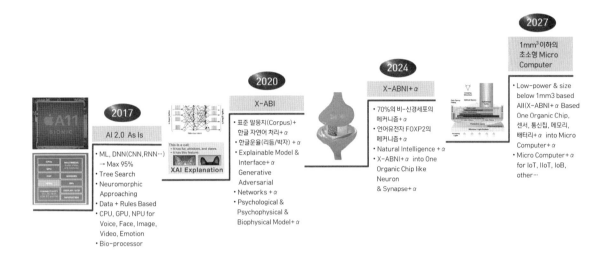

[그림 7-11] X-ABNI+α 베이스 지능형 유기 반도체+마이크로 컴퓨터(MC) 발전 로드맵 (자료: 차원용)

어져 있는데, 앞 층은 센서들이고, 그다음 층은 라디오 칩이고 가운데 층은 마이크로프로세서와 메모리이며, 뒤 층은 태양전지 배터리로 이루어져 있다. 우리나라는 이보다 더 초소형에 X-ABNI+α 를 융합한 유기체 반도체를 개발해 Micro Computer에 융합한다면 글로벌 IoT/IoB 시장을 주도할 수 있다.

따라서 X-ABNI+α 베이스의 유기 반도체와 마이크로 컴퓨터MC 발전 로드맵을 보면 다음과 같다. 2020년까지 X-ABI, 2024년까지 X-ABNI+α가 탑재된 유기 반도체로 발전할 것으로 보이며, 2027년까지 이 모든 것들이 융합된 가로-세로-높이 $1mm^3$ 이하의 자율적으로 판단하고 설명하는 초소형 Micro Computer로 발전할 것으로 보인다.

3) 개인정보 은행/신탁

일본 총무성이 개인정보를 관리·운용할 회사에 대한 인증 제도를 2020년부터 도입한다고 보도했다 매일경제, '17.08.28. 중개할 회사는 '정보은행'과 '정보신탁' 두 가지 형태로 추진된다. 정보은행은 개인이 지정한 기업 혹은 업종에만 정보가 제공된다. 정보신탁은 정보은행과는 달리 개인정보 제공 여부에 대한 판단을 정보신탁 업체가 진행한다. 개인들은 선택권을 전적으로 부여하고 신탁사가 자산을 운용하듯 개인정보를 운용하는 것이다. 니혼게이자이신문은 "제도가 시행되면 의료, 관광, 금융 등에서 기업들 수요에 맞춘 정보 제공이 가능해질 것"이라고 전망했다. 기업은 사업에 적극 활용하고 제공자는 포인트로 수수료를 받아, 정보 악용 불안감도 덜어준다. 데이터 공개가 꽉 막힌 한국은 법적 문제 등 장애물이 여전하다. 우리나라도 일본을 벤치마킹해 보다 좋은 시스템을 구축, 개인정보의 주권화 및 활용 촉진을 할 필요가 있다.

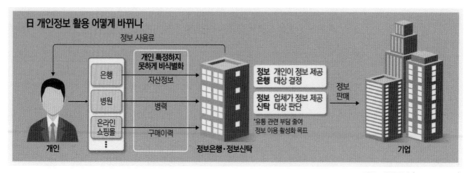

자료: 매일경제 (28 Aug 2017).

[그림 7-11] 일본의 개인 정보 활용 사례

3. 기대 효과 및 성과 활용

① 지능정보 신 서비스가 일자리 창출 과제안로 새롭게 창출되는 연구 산업으로 육성할 수 있다.

② 기본 스마트 데이터와 인공지능 인프라로 전 산업에 순차적으로 활용할 수 있고, 선순환 사이클 유지하면 품질 좋은 X-ABNI+α 베이스의 가치 있는 데이터를 제공할 수 있다.

③ 우리나라가 3.0 세대의 X-ABNI+α 시장과 지능형 유기 칩 시장을 선도할 수 있고, Micro Computer를 융합한다면 글로벌 IoT/IoB 시장을 주도할 수 있다.

1. 배경

현재는 복잡계 사회이다. 복잡계 사회는 다양한 문제들고령 · 저출산 · 100세 건강 · 신약개발 · 안전 · 기후변화 · 에너지 · 신제품 · 신정책 · 시간/비용 절감 등이 있다. 문제들에 대한 최적의 솔루션을 어떻게 찾아 제공할 것인가?

1) GE의 디지털 변형을 위한 디지털 쌍둥이증강 · 가상화

인공지능 툴 및 슈퍼컴퓨팅의 모델링 및 시뮬레이션Modeling & Simulation을 활용해 문제해결 역량을 증강시키고, CPS 기반의 디지털과 피지컬자산을 센서와 소프트웨어로 연결/융합해 AI 베이스의 증강-가상환경을 구축해, 실시간으로 관리/유지/지원되는 생각하는 플랫폼Brilliant platform이 등장하고 있다. 바로 GE가 추진하고 있는 디지털 변형을 위한 디지털 쌍둥이Digital Twin for Digital Transformation가 그것이다. GE

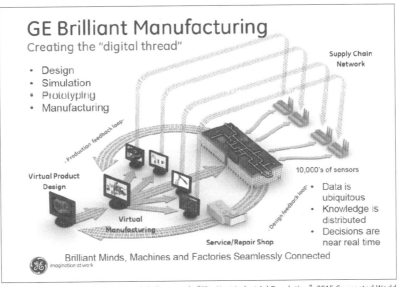

자료: Joseph J. Salvo, Ph.D., GE Global Research, "The Next Industrial Revolution", 2015 Connected World.

[그림 7-12] GE Brilliant Manufacturing

는 2015년부터 이를 추진하고 있는데, 이는 슈퍼컴퓨팅을 이용한 CPS 기반의 현실 세계의 물리적 사물이나 시스템을 다양한 센서를 통해 수집한 정보들로 동적 소프트웨어 모델링으로 구성, 실제 시스템 대신 소프트웨어로 가상화한 디지털 트윈에 대한 시뮬레이션 분석을 통해 실제 특성에 대한 정확한 정보를 획득하여 문제를 해결하고 시간과 비용을 절감하는 것이다.

이를 실제로 현장에 투입하는 전략이 바로 생각하는 공장이다 Brilliant Manufacturing '15. GE의 생각하는 공장에는 GE의 혁신 작업장 Advanced Manufacturing Works•AMW 이 있는데, AI Robots Co − Bots +엔지니어+AI 3D 프린팅이 한 조를 이루어 증강현실과 가상현실에서 같이 작업한다. 80% 설계가 끝나면 바로 AI 3D 프린팅이 찍어 프로토타이프를 제작 테스트하여 비용과 시간을 절감하고 있다'16.04. 지금은 3개 공장에만 도입하고 있는데, 향후 2020년까지 400개 글로벌 공장 중 50개에 도입 예정이다.

2) IBM의 Watson을 이용한 Smarter Planet

IBM은 2008년부터 슈퍼컴퓨터인 Watson을 이용해 모델링 및 시뮬레이션을 통해 기후 변화, 물 자원, 헬스케어, 교통난, 신제품 개발, 리스크 관리, 재정 관리, 금융위기, 정책 개발 등의 솔루션을 찾아 똑똑한 지구를 만드는 프로젝트를 추진하고 있다.

2. 복잡계 사회문제 → 슈퍼컴퓨팅 M&S로 해결 방안

한국과학기술정보연구원KISTI 에는 국가 슈퍼컴퓨팅센터가 있다. 지금까지 슈퍼컴 1호기에서 슈퍼컴 4호기운영 중가 있으며, 2018년 6월에는 슈퍼컴 5호기가 도입되는데, 성능은 25.7Pflops'18년에 아마도 세계 10위로 부상할 것으로 예상로 우리나라 복잡계 사회의 다양한 문제들을 모델링과 시뮬레이션으로 최적의 솔루션을 찾을 수 있다. 방법은 다음과 같다.

1) 99.5%의 X-AI+BI+NI+α를 슈퍼컴 5호기에 융합

3.0세대 인공지능 방안으로 도출한 '99.5%의 X-AI+BI+NI+α'를, 개발이 완료되기 전에 슈퍼컴 5호기로 모델링 및 시뮬레이션을 통해 다양한 모델을 디자인하고 동시에 개발 기간을 단축하며, 완료되는 대로 순차적으로 슈퍼컴 5호기 적용하여 기타 복잡계 사회문제를 해결하는 데 활용한다.

2) Super Real M&S Platform 구축 서비스

지금은 중소기업 지원의 Super Real DTDigital Transformation 플랫폼을 구축했으나현실 세계의 제품형상, 기능, 운전 조건/상황 등을 실제와 완전히 동일한 디지털 모델로 구현하고 지능형 통합 시뮬레이션을 통해, 제품의 거동, 결함, 수명 등의 복잡한 미래 특성을 정밀하게 예측·분석하기 위한 차세대 제품제조·운영 기술, 향후 이를 'Super Real M&S Platform'으로 확대 구축하여 산학연정·온 국민이 모두 참여하여 복잡계 사회문제들을 해결하는 데 총력을 기울인다.

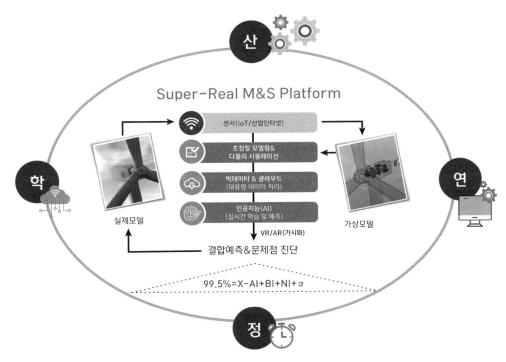

자료: 김재성 박사/KISTI, "Supercomputing Modeling & Simulation"(2017.09.21)을 내용에 맞게 재구성함.

[그림 7-13] Super Real M&S Platform 구축 서비스

3. 기대 효과 및 성과 활용

1) X-ABNI+α 와 Super Real M&S Platform의 연계로 시너지 효과를 창출할 수 있다.

2) KISTI를 중심으로 대·중·소 벤처 스타트 기업의 차세대 제품제조·운영 기술에 대한 솔루션뿐만 아니라 복잡계 사회문제들을 산학연정·온 국민이 모두 참여하는 국가적 전략으로 추진한다면 대한민국의 과학기술과 정보통신 기술을 한 차원 끌어 올리는 상승 효과와 전 국민의 과학적 마인드 및 시스템 사고로 전환할 수 있다_{초중고/대학생들도 활용, 예: 에디슨 사업}

3) KISTI가 '18년 6월에 도입하는 슈퍼컴 5호기의 활용도 증가 및 성능 증가가 기대된다.

1. 배경

1) 국내 배경

2017년 8월말 기준으로 65세 이상 고령자가 14%로 고령 사회로 진입했다_{행정안전부, '17.09}. 고령자들은 감각/감정/생각이 떨어져 각종 위험에 처하고 일을 할 수가 없는 실정이다.

한국 65세 이상 주민등록 인구는 전체 5,175만 명 중 725만 명, 이미 고령화 사회_{7%, Aging society}를 넘어 고령 사회_{14%, Aged society}로 진입했다. 지역별로 보면 전남 고흥_{38.1%}, 경북 의성_{37.7%}/군위_{36.6%}, 경남 합천_{36.4%} 등 93곳은 초고령 사회_{20%, Post-aged society}로 진입했다. 이제 저출산 노령화의 영향으로 생산가능 인구_{15~64세}가 급격히 줄고 있는 것이 문제로, 2030년이면 고령자들이 일터로 돌아와야 함을 시사하는 것이다. 그런데 고령자들은 여러 가지 노화의 원인으로 감각이 떨어진다. 귀가 어두워 잘 들을 수 없고, 눈이 어두워 읽을 없으며, 팔다리가 부자연스러워 거동과 짐을 나를 수 없다. 교통사고의 원인이 감각이 떨어진 고령자가 운전하는 택시임은 보도에서 확인하고 있다. 그러니 그다음 단계인 감수성이 낮아 감정 표현이 어렵고 생각을 제대로 전달할 수 없다. 따라서 일을 제대로 할 수 없으므로 고령자가 일을 할 수 있도록 솔루션을 제공해야 한다.

2) 외국 배경

두뇌 인터넷_{Internet of Brain}에 도전하는 국가와 기업들이 있다. 감각/감정/생각을 센서로 센싱해서 인간의 수행 능력을 향상시키는데_{Improve Human Performance} 도전하는 나라와 기업들이 있다는 것이다.

① 미국의 과학재단NSF은 '인간 수행 능력의 향상을 위한 NBIC 융합 기술 Converging Technologies for Improving Human Performance : NBIC' Roco & Bainbridge(Eds., 2002) 에 이어 2013년부터는 두뇌 전략Brain Initiative, 2013.04을 국가 전략 기술로 정하여 10년간 추진하고 있고, EU도 휴먼 브레인 프로젝트Human Brain Project를 2013년부터 10년간 추진 중이다. 이 프로젝트들은 신약 개발 및 신경과학 등 광범위한 두뇌 관련 프로젝트들이지만, 그 목적 중의 하나가 바로 인간 수행 능력의 향상에 있다.

② 인간의 오감을 지원하는 오감 컴퓨팅에 가장 발 빠르게 움직이는 기업이 IBM이다. IBM은 2012년에 센서 및 소프트웨어 프로그램의 발달로 5년 안에 오감 컴퓨팅이 인간의 오감 감지 능력과 같거나 인간의 오감 감지 능력을 월등히 뛰어넘는 고도의 오감 감지 능력을 갖게 될 것이라 예측 제안하고IBM 5 in 5, 2012 오감 컴퓨팅을 개발하고 있다. 이때 오감이란 시각빛 자극, 청각소리 자극, 촉각기계적 자극, 열 자극, 후각기화성 화학물질, 미각가용성 화학물질을 통해 자극을 감지함으로써 주변 환경 정보를 취득함을 말한다. 이는 결국 인간이 감지할 수 없는 오감을 감지해 오감을 지원함으로써 오감 감각이 떨어진 인간을 지원하는 것이다. 단, 다음 쪽 [표 7-1]은 IBM이 발표한 '5 in 5'를 참고하여 필자가 알기 쉽게 내용을 추가한 것이다.

③ 미국의 페이스북FB은 2020년에 생각하는 대로 200자를 컴퓨터에 입력하게 될 것이라고 선언했다. 2017년 4월에 페이스북의 마크 주커버그는 개발자 대회인 F8 201718~19 Apr 2017, https://www.fbf8.com을 통해 2020년까지 생각하는 뇌파를 잡아내 컴퓨터와 인터페이스 시켜 입력하는 BCIBrain Computer Interface를 개발한다고 선언했다So what if you could type directly from your brain?.

[표 7-1] IBM이 전망한 5년 후 우리의 생활을 바꿀 오감 컴퓨터

오감	컴퓨터의 능력	컴퓨터의 진화 및 인간 지원 활동
시각 (87%)	인간의 시각 감지 능력을 넘음	인간의 눈은 가시광선(Visible Light)만 감지, 향후 컴퓨터는 라디오(Radio), 극초단파(Microwave), 적외선(IR), 극자외선(UV), X-선, 알파선, 감마선, 베타선까지 감지하여, 인간이 감지할 수 없는 시각 정보(이미지), 예술(artwork) 정보, X-선 이미지, MRI 이미지를 분석하여 인간에게 제공
청각 (7%)	인간의 청각 감지 능력을 넘음	인간의 귀는 16Hz~20kHz의 소리만 감지, 향후 컴퓨터는 20,000Hz 이상의 초음파를 모두 감지하여, 인간이 감지할 수 없는 소리나 진동을 감지, 어린아이의 우는 소리를 인식 분석하여 건강 상태나 분위기를 파악하여 치료법 제공, 미세한 소리까지 감지하여 산사태(avalanches)나 다리의 붕괴를 예측하여 인간에게 제공
촉각 (3%)	인간의 촉각 감지 능력을 넘음	인간의 손/피부는 사물의 표면만을 감지하고 미묘한 촉감을 감지할 수 없으나, 향후 컴퓨터는 인간이 감지할 수 없는 사물의 표면과 속의 촉감을 감지하여 스마트 화면에서 물체의 질감을 느낄 수 있도록 해줌. 스마트폰의 진동 장치를 이용해 원거리에 있는 사물의 고유한 진동 패턴(빠르고 짧은 진동, 길고 강한 진동)을 재현하여 촉감도 인간에게 전달
후각 (2%)	인간의 후각 감지 능력을 넘음	인간의 코는 1만 개의 냄새 분자(화학분자)만 감지, 향후 컴퓨터는 개의 10만 개 냄새 분자를 감지할 수 있는 능력을 가져, 인간이 감지할 수 없는 냄새를 감지하여 인간에게 위험 정도를 제공, 인간의 호흡(날숨, respiration)으로 건강 상태를 분석하고, 실내의 병원균이나 바이러스를 감지하여 인간에게 제공. 호흡에 아세톤 분자(가스)가 2배 이상 포함되면 당뇨병, 톨루엔은 폐암, 일산화질소는 천식, 암모니아는 신장병으로 판단
미각 (1%)	인간의 미각 감지 능력을 넘음	인간이 감지할 수 없는 미각을 감지하여 개인의 건강 상태와 미각 선호도를 고려해 식단을 구성해 줌. 인간의 맛을 결정하는 것은 시각이 87%임, 보는 것으로 이미 침이 나오고 먹고 싶다는 생각이 나게 하는 것임

2. 두뇌 인터넷으로 능력 향상(고령자도 일하는 세상)

감각/감정/생각을 센서로 센싱하고 번역해서 BCI 기술이 탑재된 디바이스를 통해 고령자를 지원한다면, 고령자들이 떨어진 감각/감정/생각을 보완하여 수행 능력을 향상시킬 수 있으며, 그 결과 일을 할 수 있어 복지/건강보험을 획기적으로 줄일 수 있다.

2020년까지 오감을 센싱하여 지원하고 2025년까지 이를 통해 감수성과 감정 표현을 지원하며, 2030년에 생각을 센싱하여 생각하는 대로 공장의 자동화 기계 혹은 인공지능이 탑재된 모든 인공지능 기계를 제어/조절할 수 있다. 우리나라는 두뇌 인터넷Internet of Brain 센서를 개발할 충분한 역량을 확보하고 있다삼성전자 반도체, 하이닉스, 전자부품연구원 등. 이를 통해 향후 병원/의료와 연계하여 각종 노인질환 병과 연계하면 고부가가치를 창출할 수 있다.

3. 기대 효과 및 성과 활용

① 2020년까지 오감, 2025년까지 감수성과 감정 표현, 2030년에 생각을 센싱하여 지원하면 고령자들은 누구나 일할 수 있고, 일반인들은 인간의 능력을 향상Improve Human Performance시킬 수 있으며, 고령자들이 일할 수 있으므로 복지/건강 비용을 획기적으로 줄일 수 있다.

② 개발한 센싱과 알고리즘 기술을 X−ABNI+α에 융합하면, 누구나 맞춤식으로 3.0 세대 인공지능이 탑재된 모든 인공지능 기계를 제어/조절할 수 있다.

자료: 한국전자통신연구원(ETRI), 'Emotion & Brain Ware를 중심으로 한 신기술 분석', 아스팩미래기술경영연구소㈜

[그림 7-13] 두뇌 인터넷의 발전 방향

IV 100세 건강 사회 → 생체 인터넷으로 실현 Q

1. 배경

1) 기대 수명 100세 시대 The Age of 100 Life Expectancy

지금 50세들의 기대 수명 Life Expectancy은 80세에서 2030~2050년경이면 누구나 100~120세로 증가될 전망이다. 기대 수명은 얼마나 오래 사는가를 나타내고, 건강 수명 Healthy Life Expectancy, HALE은 얼마나 건강하게 사는가를 나타내서, 기대 수명에서 건강 수명을 빼면, 그게 우리가 병들거나 부상을 입어 고생하는 장애연수 Years Lived with Disability, YLDs를 의미한다. 장애보정손실연수 DALYs, Disability Adjusted Life Years는 질병이나 장애 피해자의 인원수에 장애연수를 곱한 손실이다.

수백 명의 공동 저자들이 전 세계 188개국의 주요 306개의 질병과 장애들을 글로벌/지역별/국가별의 장애보정손실연수로 분석하고, 1990년에서 2013년까지의 기대 수명과 건강 수명의 변화 추이를 글로벌/지역별/국가별로 분석하여 그 연구결과를 발표했다 Murray et al., The Lancet, 26 Aug 2015. 그 결과 글로벌 기대 수명은 1990년의 65.3세에서 2013년의 71.5세로 무려 6.2년 증가한 반면, 건강 수명은 1990년의 56.9세에서 2013년의 62.3세로 증가하여, 병원 신세를 지는 장애연수는 8.4년에서 9.2년으로 늘어나, 9.2년 동안 시름시름 앓다가 죽는 것이다. 이것은 무엇을 의미하는가 하면 아무리 의학이 발전한다 해도 병원 신세를 지는 장애연수가 해마다 늘고 있어, 더 많은 비용과 시간이 들어감을 의미한다. 따라서 건강 수명을 늘려야 건강하게 살뿐만 아니라 일을 할 수 있고 국민건강보험 등의 비용을 줄일 수 있다.

우리나라의 경우, 보건복지부의 〈보건산업 종합 발전전략〉 '16.09에 따르면 2015년 현재 건강 수명이 73세이고 2025년 목표가 76세인데, 제약, 의료기기, 화장품 분야 이외에 건강 수명을 늘리는 구체적인 방법이 없다. 그 구체적인 솔루션이 바로 우리 몸이 갖고 있는 움직임/운동, 체온, 70%의 물의 이온 등의 생체 에너지Bioenergy를 이용한 생체 인터넷Internet of Biosignal 이다.

2) 생체 인터넷Internet of Biosignal과 생체 에너지Bioenergy란?

사물인터넷IoT 이란 모든 사물에 컴퓨팅 능력과 학습 능력이 주어져 사물 스스로 학습하고 판단하여 패턴 추천 → 큐레이션Curation → 작업 → 의사 결정 → 예측 등의 가치를 인간에게 제공하는 것이다. 반면, 초기 단계의 생체 인터넷Internet of Biosignal or Biometrics or Biometry 이란 몸에 착용-웨어러블 가능한 다양한 기기의 센서들Sensors 로 하여금, 착용자의 생체 정보생체신호 인 혈당blood sugar , 심박동heart rate, heartbeat , 심전도EKG/ECG , 혈압Blood pressure , 호흡수Respiratory rate , 온도, 몸무게, 키, 걸음 수, 칼로리 소비량Calories burned 등의 데이터를 실시간으로 감지하고 분석하여, 착용자들에게 그 결과를 제공하여 건강헬스을 유지하게 하는 것이다. 또한, 생체 정보들의 분석 결과에 따라 착용자의 운동, 수면, 영양 섭취 등의 활동에 따른 생체 정보들의 변화를 제공하는 것이다. 더 나아가서는 위험 상황을 사전에 감지하여 본인의 생명을 살릴 수도 있으며, 비상 카드인 의료 아이디Medial ID 의 장기 기증 상태로 타인의 생명까지 살릴 수 있다.

그러다가 현행 의료법의 규제가 풀리는 원격의료Telemedicine 의 시대가 도래하여 분석A/진단D/처방T/예방P 하는 '치료'가 가능해지면, 각종 센서들이 융합된 마이크로 크기의 칩SOC, System on a chip 또는 마이크로 유체 칩Microfluidics Chip 또는 랩-온어-칩Lab on a Chip 에 의해 현장에서 검사/분석하고 진단하고 치료할 수 있는 신체부착형이나 현장 진단형Point-of-care, POC 으로 발전할 것으로 보이며, 이러한 마이크로 기기를 통해 의사와 쌍방향으로 실시간 치료가 가능할 것으로 보인다. 이때 분석/진단하는 생체 정보들은 주로 타액침, Saliva , 땀Sweat , 소변Urine, Urea , 호흡 Respiration , 눈물Tear Fluid 등을 분석할 것인데, 배출되는 이러한 생체 정보들에는 각종 병을 일으키는 항원Antigen 또는 바이오 마커 Bio Marker 가 포함되어 있기 때문이다. 신체 부착형이나 현장 진단형은 마이크로 크기의 '생체 이식형'과 '먹는 컴퓨터형'으로 발전할 것으로 보인다.

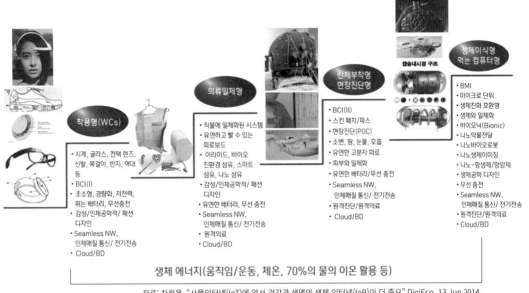

자료: 차원용, "사물인터넷(IoT)에 앞서 건강과 생명의 생체 인터넷(IoB)이 더 중요" DigiEco, 13 Jun 2014.

[그림 7-14] 인간 중심의 건강/생명을 중시하는 생체 인터넷 진화 방향

또한, 이러한 생체 인터넷 기기에 전력을 공급하는 기술도 매우 중요한데, 따라서 휘어지는 배터리, 유연한 태양광 충전 아니면 자기공명 방식이나 중거리 무선 전송 방식에 도전할 필요가 있고, 우리 몸이 갖고 있는 움직임/운동, 체온, 70%의 물의 이온 등의 생체 에너지Bioenergy 에 도전할 필요가 있다.

3) 착용형 시장 분석 – 착용형에서 이미 치열한 경쟁을 벌이는 글로벌 기업들

삼성전자의 심박센서가 탑재된 기어Gear, '14년 출시 , LG전자의 G-Watch '14년 출시 , 애플의 iWatch '14년 출시 등 착용형인 시계 형태는 이미 시장에서 치열한 경쟁을 하고 있다. 구글은 눈물Tear Fluid 에서 혈당을 진단하는 스마트 컨택 렌즈Smart Contact Lens 를

개발하고 있으나'14 아직 이렇다 할 성과는 못 내고 있다. 구글은 2012년부터 글라스를 개발했으나 사생활 문제로 B2C에서는 실패하였고, 지금은 B2B 산업용을 개발하고 있다.

한국 정부미래부→과기정통부도 1세대단독형 컴퓨터 장치, 2세대착용형 소형기기, 3세대부착형/직물일체형, 4세대생체이식형의 로드맵을 2015년에 수립하고, 2016년부터 투자하고 있는데, 분야를 보면 2세대에 집중하고 있다. 개발 분야를 보면 착용형 스마트기기의 핵심부품소재 기술 개발, 제품·서비스 플랫폼 개발 및 상용화·성과 확산으로 구체적인 과제를 보면 ① 인체 활동 통합 관리 지원을 위한 다중 웨어러블 SW 융합 모듈 및 SW 응용 플랫폼 기술 개발, ② 효과적인 개인 운동을 위한 멀티 웨어러블 센서 연동형 스마트 디바이스 및 서비스 플랫폼 개발, ③ LPWA 기반 전시/관광 서비스 제공을 위한 웨어러블 디바이스 및 서비스 플랫폼 개발 등이다. 이미 글로벌 기업들이 착용형에서 치열한 경쟁을 하고 있는 상황에서 센서 연동형 부품 소재에 집중하는 정부의 판단을 어떻게 볼 것인가?

2. 우리만이 할 수 있는 생체 인터넷으로 실현

결론적으로 착용형에서 점핑하여 의류 일체형 → 신체 부착형/현장 진단형 → 생체 이식형에 도전해야 우리만의 4차 산업혁명을 주도할 수 있다. 한국의 전통 역량은 옷섬유을 잘 만든다는 것이다. 게다가 반도체가 강하다는 것이다. 이 둘이 융합되면 센서와 SW가 부착된 의류 일체형을 만들 수 있고, 더 나아가 현장 진단형 및 몸속으로 들어오는 먹는 스마트 필과 생체 이식형을 만들어 플랫폼과 연결하면 100세 건강 사회를 구현할 수 있다.

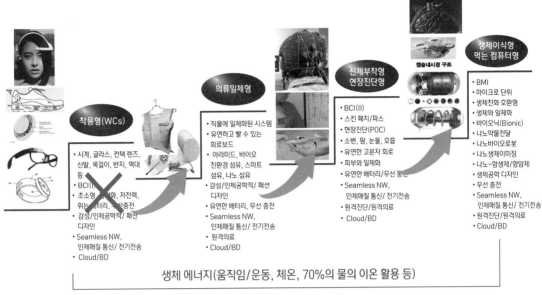

자료: 차원용, "사물인터넷(IoT)에 앞서 건강과 생명의 생체인터넷(IoB)이 더 중요" DigiEco, 13 Jun 2014.

[그림 7-15] 인간 중심의 건강/생명을 중시하는 생체 인터넷 진화 방향

1) 대한민국의 생체인터넷 구현 역량이 높다.

이미 국내 과학자들이 많은 제품을 개발하고 있어 이를 융합하면 플랫폼 구축
도 가능하다.

(1) 의류 일체형

한국생산기술연구원은 독일 아헨공대 섬유기술연구소ITA와 '드림투랩투팹
Dream2Lab2Fab'이라는 국제 공동 연구를 이미 시작했다동아일보, 27 Nov 2015. 프로젝
트 책임자인 임대영 한국생산기술연구원 휴먼문화융합그룹장은 "우리가 강
점을 가진 제품 공정 기술과 전자 기술에, 독일이 강세를 보이는 장비 기술을
합쳐 '스마트 텍스트로닉스Smart Textronics' 시장을 선점할 계획"이라며 "여기서
개발한 기술을 일차적으로 국내 중소, 중견 기업에 이전해 상용화까지 지원하
는 게 목표"라고 말했다. 텍스트로닉스는 섬유textile와 전자electronics의 합성어

로 스마트 텍스트로닉스는 입는 컴퓨터 등 전자기기가 탑재돼 한층 똑똑해진 차세대 섬유를 말한다. ITA는 리모컨이 붙어 있는 쿠션, 안전등이 켜지는 아웃도어 재킷, 세탁기에 빨 수 있는 전자섬유 등 스마트 섬유를 개발했다. 바이트 부소장은 "산업체에 필요한 기술을 개발한다는 측면에서 ITA와 한국생산기술연구원의 지향점이 비슷하다"며 "최종 목표는 전 세계 스마트 섬유 시장을 선점하는 것"이라고 밝혔다.

(2) 신체부착형

서울대 김대형 교수팀은 반창고처럼 피부에 붙이면 파킨슨병, 수전증 등 운동장애 상태를 실시간으로 모니터링하고, 징후를 분석·진단해 치료까지 하는 신체 부착형 전자 파스패치를 개발했다Son & Kim et al., Nature Nanotechnology, 30 Mar 2014. 이 장치 안에는 나노박막 센서, 저항 메모리 소자, 치료용 약물, 히터 등 다양한 전자소자가 들어 있다. 센서가 운동장애의 패턴을 상시 측정하면, 메모리 소자에 측정 결과가 저장되고, 히터는 이 정보를 바탕으로 내려진 진단 결과에 따라 피부에 투여하는 약물의 양을 온도로 조절한다.

자료: YTN 보도(31 Mar 2014) 동영상 캡쳐

[그림 7-16] 진단과 진료가 가능한 붙이는 전자 패치

(3) 현장 진단용

부산 소재 부경대의 장병용 교수 연구팀은 본인의 소변 검사로 혈당, 적혈구, 백혈구, 비타민, 혈청 등 12가지 검사 결과를 곧바로 알려 주는 스마트폰 앱을 개발했다Hong & Chang, Lab on a Chip, 21 May 2014. 이는 현장에서 색상을 분석하는 센서베이스로 검사 결과를 즉시 알려 주는 현장 진단의 아주 실용적인 앱이다. 리트머스 시험지를 소변에 담그면 시험지의 색상이 변한다. 그다음 스마트폰으로 시험지의 색상 변화를 찍으면 각각의 색상 센서들이 자동으로 색상을 인식하고 분석해 정상, 위험 1~3 등 4가지 결과를 구체적인 수치와 함께 표시하고 데이터를 저장하기 때문에 이용자는 건강 상태의 변화추이를 알 수 있다. 소변검사용 시험지는 개당 몇 백 원에 불과해 검사 비용을 상당히 아낄 수 있으며, 조만간 현장 진단 시대를 열 것으로 기대하고 있다.

2) 대한민국의 생체 에너지 구현 역량이 높다.

이미 국내 과학자들이 생체 에너지를 활용하는 제품을 개발하고 있어 이를 융합하면 생체 에너지 플랫폼 구축도 가능하다.

(1) 입을 수 있는 전원 발생 유연 열전소자 제작 기술 개발

KAIST조병진 교수는 입을 수 있는 전원발생 유연 열전소자 제작 기술 개발했다Kim & We & Cho, Energy Environ. Sci., 14 Mar 2014. 이번에 개발된 열전소자를 팔에 두를 수 있는 가로·세로 각 10cm의 밴드 형태로 제작한다면, 외부 기온이 20도일 때체온과 약 17도 차이가 있는 경우 약 40밀리와트mW의 전력을 생산, 이는 웬만한 반도체 칩들을 다 구동할 수 있는 전력이다. 만일 상의 전체에 해당하는 면적50x100cm으로 제작해 입는다면, 약 2W의 전력이 생산돼 휴대폰 사용도 가능하다.

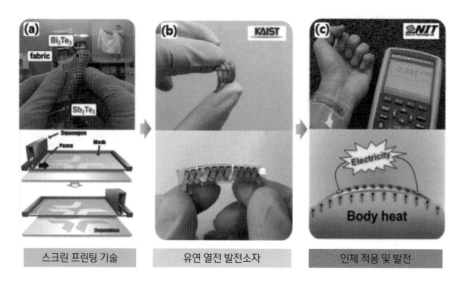

스크린 프린팅 기술   유연 열전 발전소자   인체 적용 및 발전

(a) 유리섬유상에 스크린프린팅 공정기법을 이용하여 열전후막을 형성
(b) 금속전극 전사기술을 이용하여 초경량 고출력 유연 열전소자 제작
(c) 밴드 타입으로 제작된 유리섬유 기반 열전소자를 인체에 적용하여 전기에너지 발생 검증 (자료: KAIST)

[그림 7-16] 스크린 프린팅 기술로 제작된 유연 열전소자

(2) 이식할 수 있는 스스로 충전하는 심장 박동기

KAIST의 이건재 교수 연구팀과 연세대 세브란스 병원 심장과의 정보영 교수 연구팀이 부정맥arrhythmia 등으로 고통을 받는 환자의 심장에 이식된 인공심장 박동기artificial cardiac pacemaker에 반영구적으로 전력을 공급할 수 있는, 어깨에 부착할 수 있는, 플렉스휘는한 압전 효과의 나노 발전기를 개발해, 세계에서 최초로 데모했다Hwang & Lee et al., Advanced Materials. 17 Apr 2014. 이건재 교수는 몸에 부착할 수 있는 배터리와 휘고 접고 마는 배터리 분야의 최고

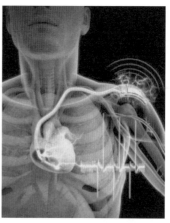

[그림 7-16] 스스로 충전하는
심장 박동기

전문가이다. 이번 나노 발전기는 압전 효과에 따라 몸의 움직임만으로 전력을 공급하는 것이다. 연구팀은 싱글-크리스털 초박막 필름을 이용해 고성능의 플렉스한 나노 발전기를 조립했다. 이를 통해 수확된 에너지는 8.2V에서 0.22mA에 이르는데, 이 정도면 쥐에 이식된 심장 박동기를 충분히 작동시킬 수 있다.

3. 기대 효과 및 성과 활용

① 착용형에서 점핑하여 의류 일체형 → 신체 부착형/현장 진단형 → 생체 이식형에 도전하면 생체 인터넷을 선도할 수 있다. 우리나라는 옷과 반도체가 강하고, 이미 대한민국의 생체 인터넷 구현 역량과 생체 에너지 구현 역량이 많이 확보되어 있으므로 이들의 개발한 제품과 서비스를 융합하면 플랫폼 구축도 가능하다.

② 2015년 현재 건강 수명이 73세인 것을 2025년에 76세로 늘려, 각종 건강보험/복지 비용을 줄이고 시간과 공간의 비용을 줄일 수 있다.

③ 특히 우리가 갖고 있는 생체 에너지에 도전하면 노벨과학상도 받을 수 있고, 신체 친화적/생체 호환적인 스마트 나노스필까지 개발할 수 있다.

1. 배경

1) 유전자 가위CRISPR/Cas의 등장

생명과학자들은 최근 유전자 가위 크리스퍼/카스, CRISPR/Cas를 개발했다. 인간 세포와 동식물 세포의 유전자를 마음대로 교정 또는 편집하는 데 Editing 사용한다. 표적 DNA를 자른 후 세포 내 복구 시스템에 의해 다시 연결되는 과정에서 유전자 교정과 원하는 변이가 일어난다. 이 방식을 활용해 암과 AIDS 등뿐만 아니라 더 나아가 희귀난치병 치료나 작물·가축 개량·미래 식량Clean meat 분야에서 유전자 가위 혁명이 빠르게 확산되고 있다. 특정 유전자 부위를 정확하게 잘라 내 그 기능을 알아내는 데에도 사용되고, 쥐를 대상으로 특정 유전자를 제거/억제하거나Knock-out 특정 유전자를 삽입하여Knock-in 희귀병을 가진 쥐를 만들기도 하는데, 종전에는 수개월~수년이 걸렸지만 유전자 가위를 이용하면 시간과 비용을 획기적으로 줄일 수 있기 때문이다. 이렇듯 인류는 세포 안에 있는 특정 유전자나 염기를 골라서 제거하거나 정상으로 바꿀 수 있는 1세대~4세대의 유전자 가위 기술을 보유했다.

유전자 가위의 진화를 보면 다음과 같다. 1세대 유전자 가위2003는 징크 핑거 Zinc Finger이고, 2세대 유전자 가위2011는 탈렌TALEN, 3세대 유전자 가위2012는 CRIPR-Cas9이다. 3.5세대 유전자 가위2015는 CRISPR-Cpf1이고, 4세대 유전자 가위는 염기교정 Base Eitor 유전자 가위2016이다.

2) 김진수 교수팀 → 유전자 가위로 인간배아 돌연변이 유전자 교정 – 네이처지 논문[2017]

김진수 교수를 비롯한 한·미 과학자들이, 대대로 유전되어 내려와 젊을 때 [20~30대] 비대성 심근증[돌연사]을 일으키는, 4개의 염기 쌍이 망가져 결실된[deleted] 돌연변이 유전자인 MYBPC3를 가진 정자와 이 변이된 유전자를 자르는 3세대 유전자 가위[Cas9+crRNA]를, 동시에 모계의 정상적인 난모세포[oocyte]에 마이크로 주입[co-microinjection]하여 대물림의 돌연변이를 교정했다[Ma et al., Nature, 02 August 2017].

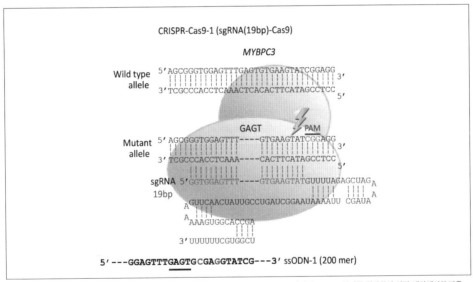

자료: 3세대 유전자 가위인 CRISPR-Cas9-1으로 결실된 ΔGAGT 염기를 절단하여 인간 배아에서의 병을 일으키는 돌연변이 유전자 교정(Ma et al., Nature, 02 August 2017).

[그림 7-17] 유전자 가위로 인간배아 돌연변이 유전자 교정

그 결과 유전자 가위가 주입되지 않은 대조군[47.4%, 9/19]보다 유전자 가위가 주입된 배아 58개 중 42개[72.4%]가 정상임을 확인했다. 이것은 무엇을 말하는가 하면, 유전자 가위를 주입하지 않은 대조군에서의 정상 아이가 나올 확률이 대략 47.4%인데, 유전자 가위를 주입하면 22.4%가 늘어나 72.4%로 높아지므로[반대로 비대성 심근증에 걸릴 확률을 27.6%로 낮춤], 이처럼 배아연구를 통해 대물림을 막자는 것을 제안하는 것이다.

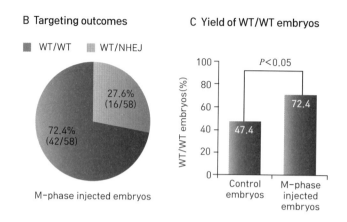

B Targeting outcomes

■ WT/WT ■ WT/NHEJ

27.6%
(16/58)

72.4%
(42/58)

M-phase injected embryos

C Yield of WT/WT embryos

$P < 0.05$

47.4

72.4

WT/WT embryos(%)

Control
embryos

M-phase
injected
embryos

자료: 유전자 가위를 주입하면 대물림 유전자를 제거하여 정상 아이가 나올 확률을 47.4%에서 72.4%로 높일 수 있음
(Ma et al., Nature, 02 August 2017).

[그림 7-18] 유전자 가위를 주입하면 대물림 유전자를 제거하여 정상 아이가 나올 확률

3) 문제는 한국의 생명윤리법

안타까운 것은 국내에서는 인간배아 유전자를 교정하는 연구가 불법이기 때문에, 한국의 유전자 가위 기술을 미국의 오리건보건과학대OHSU 에 보내 미국에서 교정 실험이 이루어졌으며, 실험 후의 데이터 분석은 한국에서 이루어졌고, 그 결과를 미국에 보내 종합해서 논문을 발표했다는 것이다. 또한, 대부분의 외신은 기술과 데이터 분석을 제공한 김진수 교수팀보다는 슈크라트 미탈리포프 교수팀의 성과로 보도했다는 점으로, 우리나라 관점에서 반성하고 앞으로 나아갈 방향에 시사하는 바가 크다.

4) 유도만능줄기세포iPSCs로 떼돈을 버는 일본

일본의 야마나카 신야Shinya Yamanaka 박사는 4~5개의 마스터 유전자를 인간 피부 세포에 주입하여 재프로그래밍reprogramming을 통해 2007년에 유도만능줄기세포 iPSCs, induced pluripotent stem cells를 만들어 Takahashi & Yamanaka et al., Cell, 30 Nov 2007 , 이 공로로 2012년 노벨생리의학상을 수상했다. 그 이후 일본 정부는 iPSCs에 대한 생명윤리법을 완화하고 집중 투자하여 지금은 전 세계의 사람들이 일본으로 몰려가 수천

만 원 이상을 주면서 본인의 줄기세포로 임상시험에 나서고 있다는 것이다.

2. 유전자 가위로 배아에서 돌연변이 유전자 제거

1) 한국의 생명윤리법 개정이 반드시 필요

미국은 대학·병원 등 연구자가 속한 기관윤리심사위원회 IRB, Institutional review board 승인만 받으면 사람의 난자·정자가 수정돼 만들어지는 배아에 유전자 가위 기술 등을 이용해 희귀, 난치병의 치료법을 연구할 수 있다. 연방정부의 지원만 막고 있을 뿐 주정부·민간재단·사적私的 기부자에게서 연구비를 지원받을 경우 연구가 가능하다. 그래서 미국·중국에선 유전자 가위를 이용한 혈우병·면역항암제 등 임상시험이 활발하다. 영국·스웨덴·일본 연구자들도 정부의 승인을 받긴 하지만 배아를 이용해 불임 관련 유전자 기능 연구 등을 폭넓게 수행하고 있다.

한국의 생명윤리법은 다음과 같은데 전문가들은 제6장 47조의 ①항과 ②항은 없애고, ③항도 '개체로 분화시킬 목적 혹은 임신이 아니라면 허용 된다'라는 규정으로 개정해야 한다고 한다.

생명윤리 및 안전에 관한 법률약칭: 생명윤리법 [시행 2017.7.26.][법률 제14839호, 2017.7.26.]

제6장 유전자 치료 및 검사 등

제47조유전자치료

① 인체 내에서 유전적 변이를 일으키는 일련의 행위에 해당하는 유전자 치료에 관한 연구는 다음 각 호의 모두에 해당하는 경우에만 할 수 있다. 〈개정 2015.12.29.〉

1. 유전 질환, 암, 후천성면역결핍증, 그 밖에 생명을 위협하거나 심각한 장애를 불러일으키는 질병의 치료를 위한 연구

2. 현재 이용 가능한 치료법이 없거나 유전자 치료의 효과가 다른 치료법과 비교하여 현저히 우수할 것으로 예측되는 치료를 위한 연구

② 유전 물질 또는 유전물질이 도입된 세포를 인체로 전달하는 일련의 행위에 해당하는 유전자 치료에 관한 연구는 제1항제1호 또는 제2호 중 어느 하나에 해당하는 경우에만 할 수 있다. 〈신설 2015.12.29.〉

③ 유전자 치료는 배아, 난자, 정자 및 태아에 대하여 시행하여서는 아니 된다. 〈개정 2015.12.29.〉

2) 국가 전략으로 선택하여 똘똘 뭉쳐 추진

이참에 우리나라도 배아 교정 연구에 대한 규제 완화를 하여, 김수진 교수팀의 이번 연구논문 결과를 바탕으로 세계의 사람들이 우리나라에 오도록 하면 어떨까? 기술/IP 지원 전문가, 사업 전개 전략 전문가, 글로벌 마케팅 전문가, 임상 전문가, 기타 이해 관계자들이 똘똘 뭉치고, 여기에 국가가 지원한다면 이게 우리나라가 돈을 벌게 만드는 4차 산업혁명을 이끄는 원동력이 아닐까? 우선 생명윤리법 규제를 완화해서 ① 암, 에이즈, 노인성 황반변성증 등 성인 대상 치료를 먼저 추진하고, 나중에 ② 배아 연구 교정으로 대물림의 유전병을 치료하면 가능할 것이다.

3. 기대 효과 및 성과 활용

① 대물림의 유전자병을 치료, 정상 아이들의 새로운 세상을 구현할 수 있다.

② 우리나라를 유전자병을 치료하는 나라로 인식, 전 세계 사람들이 우리나라로 오게 함으로써 의료 강국 실현하여 국민소득 4만 달러를 돌파할 수 있다.

③ 향후 연구 성과를 활용하여 차세대 식량인 인공 고기/클린미트/차세대 농작물에 도전할 수 있다.

자율 주행 자동차 시대 →
(1) 자율차 개조+도로주행+데이터 공유 지원

1. 배경

1) 캘리포니아주 자동차국DMV에 제출한 자율 모드 해제 보고서들의 의미

2017년 3월 29일자로, 미국 캘리포니아주의 자동자국에서 자율 주행 테스트를 허가받은 기업들은 구글-웨이모G-Waymo, 테슬라Tesla, 포드Ford, BMW 등 총 29개 기업들인데우버는 2017년 3월 8일에, 애플은 2017년 4월 14일 면허와 허가를 취득, 이들은 매년 12월 1일에서 그다음 해 11월 30일까지 테스트한 결과를 그다음 해 1월 1일까지 자동차국에 보고해야 하는 마감 시간에 맞추어, 2016년에 테스트한 Google 등 총 11개 기업들이 제출한 '자율 주행 운행 중 자율 모드 해제 보고서Self-Driving Car Testing Report on Disengagements of Autonomous Mode'를 자동차국이 받아 이를 2017년 2월 1일에 공개했다. 이 중 혼다Honda는 일반 공공도로가 아닌 폐쇄회로Closed circuit에서 도로주행 테스트를 해서 데이터가 아예 없고, 폭스바겐VW은 2015년도에는 도로주행 테스트를 했으나 2016년에는 아예 하지를 않아 데이터가 없으며, 웨이모는 2015년도의 32페이지의 보고서에 이어 2016년도에도 34페이지의 상세 수정 보고서를 제출해, 보고서를 제출한 9개 기업들 중 웨이모의 보고서와 데이터가 최고이다. 이들이 제출한 보고서를 분석하고, 아울러 캘리포니아에서 도로주행 테스트 허가를 받지는 않았지만, 우버Uber가 다른 주에서 그간 도로주행 테스트한 2016~2017년의 주행데이터를 삽입하여 비교 분석을 하였다차원용, Automotive Magazine, 2017년 5월호.

차원용의 보고서에 의하면, 자율차 개조레이더, 라이다 센서 등 부착 모델 총 146대 중 G-Waymo는 24대의 반자율차Semi-autonomous 개조 모델인 렉서스 RX450h SUVs

와 36대의 새로운 프로토타이프 반자율차 new prototype Vs 등 총 60대로, 이는 전체의 58%이고 2015년의 57대보다 3대 늘어난 대수로, 구글 본사가 있는 캘리포니아 주의 마운틴 뷰 Mountain View 의 고속도로를 비롯해 도시의 일반 공공도로들에서 자율 주행 테스트를 진행했다.

[표 7-2] 미국 내 자율 주행차 개발 기업들의 기술 수준 비교

차원용

순위	기업	자율차 대수 2015	자율차 대수 2016	자율모드주행거리(마일) 2015	자율모드주행거리(마일) 2,016	%	자율모드해제 건수 2015	자율모드해제 건수 2,016	주행거리/해제건수=마일 2015	주행거리/해제건수=마일 2016	1000마일당 해제건수 2015	1000마일당 해제건수 2016
1	G-Waymo	57	60	424,331	635,868	0.9397	341	124	1244	5128	0.80	0.20
2	BMW	N/A	1	N/A	638	0.0009	N/A	1	N/A	638	N/A	1.57
3	Ford	N/A	2	N/A	590	0.0009	N/A	3	N/A	197	N/A	5.08
4	Nissan	4	5	1,485	4,099	0.0061	106	28	14.0	146	71.43	6.85
5	GMCruise	N/A	25	N/A	9,776	0.0144	N/A	181	N/A	54	N/A	18.52
6	Delphi	1	2	16,662	3,125	0.0046	405	178	41.1	17.6	24.33	56.82
7	Tesla	N/A	4	N/A	550	0.0008	N/A	182	N/A	3	N/A	333.33
8	Mercedes	5	1	2,239	673	0.0010	1031	336	2.17	2	460.83	500.00
9	Bosch	2	3	935	983	0.0015	625	1,442	1.5	0.68	666.67	1,470.59
	Uber		43		20,354	0.0301		25,443		0.80		1,250.00
N/A	VW/Audi	2	N/A	14,945	N/A		260	N/A	57.5	N/A	17.39	N/A
N/A	Honda	N/A	N/A	N/A	N/A		N/A	N/A	N/A	N/A	N/A	N/A
	Total	71	146	460,597	676,656		2768	27,918	N/A	N/A	1241	3,643
	Mean	7	15	46,060	67,666		277	2,792	136	619	124	239

자료: Automotive Magazine, 2017.05

9개 기업들이 2016년에 총 자율 모드로 주행한 거리는 65만 6,302마일 106만km 이고, 평균으로 보면 7만 2,922마일 11.7만km 이며, 이 중 웨이모가 자율 모드로 주행한 거리가 63만 5,868마일 103만km 로 거의 97%를 차지해, 웨이모가 혼자 주행한 것이나 마찬가지이다. 구글-웨이모는 자율 주행거리 5,128마일 8,250km 마다 해제해서 기술력으로 보나 안전성으로 보나 최고인 반면, 보쉬 Bosch 의 경우 0.68마일 1.09km 마다 해제해서, 구글-웨이모의 수준을 100%라 가정하고 경쟁사들의 수준을 비교 분석하면, 보쉬의 수준은 0.68/5,128 인 0.013% 수준이다. 우버의 자율

차 대수를 구글-웨이모와 비교해 보면 43/60=72% 수준이고, 자율 모드 주행거리는 20,354/635,868=32% 수준이며, 자율 모드 해제 건수는 무려 웨이모의 205배이다. 제일 중요한 해제 건수당 자율 모드 주행거리는 무려 0.8/5,128 수준으로 웨이모의 0.015% 수준으로, 아예 가디언은 "우버의 기술력이 웨이모의 5000분의 1 수준"이라고 보도했다 The Gurdian, 17.04.04 .

2) 도로주행 테스트를 하는 이유 – 인공지능 학습과 스마트 데이터를 확보하기 위함

(1) 선행 상세지도, 차량 데이터, 모델링, 실시간 센싱 데이터 확보

자율차에 탑재된 카메라, 레이더, 라이다, 초음파, 오디오 등의 센서들을 이용하여 운전자가 직접 운전하는 매뉴얼 모드로 주행 테스트하면서, 센서들로 하여금 주행하는 도로가 고속도로인지, 국도인지, 지방도로인지 등과 도로의 종류와 차선 넓이, 차선 형태 점선/실선 등 , 갓길, 거리/사인 표지판, 난간, 나무, 장애물, 교차로의 종류와 교통신호 등의 형태, 교차로 차선이 일 방향인지 쌍방향인지 등을 스캔한 후, 이 데이터 포인트들을 바탕으로 정밀하고 상세한 지도를 새롭게 만들기 위함이다. 이 지도가 차후에 자율 모드 주행 시 떠 주지 않으면 내비게이션을 할 수 없어 자율 주행이 불가능하다. 지금 사용하는 네이버나 구글의 지도로는 불가능하다. 이러한 정밀하고 상세한 지도를 선행 상세지도 Detailed Prior Map 라고 한다. 이 선행 상세지도는 자율 주행 컴퓨터 시스템 Autonomous Driving Computer System 의 데이터베이스에 저장된다. 그래야 차후에 자율 모드로 주행 시 이를 불러 내어 센서의 실시간 센싱 지도 Detailed Real-Time Map 와 비교 분석하여 매칭되면 자율 주행을 하는 것이다. 또한, 주행하는 도로의 차량들이 트럭인지, 일반 차량인지, 소방차/경찰차/특수 차량 등의 차량의 종류와 모델과 크기 등이 사전에 정의되고 표준화된 차량 데이터가 자율 주행 컴퓨터 시스템에 저장되어야, 차후에 자율 모드 주행 시 이를 불러 내어 실시간 센싱 데이터와 비교 분석해야 그것들이 무엇인지를 판단할 수 있는 것이다.

다시 말해 사전에 이러한 스마트 데이터 Smart Data 를 구축해야 하는 것이다. 왜 구글이 2009~2016년까지 593만km를 실제 주행 테스트를 한 이유가 바로 여기에 있다.

(2) 상세 모델(링)과 한곗값 설정 데이터

그다음 매뉴얼 모드로 주행하면서 선행 상세지도와 실시간 센싱 데이터를 바탕으로 트래픽 패턴 모델인 고도의 상세 모델 highly detailed model 을 만들기 위함 이다. 선행 상세지도의 위치에 따라 자율차의 속도 혹은 기대 속도의 분포도 distribution of typical or expected speeds , 차선에 따른 경로들 trajectories , 어디에서 가속 혹은 비-가속속도 조절 했는지 등과 다른 차량의 속성들 혹은 움직이는 물체들의 속성들이 모델에 포함되어야 한다. 예를 들어 다른 차량들, 보행자들, 자전거들, 기타 움직이는 것들을 관찰하면서 동시에 생성되어 자율차의 메모리에 저장된 모델들이다. 이 모델이 사전에 정의되고 떠주지 않으면 자율 주행이 불가능하다. 왜냐하면, 학습을 해야 하기 때문이다. 끊임없이 테스트하여 이러한 다른 차량들의 주행 패턴을 감지하고 모델링해야 그 다음의 한곗값 Threshold Values 을 사전에 정할 수 있고, 이 한곗값을 벗어나는 차량들을 감지하면 운전자에게 운전대를 잡으라고 경고할 수 있기 때문이다. 다시 말해 자율 모드에서 매뉴얼 모드로 전환하는 것이다. 만약 이 한곗값에 따라 다른 차량들이 정상으로 주행한다면 자율차는 스스로 알아서 자율 모드로 주행하는 것이다.

(3) 인공지능AI과 기계학습ML과 딥러닝DL

셀프 드라이빙을 가능하게 하는 것은 인공지능 베이스의 자율 주행 컴퓨터 시스템 Autonomous Driving Computer System 이다. 이는 우리의 두뇌에 해당하는 것으로 감지한 스마트 데이터를 프로세싱해서 선행의 데이터와 비교 분석하고 판단하고 학습하고 명령하여 자율차를 자율 주행하게 하는 것이다. 또한, 다른 자율차들에게 통신하고 학습한 것을 업데이트시키기 위함이다. 다시 말해 인공지능AI–기계학습ML–딥러닝DL이 중요한 것이다. 또한, 이것은 모든 비행 상황을 간직한 비행기의 블랙박스와 같은 것이다. 이는 향후 자율 주행 시대가 도래 했을 때 자율차 사고가 났을 경우 시시비비를 따지는 중요한 단서가 될 것이다.

3) 도로주행 시 데이터 기록과 공유

미국 연방 자율차 정책 가이드라인Federal Automated Vehicles Policy Guideline, '16.09.20 의 자율차 성능 가이드를 위한 프레임워크Framework for Vehicle Performance Guidance 의 15개 중 첫 번째가 데이터 기록과 공유Data Recording and Sharing 이다. 미국 50개 주에서 면허와 허가를 받은 기업들은 그들이 확보한 스마트 데이터를 반드시 기록하고 주정부–기업들이 공유하자는 것이다. 미국의 전략은, 16%의 기술 수용 확산점 혹은 기술 확산점Tipping Point 까지만 공유하고, 그 이후는 오픈 경쟁하자는 것으로, 이는 기술 마케팅Everett Rogers, 1967 에서 중요한 전략이다. 소비자의 16%가 자율차를 수용하는 점을 기술 수용 확산점 혹은 기술 확산점이라 한다. 16%를 넘으면 시장이 수용한 것으로 판단되어 그다음부터는 토네이도처럼Tornado 확산되고, 16%를 넘지 않으면 캐즘Chasm 혹은 죽음의 계곡Death Valley 에 빠지게 된다. 따라서 미국은 2020년까지 미국인의 16%가 자율차를 수용하는 시점까지 데이터를 공유하고, 그 이후는 오픈 경쟁하는 전략으로 추진하는 것으로 판단된다.

Figure Ⅰ:*Framework for Vehicle Performance Guidance*

Scope & Process Guidance   Guidance Specitic to Each HAV System

Test/Production Vehicle	Describe the ODD (Where does it operate?)	Object and Event (Detection and Response)	Fall Back (Minimal Risk Condition)
FMVSS Certification/ Exemption			
HAV Registration	Geographic Location		

Guidance Applicable to All HAV System on the Vehicle

Data Recording and Sharing	Roadway Type	Normal Driving	Driver	System
Privacy	Speed	Crash Avoidance-Hazards		
System Safety	Day/Night			
Vehicle Cyb ersecurity	Weather Conditions			
Human-Machine Interface	Other Domain Constraints			
Crashworthiness				
Consumer Education and Training		Testing and Validation		
Post-Crash Vehicle Behavior				
Federal, State and Local Laws	Simulation	Track	On-Road	
Ethecal Considerations				

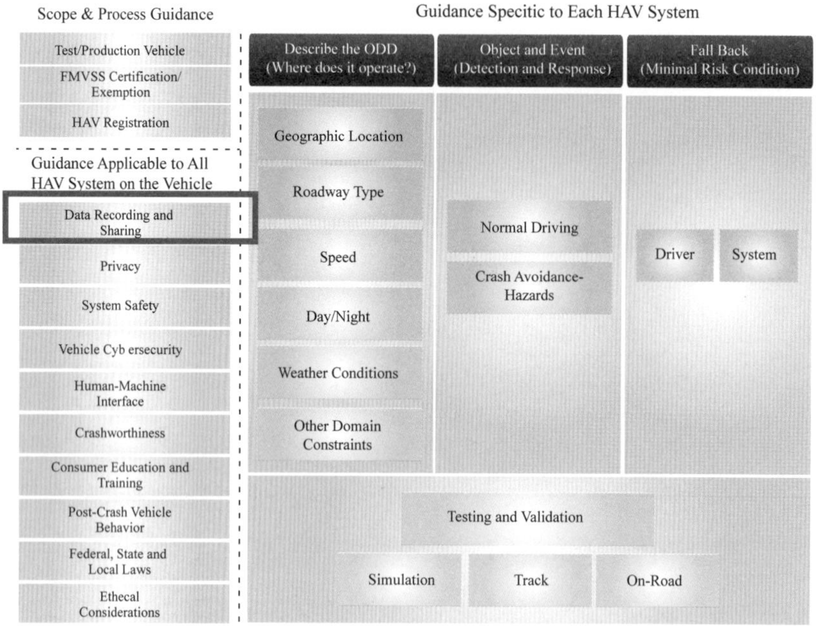

자료: 미국 연방 자율차 정책 가이드라인의 자율차 성능 가이드를 위한
프레임워크(Framework for Vehicle Performance Guidance), 페이지 14, 2016.09.20.

[그림 7-18] 미국 연방 자율차 정책 가이드라인의 자율차 성능 가이드를 위한 프레임워크

물론 이 데이터 공유 방침에 대해, 이미 확보한 데이터는 향후 자율차 시대가 도래 하면 귀중한 지적재산이 되므로, 선발주자들인 구글-웨이모, 우버, 포드, 볼로, 리프트 등은 반대를 하고 있고, 신생 주자인 애플은 찬성을 하지만, 미국이라는 나라를 감안한다면, 어떤 방식으로든 혜택을 나누는 쪽으로 협력하여 데이터는 16%의 기술 확산점에 이를 때까지는 공유할 것으로 보인다.

2. 자율차 개조+도로주행+데이터 공유 지원

2016년 2월 12일 국토부가 자율차 임시운행 제도를 시행한 후 11월 말까지 6개 기관, 즉 현대차 3대, 기아차 2대, 서울대 1대, 한양대 2대, 현대모비스 1대, 교통

안전공단 2대 등 총 11대가 자율 주행을 하고 있다. 2017년에는 네이버, 삼성전자, SKT, KT와 LG전자도 가세하지만, 미국 캘리포니아주에서 2016년 자율 주행 테스트하는 총 103대^{우버 제외}와 비교하면 턱없이 초라한 숫자이다. 자율차로 개조하려면 기존의 모델에 레이더, 라이다 등의 센서를 부착해야 하는데, 이들 센서 가격이 하도 하이엔드라 1대를 개조하려면, Level 2~4까지 천차만별이지만, 대략 1억 3,000만 원~1억 8,000만 원 정도이다. 이를 지원하기 위해 국가 R&D 자금을 도로주행테스를 하고 있는 기업과 대학에 지원하면 10대를 개조해 자율 주행 테스트에 투입할 수 있다.

서울대가 스누버 1대로 2017년 8월부터 여의도에 도로주행 테스트를 하고 있는데, 이처럼 밖으로 나와 주행을 하면서 데이터를 확보하고 공유해야 한다. 스누버 1대가 아니라 10대가 뛰도록 국가 R&D 자금을 투입해야 한다. 이를 전국 지역으로 확대하여 전국 도로의 데이터를 확보하고 공유해야 한다.

자료: 서울대 스누버 – 여의도 주행 현황. 이처럼 밖으로 나와 주행을 하면서 데이터를 확보하고 공유해야 함.
YTN via Yoputube - "초보운전이에요" 자율 주행차, 국내 일반도로 첫 주행(22 Jun 2017), 동영상 캡쳐.

[그림 7-19] 자율 주행차, 국내 일반도로 첫 주행

3. 기대 효과 및 성과 활용

① 대한민국 전 국토를 데이터/지도로 기록하고 공유할 수 있다. 자율차 개조와 도로주행을 지원받은 산학연이 획득한 데이터를 공유하는 방법을 모색하면 자율차 시대가 도래했을 때 가장 강력한 지적재산권을 확보할 수 있다.

② 앞서 도출한 X-ABNI+α 를 자율차 도로주행에 융합하면, 빠른 시간 내에 최고의 데이터를 확보하고 학습시킬 수 있다.

③ 그다음 노하우를 바탕으로 외국으로 진출하여 글로벌 시장을 공략할 수 있다.

④ 드론무인기도 자율차와 같은 전략으로 대응하면 시너지 효과를 기대할 수 있다.

자율 주행 자동차 시대 →
(2) 가상 인공 버추얼랩에서 자율 주행 테스트에 도전
Q

1. 배경

1) 가상 자율 주행 테스트를 위한 가상 인공 버추얼랩 혹은 시뮬레이션

(1) 미국 연방정부의 가상 인공 버추얼랩 혹은 시뮬레이션

미국 연방 자율차 정책 가이드라인Federal Automated Vehicles Policy Guideline, '16.09.20 의
자율차 성능 가이드를 위한 프레임워크Framework for Vehicle Performance Guidance 의 15
개 중 마지막이 테스팅 및 인증Testing and Validation 으로, 시뮬레이션, 즉 도로주행
테스트를 통해 획득한 데이터를 이용하여 가상도로를 구축해 가상 자율 주행
테스트를 하고 동시에 자율차를 학습시키라는 것이다. 그 구체적 내용을 보면
① 가상도로 인공 버추얼랩Simulation 을 구축하고 여기에서 가상 자율 주행 테스
트를 하고 동시에 자율차를 학습시킨다. ② 어느 정도 신뢰도를 획득하면 실
제 트랙Track 에서 테스트한다. 그리고 ③ 실제 상황인 도로On－Road 로 나와 테
스트한다. 이는 ① → ② → ③번으로 진행하라는 순서가 아니라 빠른 시간 내
에 16%의 기술 확산점Tipping Point 에 다다르기 위해 ① ↔ ② ↔ ③으로 병렬적
으로 진행하라는 것이다. 이것이 미국의 자율차 전략이다.

Figure Ⅰ:*Framework for Vehicle Performance Guidance*

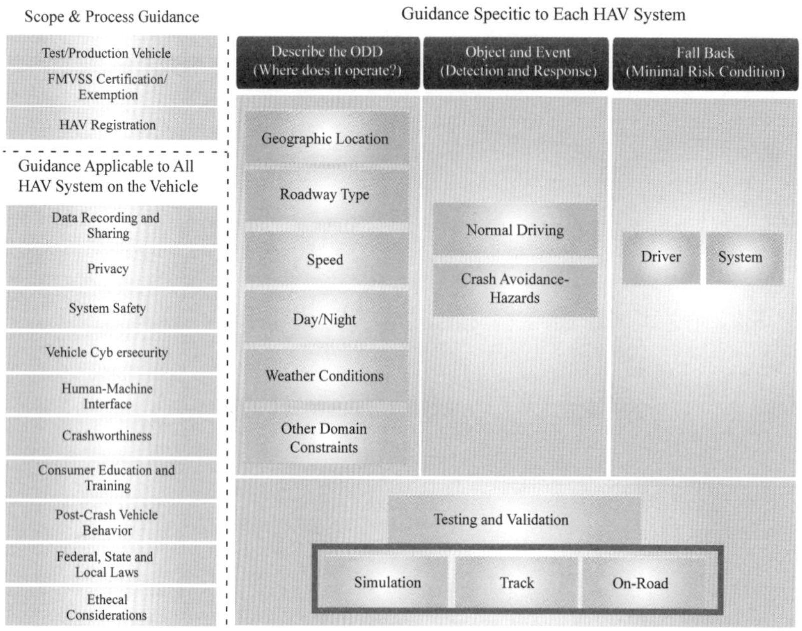

자료: 미국 연방 자율차 정책 가이드라인의 자율차 성능 가이드를 위한
프레임워크(Framework for Vehicle Performance Guidance), 페이지 14, 2016.09.20.

[그림 7-20] 미국 연방 자율차 정책 가이드라인의 자율차 성능 가이드를 위한 프레임워크

2) 구글 – 웨이모의 버추얼 주행 테스트 매일 480만km와 기계학습 알고리즘

많은 분들이 구글의 실제 도로 주행 테스트 거리만 알고 있다. 공공도로에서 테스트하는 것은 새로운 환경과 경험을 접하기 때문에 소프트웨어 기계학습 알고리즘 의 개발이 매우 중요하다. 그러나 자율차가 차고를 나가기 전에도 자율차가 학습할 수 있는 매우 강력한 시뮬레이터 simulator 가 있다면 차고에서도 학습할 수 있다. 바로 구글은 자율차가 도로로 나가기 전에 기계학습 알고리즘 Machine learning algorithm 인 인공지능 베이스의 버추얼 환경을 구축한 랩에서 드라이빙 훈련을 시키고 있다. 도로주행에 나선 자율차들이 센싱한 스마트 데이터들을, 아직 도로주행에 나서지 않은 자율차에 탑재된 자율 주행 컴퓨터 시스템 Autonomous Driving Computer System 의 메

모리에 입력해 드라이빙을 추론하고 상기시키는 것이다. 컴퓨터 시뮬레이터는 드라이빙 패턴의 수천 가지 변형 모델을 만들어 낸다. 그러면 버추얼로 수백만 마일을 곡에 주행할 수 있다. 이러한 방식으로 구글의 자율차들은 하루에 300만 마일 480만km 의 버추얼 도로를 주행하면서 학습하는 것이다 Cnet, 16 Feb 2016. 그리고 기계학습 알고리즘의 소프트웨어를 업데이트시키는 것이다. 예를 들어 교차로에서 좌회전하는 경우 탑승한 승객의 안전과 편안함을 위해 소프트웨어를 수정해 자율차가 주행하는 각도를 수정하는 것이다. 이와 같은 수정 변화의 새로운 패턴에 따라 인공지능 버추얼랩에서 300만 마일 이상을 버추얼 도로에서 주행하는 것이다. 이러한 시뮬레이션을 통해 자율차의 능력을 향상시킬 뿐만 아니라 승객에게도 보다 나은 경험을 주는 것이다. 또한, 버추얼랩에서 자율 주행 모드 해제 Disengagements of Autonomous Mode 의 이유를 집중 분석하고 최적의 답을 찾아 소프트웨어를 업데이트하고 전 자율 주행 자동차의 자율 주행 컴퓨터 시스템 Autonomous Driving Computer System 에 업데이트시키는 것이다. 그리고 최적의 답을 새로운 특허로 출원하는 것이다.

2. 가상 인공 버추얼랩을 구축하고 가상 주행 테스트에 도전

국토교통부 장관 김현미 는 2017년 8월 30일 오후 2시 30분 경기도 화성시에 위치한 교통안전공단 자동차안전연구원에서 자율 주행 자동차 이하 자율주행차 시험장 Test Bed, 이하 테스트 베드 '케이–시티 K–City, 이하 K–City' 착공식을 개최했다. 그러나 다음 도면을 보면 가상 인공 버추얼랩은 보이지 않는다. 기업들이 자체적으로 구축해서 가상 테스트를 할 수도 있지만, 정부가 나서 지원해야 할 것으로 판단된다.

[그림 7-21] 2018년 완공 목표로 화성에 건설 중인 1만 평 규모의 K-City의 조감도

3. 기대 효과 및 성과 활용

① 도로주행 테스트를 하면서 획득한 데이터와 지도를 바탕으로 가상 인공 버추얼랩을 구축하면, 빠른 시간 내에 수많은 자율차가 실제 도로로 안 나와도 실제 상황과 같이 학습할 수 있다.

② 가상 인공 버추얼랩에서 자율 주행 모드 해제의 이유를 집중 분석하고 최적의 답을 찾아 소프트웨어를 업데이트하고 전 자율차의 자율 주행 컴퓨터 시스템에 리얼타임으로 업데이트시킬 수 있다. 그리고 최적의 답을 새로운 특허로 출원하여 IPs를 확보할 수 있다.

③ 앞서 도출한 X-ABNI+ α 를 버추얼랩에 융합하면, 빠른 시간 내에 최고의 학습과 데이터를 확보할 수 있다.

VIII 자율 주행 자동차 시대 →
(3) 멀티-센서 융합 시스템의 소형화/상용화에 도전

1. 배경

1) 멀티 – 센서 융합 시스템 Sensor Fusion System

구글은 2015년 12월에 '자율 주행 자동차_{이하 자율차}가 주행하는 도로 환경을 다양한 센서들이 감지한 데이터들을 하나로 융합하는 방법과 기계학습으로 분류하고 패턴을 분석하는 방법 Combining multiple estimates of an environment into a consolidated estimate for an autonomous vehicle, 9,224,053, 29 Dec 2015 '에 관한 특허를 미국특허청에 등록했다. [그림 7-22]는 자율차 100의 기능들을 기술하는 블록 그림 diagram 으로 센서 시스템 Sensor System, 104 에서 감지한 데이터들을 입력하여 분류하고 패턴을 찾아내는 기계학습 ML 의 일종인 센서 융합 알고리즘 Sensor Fusion Algorithm, 138 과 컴퓨터 비전 시스템 Computer Vision System, 140 및 자율 주행 컴퓨터 시스템 Autonomous Driving Computer System, 112 으로 구성하고 있다. 이 중 가장 중요한 것이 우리의 눈과 귀와 손과 발에 대응하는 센서들이다.

현재 라이다 칩은 오슬람옵토 Osram Opto, 독일 와 맥심 Maxim Integrated, 미국 과 트라이루미나 TriLumina, 미국 , 모듈은 벨로다인 미국 , 이베오 Ibeo, 독일 와 덴소 Denso, 일본 , 시스템은 콘티넨탈 Continental, 독일 , 덴소 Denso, 일본 , 발레오 Valeo, 프랑스 등 소수 업체 정도가 라이다 관련 기술을 개발 중이며, 라이다의 가장 큰 문제는 가격으로, 부품 통합과 광원 최소화 등으로 가격대를 현실화하는 것이 상용화 관건이다.

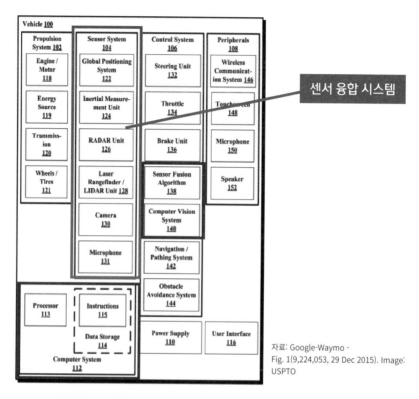

센서 융합 시스템

자료: Google-Waymo -
Fig. 1(9,224,053, 29 Dec 2015). Image:
USPTO

[그림 7-22] 센서 융합 시스템(Sensor Fusion System)

2. 멀티 - 센서 융합 시스템의 소형화/상용화에 도전

우리나라의 장점은 융합과 소형화의 제조이므로 센서 융합 시스템Sensor Fusion System에 도전해야 한다. 상기 구글 특허상에 나오는 센서 융합 알고리즘Sensor Fusion Algorithm, 138과 컴퓨터 비전 시스템Computer Vision System, 140 및 자율 주행 컴퓨터 시스템Autonomous Driving Computer System, 112은 모두가 인공지능 알고리즘과 S/W 분야로 지금 당장은 개발하기 벅차므로, 첫 번째 제안한 '99.5%의 X-ABNI+α 에 도전'에서 성공한다면 향후 고려하기로 하고, 우리의 장점인 융합과 소형화의 제조로 접근하여 센서 융합 시스템Sensor Fusion System에 도전한다면 성공 가능성이 높은 것으로 판단된다.

자료: Credit: IT World(8 Jan 2016)

[그림 7-23] 점점 소형화되어가는 벨로다인(Velodyne)의 3세대 라이다 센서

그러므로 카메라+레이더+라이다LIDAR+초음파+마이크로폰 등을 융합한 소형화의 센서 융합 시스템에 도전해야 한다. 현재 콘티넨탈이 개발한 고감도 카메라-라이다MFL의 대당 가격은 7만 달러약 8,000만 원로, 우리는 5개 이상의 센서들을 융합하고 소형화+융합화를 통해 5,000만 원대로 낮춘다면 상용화에 승산이 있다. 국내에서도 전자부품연구원과 엠씨넥스가 이 분야에 뛰어들어 선진 업체와 격돌을 준비하고 있으나 국가 차원에서 지원할 필요가 있다.

3. 기대 효과 및 성과 활용

① 반자율차이든 자율차이든 가장 중요한 것이 우리의 눈과 귀와 손과 발에 대응하는 센서들이다. 만약 개발과 상용화에 성공한다면 자율차 멀티-센서 융합 시스템 분야에서 세계 1위가 될 수 있으며, 대한민국을 10년간 먹여 살릴 수 있다.

② 대기업 중심과 중소기업 중심으로 경쟁을 유발시키면 매우 효과적인 기대가 예측된다.

③ 향후 드론/무인기, 로봇, 농촌의 트랙터, CCTV, 트럭, 소방차, 응급차, 철도, 선박 등 다양하게 성과를 적용할 수 있고 활용할 수 있다.

1. 배경

전 세계적으로 매년 교통사고로 사망하는 사람들이 120만 명을 넘어서고 있다. 미국에서만 교통사고의 94%가 운전자의 부주의로 인한 것이며, 대부분 충돌해서 자체가 찌그러져 귀중한 생명을 잃고 있다 Google – https://www.google.com/selfdrivingcar/. 만약 찌그러진 자체가 5% 이상 펴진다면 많은 생명을 구할 수 있다.

미국 연방 자율차 정책 가이드라인 Federal Automated Vehicles Policy Guideline, '16.09.20 의 자율차 성능 가이드를 위한 프레임워크 Framework for Vehicle Performance Guidance 의 15개 중

Figure Ⅰ:*Framework for Vehicle Performance Guidance*

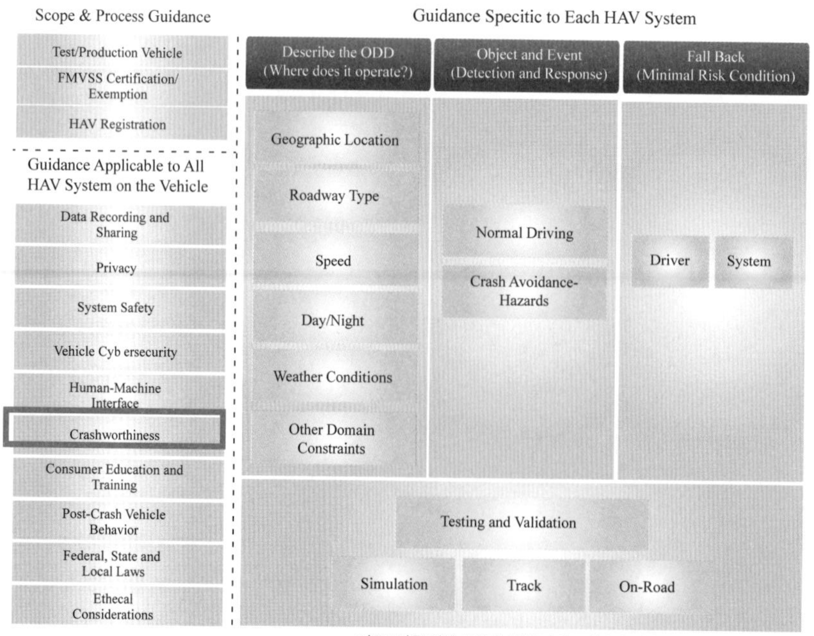

자료: 미국 연방 자율차 정책 가이드라인의 자율차 성능 가이드를 위한
프레임워크(Framework for Vehicle Performance Guidance), 페이지 14, 2016.09.20.

[그림 7-24] 미국 연방 자율차 정책 가이드라인의 자율차 성능 가이드를 위한 프레임워크

여섯 번째가 충돌 시 생명을 구할 수 있는 충돌 내구성Crashworthiness 의 확보이다.

2. 충돌 내구성의 초경량 소재에 도전

따라서 우리나라가 충돌 내구성의 초경량 소재를 선택해 5~10년간 집중 연구 개발한다면 성공할 가능성이 매우 높다. 소재로는 차세대 EPPExpanded Polypropylene , 기능성 나노 물질Nano Materials , 마술을 부리는 메타 물질Bizarre Feats Metamaterials , 터미네이터에 나오는 액체 금속Liquid Metals , 그리고 2016년에 노벨물리학상을 수상한 1차원-2차원-3차원에서도 고체-액체-기체로 변화하는 위상변이 물질Topological Phase Transitions and Topological Phases of Matter 이다. 여기에 상상력의 +α 를 더한다면 성공 가능성이 있다.

3. 기대 효과 및 성과 활용

① 충돌 내구성 물질을 개발해 확보한다면, 충돌 시 많은 생명을 구할 수 있어 자율차 차체 분야에서 세계 1위가 될 수 있으며, 대한민국을 10년간 먹여 살릴 수 있다.
② 대기업 중심과 중소 벤처기업 중심으로 이원화하여 경쟁을 유발시키면 매우 효과적인 기대가 예측된다.
③ 부가 기대 효과로 이산화탄소를 절감할 수 있다
④ 향후 드론/무인기, 로봇, 농촌의 트렉터, CCTV, 트럭, 소방차, 응급차, 철도, 선박 등 다양하게 성과를 적용할 수 있고 활용할 수 있다.

1. 배경

1) 인간과 협업하는 제조형 협동/협업 로봇Co-Bots의 등장

　미국의 '제조용 로봇에 영향을 미치는 주요 요소기술 및 기술 로드맵'09.05.21'에 따르면 미국은 인간과 협업하는 로봇HRI인 Collaboration Robots일명, Co-Bots을 개발하고 있는데, 2020년에 40시간 연속 수행, 2025년 80시간 연속 수행할 수 있는 Co-Bots을 개발 중이다.

자료: 미국의 '제조용 로봇에 영향을 미치는 주요 요소기술 및 기술 로드맵'('09.05.21)

[그림 7-25] 제조용 로봇에 영향을 미치는 주요 요소기술 및 기술 로드맵

2) 아마존의 재고 · 물류 · 창고관리에 투입한 인간과 협업하는 키바 Kiva 로봇

아마존은 2015년 7월에 물류나 창고에 투입할 '이동 주행장치Mobile Drive Unit, MDU가 달린 지상 무인기에게 작업 지시와 위치와 경로를 결정하는 방법과 시스템System and method for positioning a mobile drive unit, 9,087,314, 21 Jul 2015'이라는 특허를 등록했는데, 이게 바로 Kiva 로봇이다. Kiva들은 관리 모듈의 명령에 따라 재고용기 혹은 박스들Inventory Holders or Boxes을 작업장 안에서 각각 지정한 포인트들Points 사이로 실어 나른다.

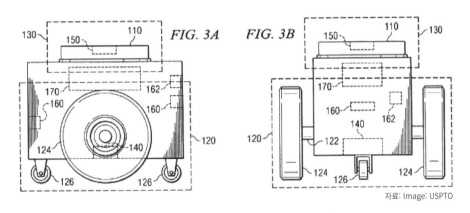

자료: Image: USPTO

[그림 7-26] 아마존 특허상의(Fig.3A~3B, 9,087,314) 코봇인 Kiva

아마존이 지난 2012년에 7억 7,500만 달러의 거액에 인수했던, 사람과 협업하는 코봇Co-Bots인, 물류자동화 키바Kiva 로봇이 실세 미용 필짐 효과를 내고 있는 것으로 나타났다고 비즈니스 인사이더가 보도했다Business Insider, '16.06.15. 시애틀타임즈는 보다 업데이트된 내용을 전하고 있는데, 아마존의 사람과 함께 협업하는 코봇인 키바 로봇 직원이, 전 세계 120여 곳의 물류센터 가운데 20곳에 4만 5,000대가 투입되었으며, 4만 5,000명의 직원과 1:1로 작업하고 있다고 보도했다Seattle Times, '16.12.29, Updated on '16.12.30. 사람은 감성/디자인/패키징을 담당하고, Kiva는 단순한 운송 역할을 맡는다.

[그림 7-27] 실제로 물류센터나 창고에서 배송 용기(박스)를 실어 나르는 Kiva 로봇

3) GE · 코봇인 소이어Sawyer와 3DP 투입

GE의 혁신 작업장Advanced Manufacturing Works•AMW 에는 AI RobotsCo‒Bots + 엔지니어 + AI 3D 프린팅이 한 조를 이루어 작업을 하여, 80% 설계가 끝나면 바로 AI 3DP 가 찍어 프로토타이프 제작 테스트하여 시간과 비용을 절감하고 있다'16.04. 향후 2020년까지 400개 글로벌 공장 중 50개에 도입할 예정이다.

[그림 7-28] GE의 작업장에 투입된 코봇인 Sawyer

4) 일본 정부도 '협동 로봇' 도입 기업에 최대 3억 원 지원

일 뺏지 않고 도와주는 '협동 로봇'이 일본에서 확산하고 있다. 설거지·금속가공·나사 조립 등 단순 노동은 로봇에게 맡기고, 사람은 수준 높은 서비스에 집중하고 있다조선일보, '17.07.06

일본의 덮밥 체인점 '요시노야(吉野家)' 주방에서 협동 로봇 '코로'(한가운데)가 직원들과 일하고 있음. 코로는 식기세척기가 헹군 그릇을 카메라로 식별한 뒤 팔로 집어 올려 종류별로 정리함. 코로가 정리를 마친 그릇은 직원이 가지고 나감. 자료: 라이프로보틱스 via 조선일보('17.07.06)

[그림 7-29] 인간·로봇 콤비가 그릇 정리

2. 인간과 협업하는 제조용 협동/협업 로봇Co-Bots

① 우리나라도 미국과 같이 코봇 기술 로드맵을 수립하고, 인간과 협업하는 산업에 특화된 제조용 협동/협업 로봇Co-Bots을 연구개발하고 세계적인 브랜드로 키울 수 있는 전략을 수립해 추진해야 한다.

② 일본 정부와 같이 '협동 로봇' 도입 기업에 자금을 지원해야 한다.

③ 우리나라도 2017년도 9월에 '로보월드'를 경기도 일산 킨텍스에서 개최했다. 4차 산업혁명의 핵심으로 자리 잡고 있는 로봇이 날이 갈수록 정교해지고 똑똑해 지면서 사람들의 생활 속에 더욱 깊숙히 다가오고 있는데, 그게 바로 사람 곁에서 협업하는 로봇이다YTN, '17.09.15

자료: YTN('17.09.15).

[그림 7-30] 사람 곁에서 협업하는 로봇을 주제로 개최된 2017 로보월드

3. 기대 효과 및 성과 활용

① 인간이 잘하는 분야는 인간이, 로봇이 잘하는 분야는 로봇이 역할 담당함으로써 로봇의 일자리 뺐는 불안감 해소 및 인간과 로봇과의 공존공생을 추진할 수 있다.

② 한국기계연구원을 중심으로 중소 벤처기업과 콘소시엄을 구성하여 추진하고 성공하면 Co-Bots을 활용한 산학연을 모집하여 질증/적용하면 성공할 가능성이 매우 높고 효과적인 기대가 예측된다.

③ 향후 제조용 작업장, 물류창고 작업장, 스마트홈의 스마트키친에 적용할 수 있고, 원천 융합 기술을 기타 드론/무인기에 활용할 수 있다.

XI 드론 사회 → 대면적을 관리/감시하는 수백 대의 동조화 군집비행 드론 기술

1. 배경

1) 미국의 드론 통합 · 수용 촉진 전략 발표 '16.08.02 → 규제 완화

2016년 8월 2일, 미국 백악관의 과학기술정책실OSTP은 무인 항공 시스템UAS, 드론을 차세대 국가 전략 기술National Initiative로 추진하는 이른바 '무인 항공 시스템 기술의 잠재성을 신성장 동력 기술'로 정하고, 이에 대한 구체적인 '정책 설명서: 무인 항공 시스템의 안전한 통합과 수용을 촉진시키기 위한 연방 · 주 · 공공 · 학계 · 산업 · 민간의 새로운 약속'을 발표했다The White House, '16.08.02. 현행 미연방항공청FAA의 드론 규정인 ① '시야 확보VLOS or LOS'에서 '시야를 넘어BVLOS or BLOS'로 완화하고, ② '한 명의 조종사가 한 대의 드론 운영'에서 '수백 대의 드론 운영'으로 확대하며, ③ '사람 위를 날지 말 것'에서 '사람 위를 날아도 됨'으로, 따라서 프라이버시 보호Privacy safeguard가 중요하며, ④ 현행 고도 122미터를 전 공역으로 대폭 확대하는 드론의 공역을 국가 공역 시스템으로 통합하는 것이다. 앞으로 5년 동안인 2020년까지 지속적으로 추진하여 미국인들의 16%가 드론을 사용하도록 하자는 것인데, 드론의 기술 수용 확산점 혹은 기술 확산점Tipping Point을 2020년으로 보고 추진하는 것이다. 미국 국제무인기협회AUVSI, http://www.auvsi.org/에 따르면 다음 10년 안에 싹트는 상업용 드론은 2025년까지 미국 경제에 820억 달러약 92조 원 경제를 창출하고 약 10만 개의 일자리를 창출할 것으로 예상하고 있다.

2016년 8월 2일 백악관 워크숍에서, 인텔의 CEO인 브라이언 크라자니치Bryan

Krzanich는 이색적인 드론의 사례를 들고 나왔는데, 100대의 드론이 떼_{함대, swarms,} fleets를 이루어 동조화 모드_{Synchronized Flight Mode}로 군집비행을 시연했는데, 호주 시드니의 오페라하우스와 하버 상공을 동조화 비행하면서_{충돌 방지}, 지상의 연주와 협업하여 오케스트라를 하는 사례를 소개해서 눈길을 끌었다.

자료: Intel via Youtube - Drone 100 at Vivid Sydney(9 Jun 2016)

[그림 7-31] Intel 100대의 드론 함대

이날 규제 완화와 워크숍을 통해 도출한 드론의 도전과 기회를 보면 다음과 같다. 핵심은 시야를 넘어 수백 대를 띄워야 가능한 분야들이다.

① 산불과의 전쟁에 도움을 준다. Fight wildfires
② 비상 긴급 상황·수색과 구조 활동에 빠르게 대응·지원하는 데 도움을 준다. Speed and Assist emergency response and search and rescue operations

③ 국가 핵심 시설과 인프라 시설을 모니터링하고 고칠 수 있다. Monitor and fix critical infrastructure

④ 위험에 처한 생물 종과 민감한 에코 시스템을 보호할 수 있다. Protect endangered species and sensitive ecosystems

⑤ 멀리 떨어져 있는 지역과 서비스 안 되는 커뮤니티에 의약품·의료장비를 수송·배송할 수 있다. Transport medical supplies to remote locations and underserved communities

2) 미국의 디즈니

동조화 군집비행 드론 활용, 엔터테인먼트용의 에어 쇼·에어 디스플레이

미국 디즈니사는 2014~2016년에 동조화 군집비행 관련 특허를 7개 받았다. 이들은 40~100여 대의 드론들을 활용하는 엔터테인먼트용·공간 디자인용·예술용으로, 에어 쇼Air Show·에어 디스플레이Air Display와, 이를 실현시키기 위한 무인기 떼Flock의 동조화 제어 특허기술들이다. 본 특허들은 디즈니답게 여러 무인기들떼을 동일 속도와 방향으로 움직이는 동조화synchronized 혹은 안무화choreographed 비행 매너flight manner를 통해 엔터테인먼트의 예술적인 공연을 에어쇼air show나 에어 디스플레이art aerial display로 구현하자는 것이다. 테마 파크theme parks, 외부 컨서트, 스포츠 스타디움스포츠 경기장, sports stadium, 다른 야외 장소 등에서 이와 같은 동조화된 무인기들이 안무적인 쇼나 혹은 디스플레이를 펼친다면 관중들을 매료시키고 놀라게 할 것이다.

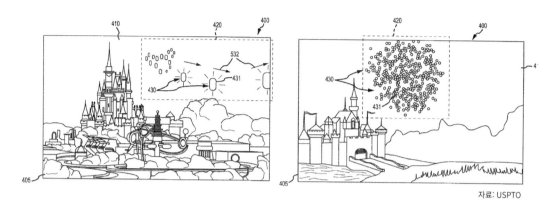

자료: USPTO

[그림 7-32] 디즈니 특허상(Fig.4 & 5, 9,169,030)의 동조화 군집비행으로 에어쇼를 펼치는 모습

2. 대면적을 관리/감시하는 수백 대의 동조화 군집비행 드론 기술

① 동조화 군집비행 드론 기술을 개발하고 실현하려면 특히 '클라우드에서 온프레미스로 이동한다the shift is moving back from the cloud to on premise'는 관점으로, A16Z.com은 '클라우드 컴퓨팅의 종말The End of Cloud Computing' 16 Dec 2016 이란 프리젠테이션에서, "하늘에 있는 클라우드는 종말이 오고, 바퀴와 날개를 가진 자율차나 드론 자체가 데이터 센터가 된다where self-driving cars and drones are really data centers with wheels or wings"는 것으로, 이들을 엣지Edge 혹은 온프레미스 장치들이라 한다. 실시간으로 의사 결정을 내려야 하기 때문에, 하늘의 클라우드와 이들 장치들을 연결하는 'Edge to Cloud ↔ Cloud to Edge 혹은 On premise to Cloud ↔ Cloud to on Premise'를 연구하여 추진할 필요가 있다. 예를 들어 GE가 클라우드Digital와 장비들Physical을 실시간으로 연결하는 플랫폼Predix 베이스의 Edge to Cloud를 구축했다'16.04.

② 이를 위해 우리나라도 미국처럼 드론 규제를 완화하고 그 대신 네거티브와 세이프 가드를 제시할 필요가 있다.

③ 동조화 군집비행 기술과 Cloud to Edge & Edge to Cloud에 실시간 제어하고

백업하는 기술을 개발해야 대면적의 산림/산불/해안선/국가 핵심 시설/인프라 시설 감지와 모니터링, 비상 긴급 상황·수색과 구조 활동에 빠르게 대응·지원할 수 있다.

3. 기대 효과 및 성과 활용

① 한 사람 혹은 여러 명이 조를 이루어 수백 대의 동조화 군집비행을 할 수 있는 드론 기술을 개발하면 대면적을 관리/감시/모니터링 할 수 있다.

② 대기업 중심과 중소 벤처기업 중심으로 이원화하여 경쟁을 유발시키면 매우 효과적인 기대가 예측된다.

③ 그 응용 분야는 대면적의 산림/산불/해안선/국가 핵심 시설/인프라 시설 감지와 모니터링, 비상 긴급 상황·수색과 구조 활동, 엔터테인먼트용/이벤트용/스포츠용 에어쇼 등 무궁무진하다.

④ 동조화 비행 기술의 원천 융합 기술은 타 산업의 로봇, 농촌의 트렉터, 트럭, 소방차, 응급차, 철도, 선박 등 다양하게 적용할 수 있고 활용할 수 있다.

산업의 융합화 → AVs+Co-Bots+Drones+α = 물류 전용 Hyperloop의 등장 준비

1. 배경

1) 자율차+코봇+드론 산업의 융합

(1) 아마존의 자율 트럭 전용을 위한 가변차선 배정 특허 분석

아마존은 2017년 1월 17일에 '자율차를 위한 차선 배정 Lane Assignments for Autonomous Vehicles, 9,547,986, 17 Jan 2017'이라는 특허를 미국 특허청에 등록했다. 이는 도로에서 자율 트럭들이 서로 협동하여 차선을 조정 Coordination하는 방법에 관한 것으로, 예를 들어 도로관리 시스템 Roadway management system이 자율 트럭의 도로를 위해 차선 구성 Lane configuration을 생성해 주고 방향을 결정하여 자율 트럭들로 하여금 특정 차선으로 진입하도록 도와주는 것이다. 자율 트럭들은 효율적인 교통이나 수송의 네트워크를 구성해 교통 흐름을 수월하게 할 수 있다. 교통이 혼잡할 때 교통 혼잡이 적은 도로의 차선들을 줄여주고 교통 혼잡이 많은 도로의 차선들을 늘려 주는 가변차선들 Reversible lane or Reconfigurable lane은 도로 네트워크에서 효율적인 교통 흐름을 유지해 줄 수 있다.

아마존 특허 Fig.1C의 108차선과 109차선을 보면 융통성 있는 차선폭 flexible width을 가졌음을 알 수 있다. 이와 같이 도로관리 시스템은 차량 유형에 따라 차선폭을 자유자재로 변경할 수 있다. 예를 들어 108차선은 오토바이나 자전거 등의 용이고, 109의 차선은 폭이 넓은 커다란 화물 자율 트럭들의 전용도로로 배정하는 것이다. 그것도 하루에 수십 번씩 변경하여 교통량이나 요구량에 따라 차선들의 가용성을 높이는 것이다. 이것은 어디까지나 자율차 전용도로 HOV, High - Occupancy Vehicle의 시대가 도래했을 때 가능한 시나리오이다.

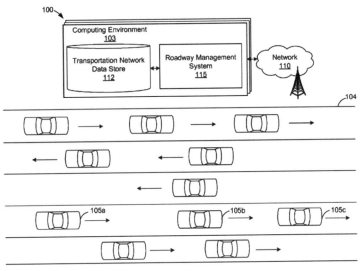

자료: Image: USPTO

[그림 7-33] 아마존 특허상(Fig.1A, 9,547,986)의 자율 트럭 전용을 위한 가변차선 배정

(2) 아마존의 물류센터와 배송에 투입된 인간과 협업하는 키바(Kiva) 로봇과 드론

아마존은 2015년 12월에 '지상·공중 무인기를 활용한 재고관리의 입고·출하 효율화 Automated inventory management system, 9,216,857, 22 Dec 2015'라는 특허를 등록했다. 아마존의 경우 지상의 코봇 키바, Kiva 과 공중의 무인기 드론 를 택배와 재고관리의 입고·출하에 집중 특화하고 있다. 특허 [그림 7-34]의 210M은 지상의 코봇인 키바 로봇이다. 키바 로봇이 화물을 가져오면, 206은 화물을 들어 올리는 픽업 로봇이고, 224₁은 화물에 바코드를 찍는 로봇이다. 화물이 컨베이어를 타고 204₂에 도착하면, 2021-2023-202N은 화물을 선적 또는 하역하는 무인기들 드론들 이다. 지금은 드론 규정 때문에 아마존의 120개 물류센터 중 20곳에 4만 5,000대의 로봇들만 투입하고 있지만, '16년에 드론 규제가 완화되어 조만간 투입할 것으로 예측된다.

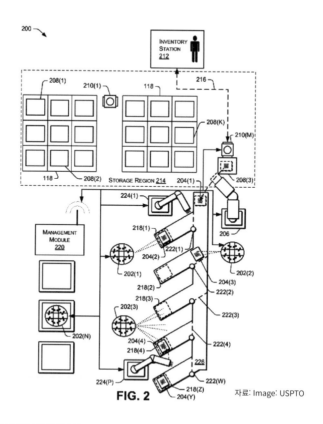

[그림 7-34] 아마존의 특허상(Fig.2, 9,216,857)에 나타난 물류에 투입된 코봇과 드론

(3) 중국 DJI의 자동차/자율차와 드론의 융합 특허 분석

중국의 SZ DJI TECHNOLOGY CO., LTD는 2016년 1월에 '주인 차량 주위 환경을 모니터링하기 위해 차량 위에서 이착륙이 가능한 무인기 도킹 시스템과 방법SYSTEMS AND METHODS FOR UAV DOCKING, 20160023762, 28 Jan 2016'이라는 특허출원서를 공개했다. 차량 주위 환경의 정보를 수집하고 모니터링하기 위해 차량은 무인기와 커뮤니케이션할 수 있다. 그러기 위해서는 드론이 차량 지붕 위에서 이착륙이 가능한 개선된 드론 도킹 시스템이 필요한데, 본 특허는 바로 드론 도킹 시스템을 구성하는 방법과 충전 시스템을 기술하고 있다. 드론의 핵심은 배터리 수명인데, 현재는 30분밖에 날 수가 없다. 우리가 차량 위에 자전거나

보트 등을 싣고 다니는 것과 같은 것인데, 단 이것이 이착륙이 가능하고 차량의 속도와 같이 나는 드론이라는 것만 다른 것이다. 바야흐로 자율차/자동차와 드론의 융합 시대가 오고 있는 것이다.

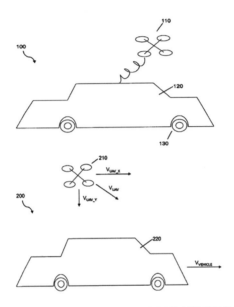

[그림 7-35] 중국 DJI 특허출원서(Fig.1 & 2, 20160023762) 상의 자동차/자율차와 드론의 융합

(4) UPS, 하늘엔 드론, 땅엔 트럭의 환상 배송 콤비

무인 항공기 드론이 하늘을 날면서 배송 트럭에게 길 안내를 해주면 어떨까? 영화 속 장면 같은 이런 장면이 현실 공간에서 재현될 전망이다. 미국 주요 외신들은 배송 전문업체 UPS가 하이브리드 전기 자율차 트럭과 드론을 연동해 화물을 운반하는 테스트를 실시했다고 보도했다CNBC, CNBC via Youtube, 21 Feb 2017. 인구 밀도가 낮은 플로리다주 템파에서 진행한 이번 테스트는 먼 거리를 비행하기 어려운 드론의 특성을 반영해 배송 트럭과 드론을 연동하는 방식으로 진행되었다.

자율 트럭에 화물과 함께 드론을 적재해 배송 지역을 돌아다니면서 드론이 주소에 맞춰 배송한다. 배송을 마친 드론은 자율 트럭으로 복귀해 전원을 충전한다. 드론이 주소를 확인하고 배달하는 작업은 모두 자동으로 진행된다. UPS는 드론을 활용한 배송이 더욱 빠르고 저렴한 운송 서비스를 제공할 수 있을 것이라고 설명했다. 또한, 무인 항공기를 이용하면 차가 정차할 이유가 줄어들기 때문에 기름과 시간을 절약할 수 있을 것이라고 전했다. UPS는 배달원 당 하루 1.6km가량 이동거리를 줄인다면 일 년에 최대 5,000만 달러까지 절약할 수 있을 것이라고 밝혔다.

자료: CNBC via Youtube(21 Feb 2017)

[그림 7-36] UPS, 자율트럭과 드론의 화물 배송

2) 미국의 새로운 자율차 정책 가이드라인, 삽입된 L4란?

2016년 9월 20일, 미국 오바마 행정부의 운수부UoT와 고속도로교통안전국NHTSA은 '연방 자율차 정책 가이드라인Federal Automated Vehicles Policy Guideline'을 발표했다. 이 가이드라인을 보면 국제 SAEsae.org가 2014년 1월에 정한 자율차 레벨Level인 L0~L5의 J3016이란 표준을 채택했다는 점이다. 그간 미국은 고속도로교통안전국이 2013년 5월 30일에 정한 L0~L4를 근간으로 자율차 정책을 자동차 산업들과 조율해 왔는데, 이제 새로운 J3016 표준에 따라 기존의 L4 → L5가 되고, 새로운 L4가

삽입되었다는 점이다. 이 L4는 어떤 특정 환경과 특정 조건하에서만 자율 주행 시스템이 주행할 수 있다는 것으로, 이런 환경과 조건에서는 운전자나 승객들은 운전대를 잡을, 즉 개입할 필요가 없다는 것인데, 이것은 자율차 혹은 자율 트럭이 다니는 전용도로를 말하는 것이다.

[표 7-3] 국제 SAE가 2014년 1월에 정한 현재까지(AS-IS)의 자율 주행차 표준 수준 요약표(J3016)

SAE Level	Name	서술적 정의 (Narrative Definition)	조향과 가속/비가속 수행 주체	주행환경 모니터링 주체	고장 대처 방안의 주체	시스템 능력 (주행 모드)
인간 운전자가 주행환경 모니터링						
0	자율주행 없음 (No Automation)	인간 운전자가 모든 주행 작업 수행	Human driver	Human driver	Human driver	n/a
1	운전자 보조 (Driver Assistance)	하나의 운전자 보조 시스템(ADAS))	Human driver and system	Human driver	Human driver	Some driving modes
2	부분적 자율주행(Partial Automation)	하나 이상의 운전자 보조시스템들(ADASs)	System	Human driver	Human driver	Some driving modes
자율주행 시스템이 주행환경 모니터링 (여기부터 HAV(Highly Automated Vehicle)						
3	조건부 자율주행 (Conditional Automation)	하나의 자율주행 시스템과 인간 운전자 사이의 자율모드 ↔ 매뉴얼모드 교환	System	System	Human driver	Some driving modes
4	고수준 자율주행 (High Automation)	하나의 자율주행 시스템이 자율모드로 주행하다가 자율모드 해제 시 인간 운전자에게 알려도 매뉴얼 모드로 주행할 필요가 없음 (제어 불필요)	System	System	System	Some driving modes
5	완전 자율주행 (Full Automation)	완전 통합된 시스템이 100% 자율주행	System	System	System	All driving modes

3) 자율차/자율 트럭의 전용도로

특정 환경과 조건이 무엇인지를 이해할 수 있는 실마리가 2016년 9월 19일에 보도되었다. 바로 시애틀 소재 마드로나Madrona 벤처 그룹은 시애틀Seattle 에서 캐나다 밴쿠버Vancouver 까지의 주간 고속도로I-5의 1차선 도로를 자율차나 자율 트럭의 전용도로HOV, High-Occupancy Vehicle로 만들자고 제안했다Madrona, 19 Sep 2016. 무려 241km나 되는 거리이다. 바야흐로 인간카풀·물류 수송 전용도로의 하이퍼루프Hyperloof 시대가 오고 있음을 짐작하게 하는 상상력의 제안이다. 이러한 제안의 배경은 2015년 구글 자율차L3의 11번 사고인데, 예를 들어 다른 인간 운전자의 잘못으로 접촉 사고가 나고, 테슬라 자율차L2의 경우 카메라가 트럭을 인지하지 못해 교차로에서 충돌하여 운전자가 사망에 이르는 사고가 2016년 5월에 플로리다에서 일어남에 따라, 자율차 도로와 인간이 운전하는 도로를 분리하자는 것이다. 아무리 인공지능이라 해도 인간의 행동을 예측할 수 없다는 것이다. 갑자기 끼어든다든지 깜빡이를 켜지 않고 차선을 변경한다든지 무단횡단 등 사람의 행동을 예측할 수 없다는 것이다.

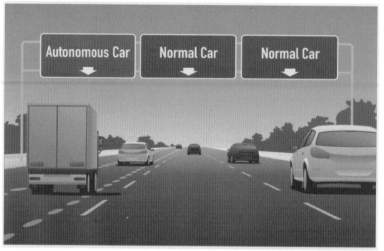

자료: 마드로나 벤처 그룹(19 Sep 2016)

[그림 7-37] 마드로나 벤처 그룹이 제안한 I-5를 위한 자율 주행 전용도로

2. AVs+Co-Bots+Drones+α = 물류 전용 Hyperloop의 등장 준비

① 구글의 자율차AVs 도로주행 테스트 데이터를 보았을 때, 카풀에 의한 인간 수송은 아직 안전성 확보 미달과 인공지능 자율차의 자율 모드Autonomous Mode 주행 수준이 아직 61~83%에 달하기 때문에 당장 실현되기란 쉽지 않을 것이다. 그러나 물류수송 전용도로는 생각 외로 빨리 실현될 가능성이 높다.

② 자율 화물차 혹은 자율 트럭이 자율 화물차 전용도로와 만난다고 가정했을 때의 최대 장점은 타임-투-타임Time-to-Time 베이스의 포인트-투-포인트 Point-to-Point 의 배송이 가능하다는 점이다. 그만큼 시간과 공간의 제약 없이 물류 배송이 이루어지므로, 첫 번째 물류 혁명은 물류 전용도로의 하이퍼루프Hyperloof 이다. 물류를 배송하기 때문에 속도의 한계가 거의 없어 시속 500km 이상으로 달릴 수 있어 새로운 하이퍼루프가 등장할 것이다. 두 번째 혁명은 신선 물류인 콜드체인 저온배송 이다. 농산물이나 수산물이나 전자상거래 맞춤형이나 바로 산지 혹은 공장에서 30분 내로 배송하여 신선도를 유지

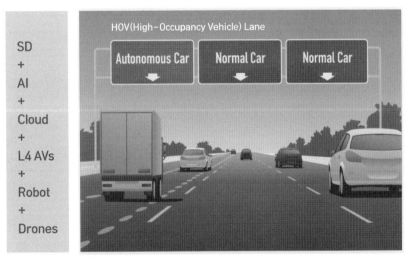

SD+AI+Cloud+L4 AVs+Robots+Drones의 융합 비즈니스 모델 = 물류수송 전용도로의 하이퍼루프.
자료: 마드로나 벤처 그룹의 이미지 수정. 차원용, "자율트럭+로봇+드론의 물류전용 하이퍼루프의 등장" 12 May 2017.

[그림 7-38] 자율 트럭+로봇+드론의 물류 전용 하이퍼루프의 등장

할 것이다. 진정한 6차 농수산 혁명이 일어나는 것이다. 세 번째 혁명은 이러한 것이 가능하도록 스마트데이터SD – 인공지능AI – 하늘의 클라우드 혹은 땅과 하늘의 자율차/드론 베이스의 물류기반 시설 및 플랫폼이다. 이 플랫폼을 누가 장악하느냐에 따라 미래 자율차 물류 산업의 판도가 달라질 것이다. 이것이 진정한 4차 혹은 5차 산업혁명이다.

아마존의 특허9,216,857로 상상해 보면 여기에는 자율 화물차카고트럭뿐만 아니라 로봇, 드론 등이 가세할 것이다. 자율 화물차가 장거리 운송 역할을, 로봇이 선적과 하역 역할을, 그리고 드론이 최종 배송 역할을 담당할 것으로 상상된다. 그것도 한두 대의 로봇과 드론이 아니라 수십 대~수백 대가 협력하게 될 것이다. UPS의 사례처럼 아예 자율 화물차에 이러한 로봇들과 드론들을 싣고 다니면서 로컬라이제이션지역화, localization이라는 물류단지를 구성할 수도 있을 것이다. 이러한 자율 화물차+로봇+드론들은 스마트 데이터베이스의 인공지능 클라우드 혹은 집단 자체 디바이스들에서 제어 관리될 것이다Edge to Cloud, Cloud to Edge, On premise to Cloud, Cloud to on Premise. 인천에서 평택, 평택에서 목포와 여수, 여수에서 부산, 부산에서 속초까지 시범사업을 시작하여 플랫폼을 구축하고 이를 중국이나 일본까지 수출할 수 있을 것이다.

3. 기대 효과 및 성과 활용

① 좀 먼 이야기 같지만 AVs+Co – Bots+Drones+ α 가 융합되어 물류 전용 Hyperloop가 등장할 것이므로 정부는 모든 이해 관계자들과 장기적인 비전과 철저한 준비로 대응해야 한다.

② 우리나라가 자율차와 코봇과 드론을 융합해 산업 융합을 진흥시킬 좋은 기회이다.

③ 일본+한국+중국+러시아를 잇는 Hyperloop도 제안할 수 있을 것이다.

XⅢ 솔로 경제/1인 가구 시대 →
요리법+3DP/Co-Bots의 스마트 키친 플랫폼 🔍

1. 배경

1) 외국 배경

① 2004년에 MIT 미디어랩MIT Media Lab은 야심차게 부엌의 지능화Counter Intelligence 프로젝트를 시작했으나 추진 결과 개념상의 프로토타이프로 끝나 실패했다. 실패한 이유는 그릇이나 주전자에는 태그나 센서를 붙일 수 있으나 파, 고추, 배추와 양념 등에는 붙일 수가 없었기 때문이다. 그러나 지금은 3D 프린팅으로 그냥 찍으면 되는 시대이다.

자료: MIT Media Lab - Counter Intelligence(2004)

[그림 7-39] MIT 공대가 야심차게 추진했지만 실패한 미래의 부엌

② 2008년에 인텔Intel의 디지털 키친Digital Kitchen 프로젝트, 워싱턴 대학Univ of Washington의 디지털 키친 프로젝트, 마이크로소프트의 디지털 홈Digital Home 프로젝트 등 많은 기업과 대학 연구소들이 추진했으나 MIT와 같은 이유로 다 실패하였다.

③ 애플Apple은 2010년에 '가전과 부엌과 집의 제어Control of Appliances, Kitchen and Home(20100231506, 16 Sep 2010'라는 특허출원서를 공개하고, 2010년에 미국 거주 캐나다인인 티모디 프라이어Timothy Pryor라는 발명가가 갖고 있던 부엌 관련 특허기술을 16개 인수하고 스마트 부엌 시장을 준비하고 있으나 아직은 구체적인 계획을 발표하고 있지는 않다. 아직 시장의 추세를 보고 있는 것으로 판단된다.

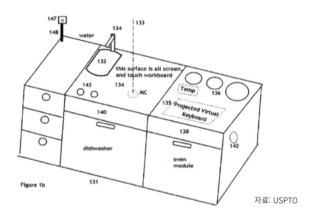

자료: USPTO

[그림 7-40] 애플 특허출원서 공개서상(20100231506, 16 Sep 2010)의 가전과 부엌과 집의 제어

④ 마이크로소프트가 2011년에 만든 동영상인 '2020년의 미래 비전Productivity Future Vision'에는 미래의 부엌이 등장한다. 요리법에 따라 용기들의 위치가 다르고, 요리하는 방법을 동영상으로 볼 수 있다. 단, 3차원 프린터는 등장하지 않는다. 이는 미래의 비전을 보여주기 위한 것으로 실제 추진하지는 않고 있다.

자료: Microsoft via Youtube(02 Nov 2011)

[그림 7-41] 2020년의 미래 비전(Productivity Future Vision)에 등장하는 미래의 부엌

2) 국내 배경

(1) 내일 뭐 먹지와 건강을 고민하는 1인 가구의 솔로 경제(Solo Economy)의 도래

우리나라 1인 가구 비중이 2017년 556만 가구28.5%에서 2025년이면 670만 가구에 달해 전체 가구 수의 31%에 달하고, 2035년이면 763만 가구로 34%를 넘어설 것이라는 전망이 나왔다. 2017년 9월 12일 한국건설산업연구원건산연은 통계청이 발표한 '2015~2045년 장래 가구 추계' 자료를 분석해 '건설 동향 브리핑' 자료를 통해 이같이 전망했다. 건산연에 따르면 2045년이 되면 1~2인 가구 수는 전체의 71.3%1589만8000가구까지 증가하는 것으로, 1인 가구 36.3%809만8000가구, 2인 가구 35.0%780만 가구에 달할 것으로 전망했다.

바야흐로 1인 가구 시대의 나 홀로 경제Solo Economy가 도래하는 것이다. 따라서 1인 가구의 비즈니스 메가트렌드는 맞춤형과 주문형과 조립형의 1인에 의한 창조 경제로 요약될 수 있다. 이에 따라 1인 방송, 조립식/이동식 가구, 가전 제품의 소형화/미니화, 편의점 증가, 외식 시장 증가, 1인 식당/메뉴, 특히 내일 뭐 먹지와 건강을 고민하는 1인 가구를 대상으로 하는 '삼시 세끼', '내일 뭐 먹지', '나 혼자 산다', '식사를 합시다' 등의 방송이 대세이며 인기 몰이를 하고 있다. 이러한 니즈를 반영한 지능형 키친 플랫폼Intelligent Kitchen Platform을 개발·구축·서비스할 필요가 있음을 시사하는 것이다.

(2) DIY의 3D 프린팅과 Co-Bots의 도래, 이를 적극 활용할 수 있는 곳이 바로 부엌

현재는 DIY 개념의 3D 프린팅이 메가트렌드로, 이를 반영한 곳이 바로 먹는 것식자재과 각종 그릇세라믹과 플라스틱 기구들을 DIY와 3D 프린팅으로 찍어 해결할 수 있는 부엌Counter이다. 지금 현재 피자를 3차원 프린터로 찍는 마당에 2020년이면 설렁탕을 못 찍어 낼 이유가 없다.

자료: KBS via Youtube(9 Sep 2015)

[그림 7-42] 로봇이 썰고 프린터가 찍어 내고…요리의 미래는?

또한, 협업 로봇인 Co-Bots을 활용하면 누구든지 음식을 만들어 먹을 수 있다. 따라서 솔로 경제를 위한 지능형 키친 플랫폼Intelligent Kitchen Platform을 개발·구축·서비스할 필요가 있다.

자료: SBS via Youtube(4 Sep 2016)

[그림 7-43] 재료만 넣어도 원하는 음식 '뚝딱'…요리하는 로봇

(3) Big Data → Smart Data와 인공지능(AI)의 도래, 이를 적극 활용할 수 있는 곳이 바로 부엌

인공지능AI도 빅테이더 → SD가 없으면 무용지물이다. 빅테이더 → SD를 가장 쉽게 수집하고 구축할 수 있는 곳이 바로 지능형 부엌이다. 우리나라 전 지역의 농수산물·음식한식의 종류 등을 데이터화하고, 음식을 만드는 요리법 Recipe을 3차원 영상으로 만들면 이게 바로 스마트데이터이다. 여기에 보건복지부의 '건강보험 데이터공공데이터'와 산업부의 창의 산업 미래 성장 동력 사업인 'PHRPersonal Health Record 기반 개인 맞춤형 건강관리 시스템 개발' 등을 연계하여 SD를 확장하고, 이를 바탕으로 인공지능AI의 알고리즘을 적용하면 개인 건강에 맞는 맞춤식 식단을 주별·월별로 서비스 할 수 있다. 또한, 여기에 농림축산식품부가 추진하고 있는 지역별 클러스트 스마트 팜Farm 및 농촌 관광과 직거래 프로그램, 그리고 한의학연구원의 사상체질 분석 시스템 등을 융합하면 이는 분명 10년 내에 대박을 칠 차세대 먹거리임에 틀림이 없다.

(4) 스마트 키친 시장 공략

스마트 홈이 추진되고 있으나 아직은 전 세계에서 성공 사례가 없다. 스마트 홈은 너무 넓은 광의의 개념으로 이를 좁혀서 스마트 키친 시장을 공략해야 한다.

2. 3DP + Co-Bots + 요리법의 스마트 키친 플랫폼

전반적으로 기술을 구현하는 데 큰 어려움이 없다. 기존의 기술을 활용·융합하여 클라우드 플랫폼을 구축하고, 플랫폼을 오픈해서 국민이 참여하는 Crowd Sourcing 전략을 활용할 수 있다.

내일 뭐 먹지와 건강을 고민하는 솔로 경제1인 가구의 젊은이·고령자 의 먹거리·건강을 해결할 3차원 요리법Recipe +식재료물질 +DIY의 3D 프린팅/Co-Bots+3D 식탁+클라우드·빅데이터·인공지능 등이 융합된 지능형·개방형 키친 플랫폼Intelligent·Open Kitchen Platform 을 개발·구축·서비스하여 우리나라 전 지역을 먹거리 산업6차 산업과 건강한 문화강국으로 육성할 수 있다.

(1) 3차원 영상 요리법(Recipe)

각종 포털과 채널을 통해 요리법의 콘텐츠를 집대성하고Aggregation , 부족한 요리법은 추가로 개발할 수 있다. 향후 성공하면 양식의 요리법도 개발하여 플랫폼을 오픈해서 국민들이 직접 요리법을 개발하고 유·무료로 유통시키도록 할 수 있다.

(2) 식재료(물질)

음식을 만드는 밀가루·양념 등과 그릇용기 을 찍어 내는 세라믹이나 플라스틱 물질로 손쉽게 공급망을 확보하여 에코 시스템을 구축할 수 있다.

(3) DIY 개념의 3D 프린팅/Co-Bots

이미 기술이 상당한 수준으로, 3D 프린팅/Co-Bots을 이용하여 식자재와 양념을 믹스하여 음식을 찍을 수 있으며, 게다가 그릇이나 반찬통은 세라믹이나 플라스틱 물질로 구성되어 있어 3차원 프린터로 찍어 해결할 수 있다.

(4) 3D 식탁(디스플레이)

현재 마이크로소프트의 서피스 컴퓨터 Surface computer 를 이용하면 가능하지만, 이를 벤치마킹하여 다른 방법 특허기술 우회 으로 3D Surface를 개발할 수 있을 것으로 판단된다. 또한, 물량이 확보되면 저렴한 가격으로 공급할 수 있다.

(5) 클라우드/빅데이터 → SD

건강보험 건강보험심사평가원·건강보험공단 등 공공 데이터를 활용하고 현재 추진 중인 PHR 등 다양한 데이터를 집대성하고, 클라우드 베이스의 플랫폼을 오픈해서 국민들의 경험 데이터를 SD로 표준화하여 축적할 수 있다.

(6) 첫 번째 제안의 XABNI+ α 와 연계

빅데이터 → SD가 구축되면 민간 기업들이 자발적으로 참여할 것으로 예측된다.

3. 기대 효과 및 성과 활용

① 스마트한 부엌 하나로 1인 가구/솔로 경제의 건강과 행복과 더불어 우리나라 전 지역을 먹거리 산업과 문화로 육성할 수 있는 절호의 기회가 될 것이다.
② 산업의 융합화 3DP+Co-Bots+요리법+의료+농업+α 를 실제적으로 구현할 수 있는 기회가 될 것이다.
③ 여기에 농림축산식품부가 추진하고 있는 지역별 클러스트 스마트 팜 Farm 및

농촌 관광과 직거래 프로그램, 그리고 향후 추진될 맞춤식 인간형 농업을 융합할 수 있다. 게다가 한의학연구원의 사상체질 분석 시스템과 향후 등장할 의사들의 약 처방 이외에 식단 처방 등을 융합한 에코 시스템의 플랫폼을 구축하고, 앱과 웹으로 서비스한다면, 이는 분명 10년 내에 대박을 칠 차세대 먹거리임에 틀림이 없다.

XIV 스마트 팩토리/자연 에너지 → 스마트 염전 & 태양광발전 동시 구축

1. 배경

1) 외국 배경

PVC 화학제품에서 발생되는 환경호르몬프탈레이트은 내분비계 질환을 유발하는 물질로 추정되고 있어 유럽 대부분 국가와 미국·일본·케나다 등의 선진국은 프탈레이트가 함유된 재품 및 기구의 사용까지 엄격히 규제하고 있는 상황이다. 많은 미식가 및 재벌들은 프랑스 소금을 선호하고 특히 프랑스의 플뢰르 드셀fleur de sel, 즉 소금 꽃이라고 불리는 소금은 미식가들의 밥상에 빠지지 않는 특급 소금으로서 100g에 수십만 원을 호가한다. 소금하면 프랑스 겔랑드를 일컫는데 이는 스마트 팩토리 최첨단 시설을 활용하여 소금, 특히 미네랄의 고급화를 추구하고 있기 때문에 전 세계적으로 유명세를 떨치고 있는 것으로 분석된다.

[그림 7-44] 대파질 시 심각한 환경호르몬 위해성 문제 원인 제공 광경

2) 국내 배경

(1) 우리나라 천일염의 최대 문제점

대부분의 염전은 PVC 화학 검정 비닐장판을 깔아놓은 염판에서 생산한다. 따라서 염전 바닥 대파질 시 심각한 환경호르몬 위해성 문제가 노출된다. 이러한 위해성을 알고 있는 일부 계층에서는 천일염을 외면하여 그 결과 천일염 가격이 하락하고 있다. 또한, 장판 밑의 염전 바닥이 햇빛과 통풍 차단으로 갯벌이 썩어가는 심각한 환경파괴 문제가 발생한다. 이러한 환경에서 생산된 천일염은 염장류나 절임류 등 여러 음식물을 통해 여과 없이 자연스럽게 우리 체내에 그대로 들어오게 된다는 점이다.

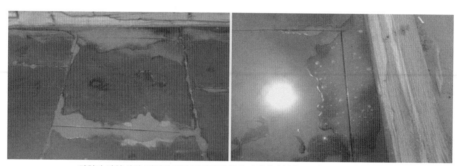

- 타일과 타일 사이, 타일과 염판 갓테두리 목재 사이에서 불용분, 사분 등 각종 미세립 불순물 유입 광경

[그림 7-45] 소금 품질 저하 원인 제공 광경

(2) 타일을 깔아놓은 염판에서 생산

타일과 타일 사이, 타일과 염판 갓테두리 목재 사이에서 불용분, 사분 등 각종 미세 불순물 유입으로 소금 품질 저하를 초래하고 있다. 대파질 시 타일 면과 타일 면의 날카로운 모서리 면이 서로 부딪치면서 발생되는 미세 유리 조각 같은 이물질이 유입된다. 이러한 문제점을 해결 불가능으로 판단하고 있는 생산자들은 또다시 검정 비닐장판 사용으로 되돌아가고 있는 실정이다. 또한 연약한 지반으로 형성된 염전 바닥을 고결시키기 위해 정체 불명의 각종 화

공약품 사용으로 천일염 품질 저하를 초래하고 있으며, 함수를 저장하는 해주 시설은 비위생적인 상태로 유지 관리되고 있는 실정이다. 이렇듯 염전 시설에 대한 세부적인 시설 규정이 없는 관계로 많은 문제점이 야기되고 있어 정부 불신만 가중되고 있는 실정이다.

(3) 실패 원인

전라남도 신안군은 2010년부터 2016년까지 신안 천일염 산업의 육성을 위해 바닥재 개선 사업 등에 총 700억 원을 투자해 왔고, 2017년 바닥재 개선사업은 배정 사업비의 약 2배에 가까운 87억 원을 투자했으나 모두 실패했다. 그 원인은 적합한 ICT/IoT 기술을 채택하지 않고 이벤트성의 창조경제혁신센터가 주관한 이유이다.

3) 스마트 염전의 필수 조건

이러한 문제를 해결하는 스마트 염전의 필수 조건은 다음과 같다.
① 식품으로서 발로 밟고 다니지 않고 생산되는 천일염이어야 한다.
② 비닐장판을 뚝뚝 긁어대는 대파질 없는 천일염을 생산해야 한다.
최소한 이 2가지 조건을 해결하는 것만이 최고 품질 미네랄을 포함하는 천일염 생산의 '스마트 염전'이라고 할 수 있다.

2. 스마트 염전 & 태양광발전 동시 구축

지역 중소 벤처기업을 중심으로 ICT/IoT를 활용한 기능성 고품질 천일염 및 태양광 전기 생산을 위한 스마트 염전 자동화 수출 전문단지를 조성해야 한다. 조성 방법은 다음과 같다.

① ICT/IoT를 활용한 '스마트 염전 자동화 시설^{가칭}'을 이용해 '최고급 품질 미

네랄을 포함한 기능성 천일염' 생산은 물론 신재생 에너지 '태양광 전기'까지 생산할 수 있다. 따라서 여러 가지 미네랄과 순도 높은 게르마늄까지 함유하고 있다는 서남해안 청정 해역 갯벌의 장점을 살린 맑고 깨끗한 '고품질 기능성 천일염'을 생산할 수 있다.

② 스마트 염전 시설 시 세계 최초로 한의학과 연계하여 사상체질에 맞는 '최고급 기능성 천일염'을 생산할 수 있다.

③ 이를 통해 국내 최초로 맑고 깨끗한 '고품질 기능성 천일염'을 생산하고 향후 국가 대표 브랜드로 육성하여 전 세계에 널리 알리면, 외국 체험 관광객 유치 등 대표적인 6차 산업화의 롤모델을 추구할 수 있다.

④ 새로운 대단위 일자리 창출과 동시에 그동안 막혔던 천일염 외국 수출 길까지 트이게 되어 강건한 천일염 기술 문화 강국으로 발돋움할 수 있다.

기존 염전

특허 공법 적용 개량형 염전
시공 후 소금 결정

자료: 민경철 박사(발명자 및 제안자), chmk1001@hanmail.net, 010-8293-6788

[그림 7-46] 특허 공법 적용 및 활용

3. 기대 효과 및 성과 활용

① 수십 년 동안 변화 없이 전래되어 내려오는 비위생적 염전을 위생적인 '스마트 염전 자동화 시설_{가칭}'로 대변혁을 꾀할 수 있다.

② 비닐장판에 의해 썩어가는 '갯벌 환경 파괴' 문제를 '갯벌 환경 복원화'로 전환시킬 수 있다.

③ 자연 신재생 에너지 '태양광 전기'를 생산하여 일석이조의 효과를 창출하고 정부의 재생 에너지 정책과 공조할 수 있다.

④ 한의학과 연계하여 '최고급 천연 바이오 기능성 천일염'을 생산하여 고부가가치 창출을 기대할 수 있다.

⑤ 생명공학 + 토목공학 + 한의학 + 식품가공학 + 전자 전기공학 + 기계공학 등이 하나 되는 융복합으로 '고품질 기능성 천일염' 생산 신기술을 확보하고 산업 융합화를 기대할 수 있다.

⑥ 천일염 수출 전문단지 조성을 통해 경제를 활성화하고 새로운 대단위 일자리 창출을 도모할 수 있다.

⑦ 수십 년 동안 해결하지 못했던 장판염의 오명에서 벗어나 '고품질 천일염' 수출국 진입과 동시에 특허 공법 기술을 외국에 수출할 수 있다.

1. 배경

1) 우리나라가 개발한 OG SYSTEM을 이용한 가연성 폐기물 자원/청정 석탄 발전

석탄액화 및 가스를 이용한 이론과 활용은 이미 오래된 역사를 가지고 있는데, 17세기 초에서 시작하여 19세기 말부터 본격적으로 사용하고 있다. 폐기물과 석탄 등을 활용하는 OG Organic Material Gasification, 폐기물/석탄 등 SYSTEM은 우리나라가 개발한 원천 석탄 가스화 복합발전 IGCC 기술이다. 기존 석탄 가스화 복합발전 기술은 산화와 환원의 조절이 어려워 설비 용량이 커서 적정 운전 조건을 찾기가 쉽지 않았다. 그러나 우리나라의 원천 OG SYSTEM은 산화와 환원 조절을 정확하게 하여 설비 용량의 소형화가 가능하고 운전이 용이한 것이 특징이며 장점이다. 따라서

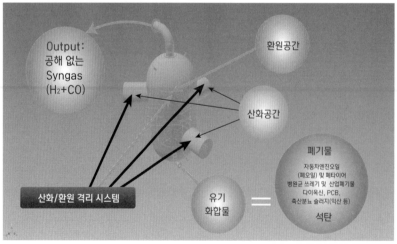

자료: 장연 대표(발명자, WR SYSTEM) & 정현희 박사(제안자, 한국연구재단)

[그림 7-47] OG System(유기물 가스화/수소화 장치) 개요 - 새로운 개념의 한국만의 최신 가스화기

소각잔재나 다량의 공해물질 없이 생산되는 합성 가스Syngas는 터빈을 돌려 발전을 할 수 있을 뿐만 아니라 2차 에너지원으로 활용되는데, 합성 가스는 수소와 일산화탄소의 혼합물로 메탄올 및 암모니아의 원료가 된다.

2) 현재 진행 상황

기술 실용화를 위해 한국환경공단, 한국전력기술화력발전소등과 협의·추진 중이다.

3) 실적 및 추진 현황

몽고 CEKTEX Group과 250톤 설치 계약을 완료하였고폐기물/석탄을 활용한 CNG 가스 충전 시스템, 말레이시아 KEEN STUDIO의 폐기물 처리 시스템50톤/일, 5,000만 달러 계약을 협의 중이며, 인도네시아 세마랑 지역 Off-grid 발전갈탄 사용 시설60MWh 용량, 1억 달러, 사우디아라비아의 음식물 처리 시스템 등과 협의 중이다.

2. 한국의 원천기술 OG SYSTEM유기물 가스화/수소화 에너지

국가 전략 기술로 선택하고, 원천기술을 확보한 기업과 한국연구재단을 중심으로 에너지 관련 산학들이 콘소시엄을 구성하여 다음과 같은 연구를 수행한다. 관련 기초 및 원천기술 확보를 위한 연구, 대형 상용화를 위한 기초 자료 수집과 관련 인력 양성, 규모화Scale Up를 위한 화학적/열역학적 반응로의 전산수치 모델 등을 연구 수행한다.

3. 기대 효과 및 성과 활용

① 국내 가연성 폐기물을 이용한 전력 생산은 원자력 신고리 5, 6호기 발전 용량보다 4.5배로 추정된다.

② 가연성 폐기물유기물 쓰레기, 하수 슬러지, 축산분뇨 슬러지 등을 활용할 수 있어 환경관리에
도 이익이 된다※ 익산 지역 축산분뇨 슬러지 등

③ 청정 석탄을 활용한 발전도 가능하여 향후 석탄화력의 청정 발전이 가능한
원천기술을 확보할 수 있다.

④ 효율성 있는 수소 발생 장치로도 활용할 수 있어 연료전지 생산에도 활용할
수 있다.

⑤ 이산화탄소의 메탄올 제조를 통한 발생량 조절도 가능하다.

[표 7-4] 우리나라 연간 가연성 폐기물 발생 종류 및 발생량(톤, 2015년 기준)

총배출량			22,113,890	열량 (Kcal.kg)	발생열량 (Kcal)	발생전력 (Kwh=860kcal)
생활 폐기물			6,788,964			
	기타	55.1	3,740,719	4800	17,955,452,595,504	20,878,433,251
	종이	29.3	1,989,167	5200	10,343,665,900,828	12,027,518,489
	나무	8.8	597,429	4800	2,867,658,490,752	3,334,486,617
	음식물	6.0	407,338	3000	1,222,013,561,400	1,420,946,002
사업장 폐기물			14,396,142			
	유기성오니류	45.8	6,593,433	3000	19,780,299,643,860	23,000,348,423
	고분자화합물	29.6	4,261,258	5000	21,306,290,737,200	24,774,756,671
	기타	18.4	2,648,890	4800	12,714,672,958,848	14,784,503,441
	폐지, 폐목제	6.1	878,165	5000	4,390,823,428,950	5,105,608,638
건설 폐기물			950,897			
	폐합성수지	63.9	607,623	5000	3,038,116,777,650	3,532,693,928
	폐목재	35.7	339,470	4800	1,629,457,561,872	1,894,718,095
합계					95,248,451,656,864	110,241,263,492KWh/년 (110,241,263MWh/년)
신고리 5,6호기 대체 관련					※신고리 5,6호기 발전 용량: 2,800,000KWh (=2,800MWh)	24,528,000,000KWh/년 24,528,000MWh/년

1,100억KWh/245억KWh=4.5배

자료: 장연 대표(발명자, WR SYSTEM, 041-415-2231) & 정현희 박사(제안자, 한국연구재단,
010-3412-2582), "원자력 신고리 5,6호기 발전용량보다 4.5배"

PART

8

대한민국 4차 산업혁명 마스터플랜 간담회

Korea Masterplan for the Fourth Industrial Revolution

대한민국 4차 산업혁명 마스터플랜 간담회 내용

　대한민국 4차 산업혁명 마스터플랜 제안 발표와 간담회를 개최했습니다. 대한민국 4차 산업혁명 마스터플랜 집필을 진행하여 중간 점검 단계로 몇 분의 석학과 전문가를 모시고 간담회를 개최하여 4차 산업혁명에 대응하는 대한민국의 산업 발전 전략과 정책에 대한 의견을 들었습니다. 대한민국의 건강한 미래 발전을 위해 참석하신 분들의 진솔하고 열띤 논의가 4시간 넘게 계속되었습니다.

- **일시**: 2017년 11월 08일(목) 오후 2시~오후 6시
- **장소**: 국회 의원회관 제2간담회실

■ 간담회 패널 위원

진대제 스카이레이크인베스트 회장(전 정통부 장관)

곽병선 인천대 석좌교수(전 한국장학재단 이사장)

이경숙 아산나눔재단 이사장(전 숙명여대 총장)

윤은기 한국협업진흥협회 회장(전 중앙공무원교육원 원장)

이남식 국제미래학회 회장(수원대 제2창학위원장)

차원용 국제미래학회 과학기술위원장(아스팩기술경영연구소 대표)

이순종 국제미래학회 미래디자인위원장(서울대 미대 명예교수)

강건욱 국제미래학회 헬스케어위원장(서울대 의대 교수)

문형남 국제미래학회 지속가능위원장(숙명여대 정책산업대학원 교수)

조성수 국제미래학회 3D 프린팅위원장(월간 3D 프린팅 발행인)

장문기 국제미래학회 드론위원장(한국드론협동조합 이사장)

강종진 국제미래학회 지역문화위원장(울산문화산업개발원 원장)

서재철 국제미래학회 미래인터넷위원(한국인터넷진흥원 수석연구위원)

박형우 한국과학기술정보연구원 슈퍼컴퓨터센터 센터장

민경철 환경건설개발 대표

정현희 한국연구재단 책임연구원

■ 좌장

안종배 국제미래학회 미래정책연구원 원장(한세대 교수)

안종배

: 지금부터 본격적으로 대한민국 4차 산업혁명 마스터플랜에 대한 간담회를 시작하겠습니다. 자문위원님들 말씀을 먼저 듣고, 이어서 집필위원님들 말씀을 듣는 형식으로 진행하겠습니다.

진대제

: 조금 전 안종배 교수께서 모두 발언을 통해 4차 산업혁명에서 해야 할 일과 당위성에 대해서 잘 설명해 주셨습니다. 차원용 소장께서도 준비하신 많은 내용을 아주 짧은 시간에 중요한 꼭지를 찍어 요약해 주셔서 놀랐습니다. 아까 발표한 17개 과제를 보면 잘 선정된 것 같고 전혀 무리가 없는 것 같습니다. 대한민국의 4차 산업혁명 마스터플랜을 만들어서 정부 정책의 건의사항으로 추진한다는 것은 굉장히 좋은 기획으로 보입니다. 어쨌든 간에 지금의 4차 산업혁명 과정 중에 여러 가지 형성되는 것을 우리가 실제로 산업에 활용하여 기술을 만들든가 아니면 일자리 창출에 기여하는 형태로 가야 되는데, 어떻게 할 것인가는 잘 모르겠네요. 그냥 비유적으로 이야기하면, 저도 요즘 아파트에 오래 살다 보니 이제 지겹다는 생각이 들어서, 조그만 단독주택 하나 지어서 살려고 집 짓는 설계를 몇 달 했어요. 머릿속에 1층으로 지을까, 2층으로 지을까, 조그만 땅에 입구는 어디에 낼까, 이렇게 구상하는 것과 비슷합니다. 내가 사는 집을 상상해서 설계하는 것이 필요하잖아요. 현재 진행 중인 마스터플랜 작업도 유사합니다. 4차 산업혁명의 전체 그림이 필요해서 무엇을 할지 여러 가지 지식과 상상을 해서 만들었는데, 그다음부터 어렵습니다. 돈 들어가지요. 시공사와 싸워야지요. 콘크리트 치고 날씨 추우면 어떻게 할 것인지, 비가 새면 어떻게 하는 것인지, 그다음에 구체적으로 집을 만드는 것은 별개의 일이지요. 그 뒤가 훨씬 더 복잡하고 어려운 것입니다. 이런 것을 감안하지 않고 마스터플랜을 짜게 되면 그냥 탁상공론이 되기 쉬우므로, 그것만 잘해 주시면 좋겠습니다. 지금 마스터플랜 만들고 있지만 재원에 대한 계획

이 필요하고, 어떻게 하든 정부의 4차 산업혁명 실행 계획과 연계가 되면 좋겠습니다. 거기는 재원이 있거든요. 국제미래학회에는 브레인이 많으니까 나중에라도 기회가 되면 그쪽의 힘을 빌리든가, 그쪽으로 움직이거나 하면 좋겠습니다.

안종배

: 예, 감사합니다. 부연설명을 드리면, 저희들이 지금 장관님께서 말씀하신 것과 같은 개념을 가지고 시작했습니다. 그냥 우리 학회에서 책을 발간하기 위해 마스터플랜을 만든 것이 아니고, 책은 오히려 후순위였지요. 대한민국이 4차 산업혁명 시대에 뒤처지지 않고 선도해 나갈 수 있도록 전체적인 그림을 누군가 그려야 하고, 이를 통해 비전을 전 국민과 공유해야 한다고 생각했습니다. 이러한 생각에 동의하는 국제미래학회 위원분들이 함께 공유하며 진행하다 보니까 자연스럽게 대한민국 4차 산업혁명 마스터플랜이 나온 것입니다. 국제미래학회가 직전에 대한민국 미래교육 보고서를 통해서 우리 국민들과 교육계에 많은 영향을 미치고 있는 것처럼, 우리가 이번에는 대한민국 4차 산업혁명 마스터플랜을 만들어서 실질적으로 국민들뿐만 아니라 정책 차원에서도 이것을 구현할 수 있도록 필요한 총괄적인 플래닝을 빨리 완성해서 제안하고자 합니다. 현재 각 부처와 부서마다 흩어져 있는데 대한민국의 종합적인 플랜이 필요하다는 생각이 들어서 그 플랜을 일단 저희들이 만들고 이를 다양한 루트를 통해서 정부 각 부처, 또 관련한 모든 기관 및 국민들에게 공유되도록 할 예정입니다. 그리고 저술이 출간되면 이 내용을 가지고 대대적인 컨퍼런스를 추진하겠습니다. 관심 있는 분들을 모두 참여시켜서 함께 컨퍼런스도 같이 하면서 올해 말까지 붐업을 만들어 갈 수 있도록 할 예정입니다. 그리고 국민들도 4차 산업혁명 시대에 대한민국이 어떻게 되고 무엇이 중요한지를 알아야 되니까, 좀 더 쉽게 이해할 수 있도록 책으로 만들어서 국민들도 전체적인 시각을 가지고 동참할 수 있게 하려고 집필을 시작한 것입니다. 이러한 계획으로 저희들이 전체적으로 진행을 하고 있습니다. 좋은 말씀 감사합

니다. 다음은 이경숙 아산나눔재단 이사장님의 말씀을 듣도록 하겠습니다.

이경숙

: 이 시점에서 국민 전체가, 그리고 정부가 관심을 갖고 갈 수 있도록 이런 내용들이 나온 것은 정말 시의적절했다는 생각이 듭니다. 그런데 발표를 들으면서 더 첨가됐으면 좋지 않을까 생각한 것이 있어요. 아무리 좋은 계획이나 또는 좋은 아이디어가 있어도 실천이 안 되면 결국 무용지물이 되더라고요. 따라서 제일 중요한 것은, 이제 비전은 나왔는데 누가 실천할 것이냐, 즉 리더십의 문제입니다. 그런데 그 리더십 중에서도 여기에 첨가했으면 생각하는 것이, 사실은 지금 우리 사회에서 가장 필요한 도전정신이라든지 혁신성이라든지 적극적으로 추진하는 그런 기업가 정신이라고 할까요. 기업가 정신교육이나 전략이 가장 중요하게 들어가야 되지 않을까? 결국 누군가 적극적으로 나서서 이것을 실천하지 않는다면 고생하고 만든 프로그램이 아무 의미가 없을까 우려됩니다. 그래서 그 부분이 강조돼야 된다는 생각을 하고, 그리고 또 하나는 기업가 정신은 교육하고 연계되지만, 마스터플랜이라면 결국 리더들은 물론이고 국민들의 마음과 정신을 이쪽으로 모아가면서 필요성을 느끼게 해주는 것에 대한 플랜이 있어야 합니다. 그래서 결국 이 좋은 내용들을 실천할 수 있는 그런 준비까지도 우리가 귀띔을 하지 않으면 이것은 그냥 보고 그런 것이 있구나 하고서 끝낼 것이라는 생각이 들어요. 이것이 어렵거든요, 내용이 선문석이라. 그래서 누가 나서서 교육 프로그램을 만들어서 실제로 전파하는 그런 역할까지도 해야 된다는 생각이 들었고, 중요한 것은 그것이 실행되어야 재정적인 지원을 받을 수 있다고 생각합니다. 그리고 지금 규제 완화에 관해서도 신재생 에너지 이야기를 했는데, 어제 저는 한 40명의 에너지 전문가들이 참가하는 포럼에 갔어요. 태양광과 풍력의 생산성에 관한 토론이 있었는데, 우리나라에서 풍력은 어렵다고 해요. 왜냐하면, 네덜란드가 풍력의 보고처럼 말하는데 거기는 최고로 높은 지대가 98m래요. 그러니까 바람으로 할 수밖에 없

는 것이지요, 땅이 낮으니까. 그런데 우리는 사방이 산으로 되어 있기 때문에 산이 막혀서 그렇게 바람을 계속 쓸 수 있는 것이 아니라고 해요. 그리고 지난번에 아랍에미리트에서 세계 최고의 원전을 만들어서 지금 가동 직전에 있는데, 그때 원전 교섭할 때 참가했던 사람의 이야기도 우리가 참고해야 할 것 같아요. 생산성의 문제인데, 그 나라 왕자한테 석유도 펑펑 나고 있고 사막에 태양이 마냥 비치는 나라에서 왜 세계 최고의 원전을 만드느냐고 물어봤대요. 그랬더니 태양광을 에너지로 쓰기 위해 사막 전체를 덮는다고 하더라도 모래바람이 한 번 불고 나면 청소를 하기 전에는 쓸모가 없다는 것이에요. 그런데 물이 정말 석유보다도 더 귀한 나라에서 물로 청소하는 것이 어렵고, 그다음에 3년 내지 5년 수명이 다 되면 다시 갈아 끼워야 하는데, 그다음에 또 태양광 집열판을 폐기 처분하는 것도 보통일이 아니라는 거예요. 그래서 시도를 했는데, 생산성에 있어서 도저히 장기적으로 할 것이 아니라고 생각돼서, 자기네는 원자력으로 정책을 바꿨다고 이야기했다는 거예요. 그런데 나는 사실 거기까지는 생각을 못 했어요. 그냥 태양이 비추면 집열이 되는 집 생각만 한 것이에요. 그러면 안전하고 좋을 수도 있겠다고 생각했는데, 전문가들이 구체적으로 이유를 설명하고 원인 분석을 하면서 데이터를 가지고 실제로 체험한 내용들을 말하니까 쉽게 이해가 되고 설득력이 있더라고요. 그래서 우리가 마스터플랜에 설득력이 있는 사례를 많이 넣으면 국민들이 좀더 쉽게 이해하지 않을까요. 가능한 한 그렇게 국민에게 접근하려면 알아듣기 쉬운 사례 같은 경험담을 가미하면서 마무리를 지어주시면 더 도움이 되지 않을까 그런 생각이 들었습니다.

곽병선

: 조금 전 이경숙 이사장님 말씀과 연결해서 말씀드리겠습니다. 콘텐츠의 각 파트별로 좋은 아이디어를 제시해 주셨는데, 이것을 묶어서 기업이나 정부나 또는 일반 시민을 대상으로 일종의 레코멘데이션recommendation을 만들면 좋겠습니

다. 예를 들면 아까 좋은 지적들을 하셨는데, 4차 산업혁명 시대에 어울리지 않는 칸막이가 정부 조직 내에 있습니다. 그래서는 안 되는 것입니다. 협업 시대에 웬 칸막이냐 말이에요. 그러니까 기업을 향해서는 어떻게 하고 또 우선순위가 필요하다면 우선순위를 정해서 종합적으로 정립된 레코멘데이션을 마련하면 어떨까요? 제가 이 말씀을 드리는 것은, 한 달 전에 제가 그리스에서 열린 제9회 세계지성올림피아드에 참석했었는데 거기는 모든 분야를 진짜 협업으로 합니다. 각자 자기 분야에서 최고 전문적인 발표를 하고 나서 그것을 묶어서 12개의 레코멘데이션으로 정리하는 것을 봤어요. 그것을 보고 아까 이 총장님도 말씀하셔서 그런 작업을 하면 어떤가 하는 말씀을 드립니다.

안종배

: 오늘 이 자리에서 말씀하신 것처럼 대한민국 4차 산업혁명 마스터플랜 구현을 위한 추진 정책 10계명 제안, 이런 식으로 10가지를 선정해서 간담회 결과 10가지 레코멘데이션으로 정하면 굉장히 의미가 있을 것 같습니다.

이경숙

: 너무 길면 안 읽을 것이니까 요약이 필요합니다.

안종배

: 이남식 회장님께서 가장 중요한 인공지능 부분을 집필하셨습니다. 중국에 다녀오셨는데 한 말씀 부탁합니다.

이남식

: 지난주에 중국을 다녀왔습니다. 중국 4차 산업혁명의 전진기지라고 할 수 있는 선전을 다녀왔습니다. 여러분이 잘 아시다시피 화창베이라고 거기에 수만 개

의 기업들이 모여서 지금 여기에 대한 것을 엄청나게 하고 있는데, 놀라운 것은 선전시의 인구가 1,700만 명인데 평균 연령이 33세입니다. 그리고 현재 중국이 계획하고 있는 것은 선전·광저우·마카오·홍콩을 하나의 단일 도시로 통합하고 6,600만 인구를 가진 세계 최대의 실리콘밸리를 능가하는 도시를 만들어서 경쟁력을 높이겠다는 것입니다. 그런데 이웃 나라가 그러고 있을 때 지금 우리나라의 관계자들, 특히 정계에 계신 분들 만나 보면 4차 산업혁명에 관하여 이야기하지 말라는 거예요. 지금 우리 사회에 중요한 것은 빈부 격차를 줄이는 것이고, 어려운 사람들 도와주는 것이지 이런 것 자꾸 해서 일자리 없애지 말라는 말씀들을 국회의원들이 하시더라고요. 그래서 정말 충격적이었습니다. 사실은 미래를 구성하는 이런 책을 정치 지도자들이 꼭 봐야 합니다. 앞으로 다가올 우리 미래를 지금 잘 설계하지 않으면 3년 뒤, 5년 뒤의 미래가 없어집니다. 지금 우리가 너무 많은 시간을 참 가치가 없는 일들에 허송세월하고 있지 않으냐는 그런 생각을 해보면서 지금 저희가 급하게나마 이런 일을 하게 된 데 대해서 여러분께 감사드리고 또 좋은 결과로 결실을 보았으면 하는 바람입니다. 또 이것들을 하나하나 봤을 때 부족한 점이 많습니다. 하지만 전체적인 윤곽을 우리가 안다는 것은 상당히 중요한 것 같습니다. 그래서 이러한 작업들이 모여서 전체가 어떻게 생겼다는 그림을, 저도 사실 5페이지, 6페이지를 쓰기 위해서 한 1,000페이지 이상을 봤었지만, 전 세계적으로 아직 구체적인 그림이 없습니다. 그렇기 때문에 우리가 뒤진 점도 있지만 그래도 이러한 움직임 자체가 상당히 중요한 임팩트를 줄 수 있겠다는 생각도 해봤습니다. 하여튼 여러분께 감사드립니다. 또 앞으로 좋은 결실을 볼 수 있도록 그렇게 다 함께 노력했으면 좋겠습니다.

안종배

: 회장님, 어쨌든 인공지능 관련해서 집중적으로 스터디하면서 혹시 대한민국의 인공지능 산업 부분과 해외 선진국과의 어떤 차이를 느끼신 것이 있으십니까?

이남식

: 예, 인공지능 이야기가 나왔으니까 말씀을 드립니다. 지금 우리에게 가장 두려운 것 중의 하나는 소위 오픈 이노베이션입니다. 개방형 혁신이라는 것은 자신들이 지금까지 만들어 놓은 것을 다 오픈해서 거기에다가 계속 새로운 벽돌을 올리는 식으로 하기 때문에 매우 빠른 속도로 변하고 있다는 것입니다. 뉴스에서 보셨겠지만, 2016년에 이세돌과 대결했던 알파고가 불과 1년이 채 안 돼서 구글에서 새로 만든 알파고제로한테 100대 0으로 졌습니다. 그런 새로운 아이디어들에 의해서 또 실험을 하니까 더 좋은 것들이 무척 빨리 나오고 있기 때문에 원천기술에 대한 중장기적인 도전도 필요하지만, 지금 액센추어라든지 전 세계 여러 전문기관에서 내놓은 리포트에 의하면 20세기가 지나면서 세계 경제가 침체되지 않습니까? 그런데 유일하게 침체를 돌파해 낼 수 있는, 적어도 한 10% 이상의 경제 발전을 시킬 수 있는 것이 바로 인공지능과 기계학습 분야라고 지목하고 있습니다. 그래서 저희는 이러한 것들을 가져다가 어떻게 하면 빨리 효과적으로 응용해서 전체적인 생산성을 높일 것인가 하는 것이 단기적으로 우리가 추진해야 될 과제가 아닌가 생각이 됩니다. 할 것들이 무척 많고, 우리가 어느 정도 할 수 있는 역량도 있다고 판단이 됩니다. 그것과 더불어서 이제 교육을 혁신해서 이러한 새로운 분야들을 빨리빨리 국민 전체가 잘 수용해야 합니다. 일자리가 분명히 없어지지만 또 많이 만들어집니다. 일자리의 대이동이 일어나는데, 이것을 어떤 국가가 적응해 내느냐에 따라서 세계가 바뀌게 됩니다. 대표적으로 스페인과 포르투갈이 14세기부터 16세기 동안 세계 최강 국가였습니다. 하지만 막대한 부를 축적했지만 산업혁명의 물결을 수용하지 못했습니다. 지금 스페인이라는 나라가 세계에서 차지하는 영향력이 이제는 없어지지 않았습니까? 소니가 얼마나 대단한 회사였습니까? 그렇지만 브라운관 TV에서 평판 TV로 넘어갈 때 투자를 게을리한 결과 거의 20년 동안 고생하다 요즈음 다시 살아나고 있습니다. 이런 것처럼 우리 국가도 과거의 성공이 미래의 성공을 보장하지 못합니다. 지금 우리가 투자의 기회를 놓치

면 결국 10년 뒤의 미래가 없어지는 것입니다. 그러므로 우리의 논의가 투자로 연결돼야 합니다. 지금 논의되는 분야들이 국가적으로 얼마나 투자하느냐에 따라서 우리의 10년 뒤가 좌우되기 때문에, 제발 국민들의 세금을 가지고 예산을 운영하시는 분들께서 적절하게 때를 놓치지 말고 중요한 투자를 결정해 주기를 바라고 있습니다.

안종배

: 다음은 헬스케어 분야에 오랫동안 활동을 하고 계신 서울대 의대 강건욱 교수님을 소개합니다. 우리나라가 헬스케어 분야에서 많이 앞설 것 같은데도 그러지 못 하고 있습니다. 그래서 이번에 우리가 헬스케어 분야의 중요성을 인식하고 주력 산업 중의 하나로 선정했습니다.

강건욱

: 안녕하십니까, 강건욱입니다. 저는 현재 갑상선암을 진료하고 있으며, 암 연구를 15년 동안 했습니다. 요즈음에는 주로 나노 기술로 연구하고 있어서 대한나노의학회 회장을 같이 맡고 있습니다. 그래서 첨단 기술과 암, 이런 예방 쪽에 많은 연구를 했습니다. 제가 이 책에서 기술을 해습니다만, 그동안 많은 분이 암 치료라든지 치매 치료 예방, 이런 모든 것에 다 포커싱을 하고 있는데, 이것은 전 세계적으로 마찬가지입니다. 그럼에도 불구하고 이 분야에 대해서는 사실 그다지 큰 혁신이 이루어지지 않고 있습니다. 예를 들어 어떤 약품이 암 환자들의 생명을 3개월 살리는 것을 6개월 더 살린다고 하여 대단한 신약처럼, 1년에 한 1억씩 글로벌 제약회사들이 팔고 있습니다. 그런데 저는 이것을 완전히 뒤집어서 노화 자체를 병으로 인식하고 있습니다. 우리나라에서는 지금까지 이 분야의 연구가 없었습니다. 그런데 오히려 구글이나 이런 데에서는 노화를 치료의 대상으로 인식하고 투자를 하기 시작했습니다. 왜냐하면, 사람이 늙어 가는 속도가 거의 20년 이

상, 한 80대쯤 되면 차이가 납니다. 그러면 어디가 정상이냐? 가운데가 정상이냐 아니면 선두 5%의 굉장히 젊은 사람이 정상이냐? 앞으로는 이러한 사실이 훨씬 더 큰 시장이고 더 중요한 것입니다. 그런데 지금 거기에 대해서는 의사들도 거의 신경 쓰고 있지 않습니다. 무엇이냐면 해마다 600명의 의사가 나옴에도 불구하고, 실제로 모든 의대 교육은 다 환자 중심입니다. 건강 증진에 대한 예방이라는 것도 예방의학을 잠깐 배우지만, 주로 통계적 역학이라든지 어떤 질환이 왜 발병했는지 그 원인을 찾는 그런 연구가 대부분입니다. 이것은 그저 예방이지 정말 실질적으로 한 사람 한 사람의 건강을 증진시키고 그 사람 유전체에 맞추어 건강을 증진시켜 주는 약을 쓴다든지, 그 사람에 맞는 운동을 처방한다든지 하는 그런 것들은 배우고 있지 않고 있습니다. 그중에 하나가 4차 산업혁명이 되면서 AI와 빅데이터가 의료계로 들어오기 시작했는데, 우리나라는 1998년부터 서울대병원이 건강관리 데이터인 일렉트로닉 메디컬 레코드를 시작했고, 그 당시에 저도 참여하면서 전산화가 됐습니다. 벌써 한 20년 된 것이지요. 그래서 대부분의 병원, 의원들, 신평원과 검진센터들이 다 전산화가 돼서 개인의 건강 의료정보들이 이미 자료화되어 있습니다. 그럼에도 불구하고 병·의원 서로 간에 전혀 호환되지 않고 있습니다. 개인적으로 검진센터는 여기에서 하고, 병원은 저기로 가고, 경우에 따라서는 의원도 가고, 또 어떤 분들은 여러 군데를 다니고 있습니다. 그렇지만 아무도 그 정보를 다 알고 있는 사람이 없지요. 자기 자신도 사실은 그것을 모두 다운로드 받아서 볼 수도 없는 것이고, 그 다음에 어떤 특정, 예를 들어 3차 병원에 가기 위해서 갔다고 그러면 2차 병원에서 준 진단서하고 간단한 자료 몇 개를 갖고 갑니다. 실제로 제 환자들이 요즘에 아산병원이나 세브란스에서 암이 악화되어 저한테 옵니다. 그럴 경우에 환자 본인이 과거 5년, 10년 동안 앓았던 병의 자료를 카피해서 가지고 오는데, 제가 서울대병원에 이것을 업로드할 수가 없습니다. 그러니까 제가 얼른 훑어보고 몇 개 중요한 포인트만 찍어서 메모하면, 이것으로 다 끝나는 것이지요. 다시 말해서 누구든 그 사람을 총체적으로 평생을 관리

할 수 있는 시스템이 지금은 없습니다. 그 데이터가 흩어져 있습니다. 10년 이상 PHRpersonal health record 하고, EHRelectronic health record 해서 표준화를 계속해 왔지만, 각 병원들은 그것을 전혀 믿지 않았습니다. 그런데 이제는 심평원이나 건강보험공단에서는 빅데이터를 모을 수가 있으므로 이 빅데이터를 가지고 활용을 하겠다고 이야기하니까, 시민단체에서 개인 정보를 동의 없이 활용한다고 반대하고 나섰습니다. 덩달아서 각 병원 입장에서도 그것을 자기들이 갖고 있는 일종의 지식 재산인데 그것을 왜 내놓느냐, 이런 식이 되어서 결국 빅데이터가 있음에도 불구하고 하나도 모이고 있지 않은 상태입니다. 그래서 제가 지금 이것을 추진하면서 계속 이야기했던 것이 개인 정보 보호 문제를 해결하면서 개인이 소유하자는 것입니다. 그러니까 지금까지 금융은 이제 휴면계좌, 증권, 보험 모든 것을 다 통합해서 검색이 가능하므로 어디에 휴면계좌가 있는지까지 다 찾아 주게 되는데, 지금 의료는 그렇지 않습니다. 그래서 의료에서도 전국에 흩어져 있는 것을 자기가 검색해서 어디어디에 있다는 것을 확인하고, 그것을 다운로드 받고 싶으면 개인이 다운로드 받게 하자는 것입니다. 그런데 이것이 우리나라가 최초로 하자는 것이 아니라, 이미 미국에서 블루버튼 이니셔티브라고 2010년부터 시작했습니다. 그래서 지금은 그것이 의무화되어 있습니다. 그리고 점점 늘어나서 예를 들면, 이제 LA에 있는 UCLA 메디컬센터 같은 경우도 '마이 차트'라고 해서 여기에 앱을 깔면 자기가 모두 다운로드 받습니다. 자기가 모든 검사 결과, 처방받은 것을 가지고 있습니다. 그 정보를 활용하면 많은 서비스를 받을 수 있습니다. 예를 들어서 우리나라의 경우, 저도 요즘에는 유전자 정보를 다 검사해 줍니다. 그러면 유전자 검사와 제가 그동안 알았던 온갖 질환부터 시작해서 건강 정보들을 모두 종합해서 넣어 보면 이것이 저한테 맞춤 예방을 해줄 수 있는 것이지요. 당신은 이제 이 정도 고혈압인데 당신 가족력이나 여러 가지를 보니까 지금 혈압약을 쓰는 것이 좋겠다. 아니면 당신은 지금 운동이나 살을 빼는 것이 좋겠다. 이런 식의 접근을 해줄 수 있는데, 이 서비스가 현재로서는 막혀 있습니다. 그 까닭은 소비자 단체들이 바르게 인식을 못해서 그렇습니다. 이미 소비자가 모든 권한을 갖고 있습니다. 지금도 다운로드를 못 받는 대신 가서 일일이 만 원씩 주고 이만큼 복사해 오고 CD로 담아 오는 불편을 겪고 있는 것이지요. 이미 전산화되어 있는 것을 아날로그식으로 다운로드 받는 것이에요. 그래서 그것을 법제화시켜서 어느 병·의원이든 간에 다 이것을 전산화해서 다운로드 받을 수 있도록 법제화시켜 버리는 것이에요. 그러면 모든 것을 다운로드 받아서 그것을 블록체인에 올리고, 그러면 그 정보를 가지고 각종 예방 서비스를 받을 수 있습니다. 환자, 소비자 입장에서는 굉장히 좋은 맞춤형 서비스가 일어나고, 산업체 입장에서는 그런 빅데이터들이 개인 정보 보호와 관계없이 활용할 수 있으므로 그 산업 자체가 활성화됩니다. 그래서 저는 이제 이것을 한국판 블루버튼 이니셔티브 이런 것을 하나 추진하고 있습니다.

안종배

: 이 부분도 보완해서 하나의 사례로 포함시키면 좋을 것 같습니다. 헬스케어가 자연스럽게 정보 보호와 연결되는군요. 인터넷진흥원에서 정보 보호를 총괄하신 서재철 연구위원님으로부터 정보 보호에 관한 이야기를 듣겠습니다. 개인 정보를 포함해서 정보 보호에 관해 말씀해 주십시오,

서재철

: 지금 정보 보호가 오늘과 내일, 또 미래의 문제로 계속 기반저으로 깔려 있습니다. 잘 아시다시피 이제 IT가 4차 산업혁명으로 가면서 계속 초연결성이 됩니다. 그래서 실제 연결이 되면 더 큰 인프라의 문제가 생길 수 있다는 것이지요. 하나하나가 정보 보호의 대상이 되는 것입니다. 여러분이 쓰고 계시는 작은 IT 기기부터 시작해서 집에 있는 냉장고, 각종 장비들까지도 다 대상이 되므로 이제 그 대상들 하나하나가 문제가 되는 것입니다. 결국에 소프트웨어로 연결되어 있는데, 그 소프트웨어 자체의 문제가 됩니다. 또 그 해킹이 나날이 발전되는데, 가장

무서운 것은 인공지능이 결합된 정보 보호, 그러니까 인공지능이 발전만 되는 것이 아니라 공격에서도 인공지능 데이터를 가지고 매일 3천~4천 개가 들어오고 있어요. 우리 직원들이 365일 검색하고 있지만, 똑같은 것이 없습니다. 지난번에 북한에서 공격해 왔는데, 그것 하나 추적하는데도 한 달 넘게 걸립니다. 왜 이렇게 발표가 늦느냐고 야단법석이지만, 그럴 수밖에 없지요. 그것이 계속 로빌 데이터만도 수없이 나오고, 또 그것을 계속 바꿔가면서 만드는 것이니까요. 그리고 똑같은 것이 없습니다. 그런데 또 갈수록 모든 것이 연결되니까 하나만 뚫리면 다 뚫리게 됩니다. 그래서 저희 회사에서는 개인 정보를 중시해서 개인 정보 CCTV에 대한 보안, 또는 VR이라고 위치 정보에 대한 보안까지도 하고 있습니다. 그 하나하나가 어디 하나만 뚫리면 다 문제가 되는 것이므로 각종 장비라든지 암호, 홍채인식 등 IoT 4차 산업이 총체적으로 되어 있는 융합 보안까지 같이 다 하고 있습니다. 저희 부분은 기본적으로 계속 방어가 되어 있습니다. 아이언 돔, 시큐어 돔 이렇게 해서 저희가 프로텍트를 하고 있지만 이것은 역부족일 수도 있고 또 이것을 막는다고 노력을 하고 있어도 혼자 막는 것이 아니고 전 세계가 같이 가야 하며, 민간, 군, 일반 공공기업까지 같이 가는 것입니다. 그래서 저희 회사에 경찰뿐만 아니라 군부대 쪽에서도 나와 있습니다. 이제는 혼자 막는 것이 아니라 다 같이 막아야 됩니다. 또 시민운동도 당연히 같이 전개돼야 합니다. 개인 정보 하나하나, 또는 전체 싸고 있는 보안까지도 같이 가야 됩니다. 우리나라가 생각보다도 훨씬 더 해외 시장을 개척할 여지가 많습니다. 부품이라든지 제품들이 하나하나 요소별로 잘 되어 있어요. 해외 시장도 저희가 개척하고 있고, 또 하다 보니까 직원도 늘어나면서 커지고 있어요. 제가 마지막 줄에 썼지만, 신규 일자리가 늘어나면서 점점 커지고 있다는 것이지요. 그런데 가장 큰 걱정은 인공지능과 결합된 정보 위험이 들어오면 어쩔 것인가? 어디로 향할지 모르고, 또 누구한테 해당될지도 몰라요. 그래서 이것이 무슨 바이러스같이 그냥 하나만 해결하면 되는 것이 아니라, 전체적으로 포진되어 있으니까 정말 조심해야 되고, 제3, 제4를 강조해야 된다고 생각합니다. 이런 이유로 저는 이제 미래 맵을 만들어야 한다는 것을 강조하고 있습니다. 마음을 졸이고 살고 있지만 어쨌든 다 같이 협조해서 같이 가야 된다고 생각합니다.

안종배

: 정보 보호가 그만큼 중요해질수록 하나의 산업으로서 또 일자리를 창출하는 역할이 커질 수밖에 없을 것 같습니다. 다음은 박형우 키스티 슈퍼컴퓨터 센터장님 말씀을 듣겠습니다.

박형우

: 이미 앞서 발표한 자료를 보시면 4차 산업혁명과 관련된 기술은 기본적으로, 예를 들면 AI든 빅데이터든 모든 것이 수많은 컴퓨팅 자원, 즉 슈퍼컴퓨터를 필요로 합니다. 그래서 이미 알고 계시는 알파고와 왓슨이 있는데, 왓슨 같은 경우에도 왓슨 이름 그 자체가 슈퍼컴퓨터 이름이면서 또 다른 AI 서비스 이름이기도 합니다. 그래서 슈퍼컴퓨터가 무척 중요한데 지금까지는 슈퍼컴퓨터는 전문가라든지 과학자들이 써왔습니다. 하지만 4차 산업혁명에서는 슈퍼컴퓨터가 모든 국민에게 개방되어야 합니다. 그런데 잠깐 본질을 살짝 비껴나가면, 4차 산업혁명이 진행되면 직업이 줄어든다는데 저는 그렇게 보지 않습니다. 전 국민한테 슈퍼컴퓨터를 개방한다는 것은, 슈퍼컴퓨터를 누구나 활용할 수 있게 한다는 것은 국민들이 문제 해결 능력 또는 국민들이 직업 활동에서 슈퍼컴퓨터를 누구나 활용해서, 즉 그 분야에서 해결 능력에서 글로벌 경쟁력을 갖게 하는 것이라고 생각합니다. 각자 일반인들이 일을 함에 있어서 어떤 AI라든지 또는 슈퍼컴퓨터 내지 이런 능력, 도구의 도움을 받아야 합니다. 이제는 우리가 글로벌 시대에 살고 있고, 세계가 다 연결되어 있으므로, 우리가 어떤 비즈니스를 할 때 국내가 아니라 전 세계를 대상으로 비즈니스를 해야 됩니다. 이제는 경계가 없습니다. 그래서 무엇을

하든지 간에 내가 하는 일이 글로벌 경쟁력이 있어야 됩니다. 따라서 우리가 4차 산업화, 우리나라가 4차 산업화를 하면 할수록 저는 직업을 잃기보다는 국제적인 글로벌 직업 경쟁 시대에 있어서 한국인이 직업을 갖는 기회가 더 높아진다는 말을 하고 싶습니다. 슈퍼컴을 쓰게 됨으로써, 예를 들면 과거에는 슈퍼컴퓨터 설명을 전 우주적 공간에서 기후 변화라든지 태풍 예측, 아니면 비행기를 설계하면 비행기 표면에서의 공기 흐름 같은 것을 주로 했지만, 최근에 와서는 저희가 슈퍼컴퓨터를 산업 쪽에 적용합니다. 중소기업에 가면 수십 년 동안 오랫동안 근무한 장인들이 있습니다. 이 장인들의 노하우를 소프트웨어로 표현합니다. 즉 이분들의 노하우를 AI와 소프트웨어로 표현해서 저희도 보통 M&S라고 합니다. 모델링 앤드 시뮬레이션을 해서 이분들이 습득한 기술을 마치 로봇이 달라붙듯이 장인 한 사람 한 사람마다 컴퓨터라든지 AI 기술, 이런 지능 정보 기술들을 접목시키면 보다 더 생산성과 효율성이 높아집니다. 그래서 저희가 이 보고서에 복잡계 사회문제라고 했는데, 사실은 전반적인 문제에 컴퓨터와 AI와 빅데이터의 도움을 받아서 지금보다 더 전문 아이템, 초전문 아이템, 그다음에 그것도 초정밀의 일을 보다 더 쉽게 할 수 있는 그런 것을 가능하게 합니다. 4차 산업혁명에서 슈퍼컴퓨터는 가장 아래에 있는 공통된 인프라라고 생각합니다. 무엇을 하겠다고 기획을 할지라도 대부분이 CPU라는 것 안에서 돌아갑니다. 그래서 수많은 CPU가 필요하기 때문에 이러한 슈퍼컴퓨터를 국민들에게 개방하면서, 그런데 그냥 개방하는 것이 아니라 각 분야별로 존재하는 장인들의 노하우를 소프트웨어화 한 M&S 소프트웨어와 관련된 IoT라든지 센서로 모인 빅데이터를 같이 계산할 수 있는 이런 환경을 우리가 오픈한다면 우리나라가 4차 산업혁명을 하는 데 크게 이바지를 할 수 있지 않을까 생각을 합니다.

안종배

: 슈퍼컴퓨터가 현재는 아직 누구에게나 개방이 안 됐나요?

박형우

: 사실은 저희가 지닌 슈퍼컴퓨터 용량이 생각한 만큼, 우리나라 과학자들과 전문가들이 쓰기에도 솔직히 조금 부족합니다. 그럼에도 불구하고 저희가 이제는 개방해서 누구나 쓸 수 있도록 교육을 하고 있고, 현재는 중소기업 쪽에 중점적으로 활용을 지원하고 있습니다.

이남식

: 그런데 최근에 슈퍼컴퓨터를 능가하는 퀀텀 컴퓨팅이 또 많이 있지 않습니까? 그쪽도 국가적인 R&D를 좀 추진해야 되는 것 아닌가요?

박형우

: 현재 과학기술정보통신부에서 양자 컴퓨팅 분야도 많은 준비를 하고 있습니다.

안종배

: 장관님, 추가 말씀하시겠습니까?

진대제

: 세 가지만 말씀을 드리겠습니다. 안 원장이 17가지 과제를 잘 선정했는데, 융·복합적이지만 큰 것이 하나 빠진 것 같습니다. 이것이 다 신산업에 대한 것인데, 우리 전통 산업에 대한 이야기가 없는 편이거든요. 그것을 다시 묶어서 이야기하면 스마트 팩토리가 빠졌어요. 스마트 팩토리라는 말을 여기에 한 꼭지를 추가해 넣으면 전통 산업의 혁신입니다. 사실 독일의 인더스트리 4.0 스마트 팩토리

가 우리 4차 산업하고 거의 동격이라는 말인데, 그것이 빠졌습니다. 그것이 우리로 봐서는 상당히 시급하고 아주 중요해요.

이남식

: 여기저기 부분적으로 들어가기는 했습니다.

진대제

: 그 정도로는 안 되겠지요. 여기에 인공지능이나 로봇 등이 다 관계되는 큰 꼭지가 하나 빠진 것 같습니다. 그리고 지금 이렇게 마스터플랜을 만든 것이 대체로 10년 연구과제를 포괄적으로 말씀하신 것 같은데, 사실 10년이면 정부가 두 번 바뀌는 것입니다. 그러니까 그렇게 플랜을 만들어도 별 소용이 없어요. 그러므로 눈에 보이는 것을 만들어야 됩니다. 바로 내년이면 무엇인가 중간 결과가 있는 것을 만들지 못하면 그냥 탁상공론으로 끝나는 것이거든요. 눈에 보이는 4차 산업혁명을 만들어 내야 됩니다. 그리고 역시 재원을 갖고 있는 사람과 함께해야 무엇인가 일이 성사됩니다. 제가 오늘도 오후에 광진구 상공회의소, 광진구 구청에서 주최하는 행사에 강연하러 갑니다. 여기와 비슷한 주제로 강연하게 되는데 돈은 중앙정부가 아닌, 정말 재정이 넉넉한 지방정부에 많습니다. 거기에서는 무엇인가 특화된 사업을 하고 싶어 합니다. 그래서 오히려 중앙정부보다 리더가 있어요. 제가 안양상공회의소, 안양시도 가고 용인시, 또 성남시, 이런 데 가면 재원이 충분히 있는데 뭐를 해야 하는지 잘 몰라요. 그래서 지방정부에다 그 지역에 맞는 꼭지를 하나 선사를 하면 추진력이 우리 국제미래학회에서도 생길 것이고, 거기에서도 좋아할 것이 아닌가 하는 생각이 듭니다.

안종배

: 다음에는 민경철 대표님 말씀을 듣겠습니다.

민경철

: 천일염하면, 말씀드리기가 좀 조심스럽습니다만, 국가 기관 산업입니다. 그런데 대다수 천일염이 장판염입니다. 외국에서는 환경 호르몬 프탈레이트에 대해서는 기구 사용까지도 엄격하게 규제를 하고 있습니다. 눈에 보이는 4차 산업혁명을 해야 합니다. 우리나라 서·남해안의 염전이 굉장히 광활합니다. 그런데 조금 전에 말씀드렸던 환경 호르몬이 프탈레이트에 노출된 것을 우리는 자연스럽게 씻어도 씻어지지 않는 것이 천염입니다. 여러분 집에 가서서 소금을 갖다가 끓여 보십시오, 녹는가. 안 녹습니다. 속에 한 번 결정된 입자 속에 비닐 각질이 들어가 있을 것입니다. 까만 비닐 각질이 들어가 있는데 끓인다고 해서 녹는 것이 아니고 그것이 자연스럽게 여과 없이 체내에 흡수하게 됩니다. 그러면 방법이 없는 것이 아니라 있습니다. 염판을 스마트 염전으로 만들어 놓고 보니까 거기에서 바이오 솔트가 나옵니다. 드신 분들이 많이 있습니다. 너무 좋아했습니다. 제가 베트남이나 다른 나라에 갔을 적에 그 나라 사람들에게도 맛을 보여 줬어요. 예일대 교수가 왔습니다. 맛을 보여 줬더니 너무 좋아합니다. 맛이 달라요. 오늘도 차 한 잔 마실 때 조금 쳤어요. 쌍화차 맛이 180도 달라집니다.

안종배

: 이것이 구현되면 눈에 보이는 좋은 성과가 나올 수 있을 것 같습니다. 다음은 차경환 대표님도 함께 하시면서 느낀 점이 있을 것 같은데요.

차경환

: 간단하게 몇 가지 느낀 점과 또 현장 사례를 말씀드리겠습니다. 제가 유아교육과 실버교육 분야를 맡고 있는데, 얼마 전에 유치원에 갔더니 현수막에 '4차 산업혁명 시대 창조적인 유아 독서교육'이라고 적혀 있더군요. 저는 수년 동안 같은 독서교육을 하고 있는데, 현수막 제목이 그렇게 바뀌었어요. 그래서 유치원이나

유아교육 현장에서도 4차 산업혁명이라는 명칭을 써야 앞서가는 것 같은 이런 사회적인 분위기가 되었다는 생각을 했습니다. 그리고 제가 노인정에 가서 노인교육을 하다 보면, 어르신들 교육에도 '4차 산업혁명 시대 일자리 창출 세미나' 같은 것이 있었어요. 살펴보니 실버 레크레이션, 실버 요가, 이런 것들을 4차 산업하고 결부시켰더라고요. 그런 사회적인 현실을 보면서 제가 이번에 마스터플랜 실행위원으로 참여하는 데 상당히 자부심을 갖게 되었습니다. 왜냐하면, 제가 이쪽 분야의 전문가는 아니지만 좀 더 실질적으로 현장에서 4차 산업혁명이 무엇인지를 알리는 계기가 되었다는 생각을 하고 있으며, 그리고 또 제가 독서 운동을 하고 있으므로, 이 책이 발간되면 오늘 간담회의 요지와 책의 내용을 많이 알리는 데 노력하겠습니다.

안종배

: 요즈음은 교육 분야를 비롯해서 많은 국민이 4차 산업과 연계해서 무언가 해야 되겠다는 의식을 가지고 움직이고 있는데, 그런 면에서 참 정책적인 관점에서 무엇인가 조금만 더 힘을 쏟아 주면 서로 결합이 잘될 것으로 생각이 됩니다. 강종진 원장은 지역에서 4차 산업과 관련해서 열심히 하고 계십니다. 울산도 최근에 보니까 4차 산업에 대해 대단히 많은 사업을 추진하고 있더라고요.

강종진

: 저는 울산문화산업개발원의 강종진 원장입니다. 4차 산업혁명에 대한 이야기는 정말 유치원에서도 나올 만큼 핫이슈로 떠오르고 있습니다. 시대 흐름에 걸맞게 미래에 대한 깊은 통찰을 하는 논의가 이루어지는 것이 바람직하다고 생각합니다. 제가 지금 생각하고 있는 포인트 중의 하나는 플랫폼이라고 하는 것인데, 사실 대단히 중요한 키워드입니다. 그런데 지금 플랫폼이라는 부분들이 다 플랫폼과 연관이 되어 있기는 하지만, 플랫폼 산업에 대한 것들이 빠졌다는 것이 제

생각입니다. 이 플랫폼은 잘 아시겠지만, 사실 융·복합 시대의 모임의 장이라고 할 수 있을 것 같습니다. 즉 과거의 종로 세운상가를 아시지요? 종로 세운상가에 가면 핵폭탄도 만든다는 소문이 있었습니다. 그 말이 무엇이냐면, 그곳에 가면 많은 기술들이 한 곳에 집약되어 있었기 때문에 어떤 것이든 만들 수 있다는 것입니다. 그것이 용산 전자상가로 넘어갔다가 이제는 사이버로 다 넘어갔습니다. 이러한 플랫폼들의 역사가 있었는데, 미래도 역시 또 플랫폼 산업이 이루어질 것입니다. 이 플랫폼이 왜 필요한가? 지금 국가가 수천 억을 들여서 R&D를 하는데, 매년 그 R&D 결과물들이 전부 캐비닛에 들어 있습니다. 제가 보기에 약 80%는 캐비닛에 들어 있는데, 그 R&D 과제가 어떻게 보면 연구원들의 월급일 수도 있습니다. 이런 것이 과연 우리나라 미래의 진짜 먹거리에 발동을 걸어줄 수 있는 에너지로 우리가 활용할 수 있는가. 결국 'R&D = 수요와 공급'이 이루어져서 이것이 산업과 어떤 활용으로 열매가 맺어져야 된다는 것이 정말 중요한 라인인데, 저는 그것을 연결시켜 줄 수 있는 곳이 플랫폼이라고 생각합니다. 예를 하나만 든다면 우리가 VR, AR 산업이 있습니다. 지금 VR, AR 산업 콘텐츠 만드는 사람들 정말 많습니다. 나도 너도 다 만들고, 애니메이션 하던 사람도 지금은 VR을 만들고 있습니다. 그 VR을 왜 갑자기 만드느냐? 국가가 VR 산업을 육성 산업으로 지정해 상당한 R&D 비용을 투입하니까 4차 산업의 대표적인 콘텐츠 기술인 것처럼 생각하면서 거기에 많은 기술자가 투입이 됐어요. 그래서 그 콘텐츠들이 만들어져서 나가고 있는데, 그러면 VR을 필요로 하는 사람은 누구일까요? 지금 콘텐츠 만드는 사람들이 VR을 만들어서 어디에다가 쓰느냐 하면 VR 방을 만드는 것입니다. 그래서 또 게임 아니면 아이들이 와서 VR을 즐기고, 체험 시설을 타고 즐기고, 라이더타고 이런 VR 콘텐츠를 만들고 있는데, 사실은 VR이 꼭 필요한 곳이 산업체입니다. 예를 들어서 4호기, 5호기, 6호기 핵시설 안에 사람 들어갈 수 있습니까? 그 안이 어떻게 생겼는지 본 사람은 없을 거예요. VR은 볼 수 있잖아요. 예를 들면 그런 여러 가지 이용을 해서 산업에서 어려운 공간, 갈 수 없는 공간, 또 사람이 하면 돈이 많이 들거나 위험한 공간, 거기에서 VR을 써서 할 수 있는 수요는 무궁무진합니다. 그리고 그것을 요구만 하면 만들어 줄 수 있는 콘텐츠 기술자들 엄청 많은데, 이 VR을 활용하려는 산업체는 많지 않고, 콘텐츠 만드는 사람들은 그런 것이 필요한지 잘 모릅니다. 하지만 이것을 서로 연결시킬 수 있는 플랫폼, 이런 것이 VR 산업에서도 꼭 필요합니다. 또 드론 같은 데에서도 마찬가지입니다. 지금 전 세계적으로 오픈소스가 많이 나와 있습니다. 드론을 띄우고 앉히고 돌리고, 무엇을 탐지하고 GPS 관리하고, 이런 오픈소스라고 해서 하나하나 코드마다 다 패키지로 만들어져서 코드가 다 심어져 있어 다운로드 받아서 쓰기만 하면 됩니다. 그런데 개발자들이 다운을 받아 어떻게 연결시켜, 이것을 플라잉 컨트롤러라고 하는데, FC에다가 어떻게 넣어서 이것을 내 것으로 만드는지를 몰라서 매일 힘들게 밤샙니다. 그런데 알고 보면 사실 그렇게 어려운 기술도 아닙니다. 그런 기술들을 연결시켜서 마음껏 쓸 수 있게끔 하는 플랫폼, 그래서 공급과 수요가 자연스럽게 시장에 돌아, 세운상가처럼 무엇이든지 사갈 수 있는 곳, 필요로 하는 사람 오기만 하면 공급자는 항상 있는 곳, 이러한 미래의 시장을 우리가 만들 수 있다고 저는 생각합니다. 그래서 이 4차 산업혁명 시대에 플랫폼이라고 하는 키워드는 꼭 다뤄져야 된다고 생각을 하는데, 빠져 있기 때문에 말씀드리는 것입니다.

안종배

: 우리 마스터플랜 추진 전략의 첫 번째 방안이 플랫폼 비즈니스와 플랫폼 생태계를 만들자는 것입니다. 첫 번째 스마트 플랫폼을 선택하고, 그것을 통해서 비즈니스를 만들어 내자, 이것이 첫 번째 전략이었고요. 어쨌든 다시 한번 강조해 주셔서 고맙습니다. 다음은 한국연구재단 미래전략실의 정현희 연구위원입니다.

정현희

: 저는 부연설명 정도 될 것 같습니다. 사람도 힘이 있어야 일을 하고 무엇인가

를 하듯이, 사회도 그렇고 국가도 그렇고 산업도 그렇고, 결국 에너지가 뒷받침되어야 할 수 있는 것이라고 생각을 합니다. 요즘 탈원전 분야에서 이런 것을 생각할 수 있는데, 친환경적인 그린 에너지로 우리가 대체할 수 있는 부분이 있겠는가에 대하여 고민했습니다. 우리나라에서 나오는 모든 유기물 쓰레기들을 다 에너지화해서, 그러니까 가스로 만들어서 스팀을 만들든지 발전을 시키든지, 아니면 그것을 이용해서 메탄올을 만들어서 저장을 하든지, 아니면 앞으로 수소연료 시대라고 하는데 수소연료를 또 간단하게 만들든지 다양한 방법으로 활용할 수가 있습니다. 그런데 우리나라는 작은 기업이 한 30년 걸려서 오랫동안 해왔는데, 새로운 기술을 만들어도 제도권에 진입하기가 참 쉽지 않은 것 같습니다.

안종배

: 지금 사회의 모든 분야에서 디자인이 안 들어가는 부분은 없습니다. 몇십 년동안 디자인을 연구하셨고, 디자인의 다양한 분야에서 활동하고 계시는 이순종 서울대 미대 교수님께 의견 부탁합니다.

이순종

: 사실 4차 산업혁명에 대해서 제가 아는 지식은 많지 않지만, 오늘 이 혁명에 대해 열일곱 분이 발표하는데 예술이나 디자인 분야는 유일하게 제가 들어가 있습니다. 그래서 이런 자리에서 같이 논의를 해서 4차 산업혁명이 정말 꽃으로 피어나고 열매를 맺는 계기가 되지 않을까 그런 생각 때문에 참여하게 되었습니다. 우선 저는 두 가지를 이야기할 수 있을 것 같은데, 하나는 왜 4차 산업혁명과 디자인을 연결시켜야 되는지는 서두에 정리했습니다. 혁신이 어떻게 일어납니까? 기술로 혁신이 일어나는 것 같지만, 애플 사례를 보면 1997년도에 665달러로 출발했는데 2012년, 그러니까 15년 후에는 5,344억 달러가 돼서, 시가총액으로 보면 704조 원으로 올라가서 미국 기업 역사상 최고 혁신을 이뤘다고 합니다. 그것이 바

로 디자인 혁신입니다. 타임지에 나온 2011년도 자료를 보면, 미국 내에서 81위로 마이크로소프트의 5분의 1 수준의 R&D 투자이지만 신기술 개발에는 전혀 투자를 안 했다고 합니다. 마케팅과 디자인에 투자해서 혁신 기업을 이루었습니다. 그러므로 똑똑하게 R&D 투자를 하려면 디자인이나 마케팅 기술은 산재되어 있으니까, 그것을 사들이는 것에 주목할 필요가 있습니다. 그리고 또 잊어버리기 쉬운 것이 50년 이상 성공한 기업들의 통계를 보면 두 가지를 중시했다고 합니다. 하나는 당연히 기술 혁신이고, 두 번째 중요한 것이 디자인입니다. 디자인 혁신과 기술 혁신이 이루어졌는데, 둘 중에 하나를 포기한다면 기술 혁신을 포기하고, 디자인은 유지하고 투자해야 한다는 자료가 있습니다. 그 이유는 기술은 물리적 유용성만 제공하지만 디자인이라는 것은 기술, 제품, 서비스를 통해서 인간과 관련된 감성적 만족을 주므로 성공의 열쇠가 디자인 혁신이라는 것을 여러 자료를 통해서 살펴볼 수 있습니다. 정리해서 말씀드리면, 디자인이 혁신하는데, 그리고 문제 해결의 중심이 될 수 있다는 것입니다. 특히 4차 산업혁명과 관련돼서 우리가 기술 이야기를 하는데, 저는 '기술 + 인간' 이야기를 같이 심화시켜서 염두에 두고 연구를 하면서 어떻게 살아가야 할지에 대한 비전을 제시해야 한다고 생각합니다. 그런 차원에서 앞으로 소프트웨어도 있고 콘텐츠도 있고 뉴미디어나 사회 시스템이나 여러 가지 삶과 관련된 영역이 있는데, 그런 영역의 삶의 비전을 제시할 때 좀 더 디자인을 활용해서 정확한 코디네이션이라든지 통합적인 가치 증진이라든지 그런 것들에 대해서 관심을 함께 가져야 될 것 같습니다. 그래서 제가 정리한 것은 이런 것들을 토대로 해서 디자인이 문제 해결의 중심이라고 생각하고, 문제 해결을 꼭 산업에 국한시켜서는 안 될 것 같습니다. 먼저 산업 전에 교육이 있어야 되고, 또 연구가 있어야 되고, 산업 후에 사회화에 대한 문제가 있기 때문에 4가지 영역에서 정리했습니다. 첫 번째 교육과 더불어서 저희 디자인 분야뿐만 아니라 일반 교육 분야도 가장 큰 문제가 종합적인 경험 교육이 부족한 것입니다. 또 한편으로는 많은 대학이 요즘에 디자인 thinking이라 해서 디자인 사고를 창의적 사고에 접목시켜서 가르치는 현상을 볼 수 있습니다. 하지만 우리 디자인 쪽은 예산이 과학 분야에 비해서 0.05%입니다. 디자인 분야에서 전공자가 매년 5만 명씩 나오고 있는데 0.05%를 지원하기 때문에 거의 돌아가는 것이 없습니다. 그러니까 연구라는 것을 우리 디자인이나 예술 쪽에서는 할 수가 없어요. 그래서 자투리 연구를 한다든지 학술 연구를 한다든지 쓸모없는 연구를 많이 하고 있고, 중요한 디자인과 기반 기술, 과학에서 이야기하는 기반 기술하고 융합해서 연구하는 그런 케이스가 거의 전무한 실정입니다. 그리고 인간 이야기를 했지만, 디자인을 통해서 인간이 앞으로 기반 기술을 통해서 또는 4차 산업혁명의 기술과 더불어 어떻게 살아야 할지에 대한 미래 라이프스타일을 연구해야 되는데, 그런 것에 대한 접목된 융합 연구가 부재하기 때문에 기술이 따로 노는 그런 위험성이 내재되어 있습니다. 그리고 우리 중소기업의 한 80%가 디자인을 이용하지 못합니다. 두 가지 문제인데, 하나는 디자인을 몰라서, 두 번째는 개념 개발을 비롯하여 디자인부터 유통까지 토털 컨설팅 서비스를 해줘야 되는데, 그런 다각적인 서비스를 할 수 있는 조직이 우리나라에는 하나도 없습니다. 특히 앞으로 가상공간, 그다음에 인공지능, 창의교육, 가상도시, 또는 혁신도시에 관한 이야기를 할 수 있는데 그런 것들을 컨설팅하려면 종합적인 컨설팅 회사가 있어야 합니다. 우리 사회에서는 보편적으로 디자인 영역을 제품, 시각, 환경, 공해, 그런 식으로 나누는데 정말 옛날 방법인 것 같습니다. 앞으로는 주거가 어떻게 될지 교육이 어떻게 될지 건강이 어떻게 될지 생산, 교통, 그런 생태 문제, 그런 것들을 디자인과 더불어서 연구하는 것이 중요하다는 생각이 듭니다. 뒤에 과제를 말씀드린 대로 4가지로 나눠서 첫 번째 교육과 더불어서 엔터테이너십과 다학제, 그리고 메이커 교육, 그것을 디자인 쪽에서도 시켜야 될 것 같고, 다른 학문에서도 체험 위주의 학습을 시켜야 될 것 같습니다. 두 번째로는 디자인 사고 교육을 시켜야 합니다. 디자인 사고 교육이라는 것은 사물을 바라보는 통찰력이라든지 또 융합을 어떻게 해야 되는지에 대한 방법론, 그리고 만든 것을 어떻게 소통시켜야 되는지, 아름다움에 대한 인지

능력과 표현 능력 등의 교육이기 때문에 이 교육은 대학은 물론 전 국민에게 시켜야 된다고 생각합니다. 그런데 그런 것을 연구할 수 있는 기금이 턱없이 부족합니다. 앞으로 여러 가지 4차 산업혁명과 더불어서 기초 기술이 나올 텐데, 그것을 어떻게 주된 삶의 요소와 연결시켜야 될지에 대한 연구와 더불어서 빅데이터가 있으면 빅데이터를 통해서 미래를 어떻게 살아야 될지를 추출할 수 있을 것 같습니다. 그리고 그런 추출을 디자인과 더불어서 하면서 그것을 검증하고 실험하여 산업화시키는 것이 연구의 두 번째입니다. 세 번째는, 여러분도 아시겠지만, B&B, E&B, 유튜브라든지 우리나라 뽀로로는 모두 디자이너가 개발한 기업입니다. 그래서 디자이너들이 개발한 기업들은 기술 중심이 아니라 사람 중심이기 때문에 성공률이 300%가 높다고 합니다. 그런 사실을 유념해서 디자인 주도의 연구 개발이라든지 스타트업을 해보면 어떨까? 말씀드린 대로 디자인 산업은 통합적 컨설팅 디자인 기업이 있어야 합니다. 그리고 디자이너들의 창의력을 이용해서 디자인 주도형 디자인 기업, 또는 만들면 굉장히 경쟁력과 수익성이 높은 그러한 중소기업들이 탄생되지 않을까 생각을 해봅니다. 마지막으로 디자인의 꽃이 저는 도시라고 생각을 해요. 그래서 디자인을 예를 든다면, 미래의 삶을 가상한 첨단 기술을 삶의 요소들, 교육이라든지 연구라든지 모든 곳에 접목시켜서 정말 미래 삶은 이렇다는 것을 한 마을, 사실 제가 거기에 참여하고 있습니다. 지금 판교 쪽에 제로시티를 만들고 있지 않습니까? 아마 11월 16일 론칭을 하는데 그런 도시들이 디자인 도시면 어떨까? 예를 들면 연극 도시면 어떨까? 농업 도시면 어떨까? 스포츠 도시면 어떨까? 특화해서 하이테크high tech와 삶과 전문 영역을 접목시켜서 도시를 디자인하고 수출해 보는 것이 과제입니다. 저는 과학보다는 우리나라의 재질이 예술과 디자인에 있다고 봅니다. 통계를 내보면 금세 압니다. 아마 과학에서의 업적보다는 디자인과 예술에서의 업적이, 스포츠에서의 업적이 세 배 정도는 높을 겁니다. 거기에 굉장히 능숙한 그런 국민이기 때문에 잘하는 것을 살려서 4차 산업혁명을 꽃피웠으면 하는 것이 제 생각입니다.

안종배

: 얼마 전에 TV에서도 중국의 4차 산업혁명을 소개하면서, '디자인을 통해서 4차 산업혁명이 꽃피고 있다'라는 주제로 프로그램이 방영되었습니다. 가면 갈수록 중요한 부분이 디자인인데, 우리는 여전히 학교에서도 그렇고 대부분 학생들을 뽑을 때는 디자인하면 그림 그리는 것만 보고 뽑고 있어요. 그림을 안 그려도 얼마든지 디자인할 수 있는데, 그림 그리는 것만으로 뽑다 보니까 디자인 영역이 자꾸 그림 그리는 사람으로 한정되고, 그 외에는 디자인과 관계없다는 인식이 생깁니다.

이남식

: 그런데 또 조형성이라는 것이 굉장히 중요하기 때문에 어떤 폼을 만들어 내고 하는 것에 전문성이 있거든요. 그러니까 그것을 또 인정해 줄 필요가 있습니다.

안종배

: 다음은 3D 프린팅 부분으로, 우리나라 최초이자 유일한 3D 프린팅 잡지가 있습니다. 3D 프린팅 분야에 관심을 가지고 선구적인 역할을 하고 계시는 조성수 대표님을 소개합니다.

조성수

: 3D 프린팅 기술은 1983년 미국에서 개발한 것입니다. 그리고 3D 프린팅 분야의 특허는 미국이나 독일, 일본, 중국에서 거의 대부분을 가지고 있습니다. 특허가 풀린 여러 가지 방식들이 있는데 SLS와 FDM이라는 방식은 2012년 6월에 특허가 만료됐고요, 그리고 금속 SLS 방식은 2014년 2월에 만료됐습니다. 그동안 국내에서도 특허권 때문에 사실은 개발하고 싶어도 개발하지 못하는 그런 단계가 많았습니다. 그러니까 선진국에서 특허권을 다 갖고 있다 보니까 국내에서 만들고

싶어도 만들 수 없는 그런 상황이었습니다. 외국에서 갖고 있는 특허들을 보면 고급 스포츠카 람보르기니라든가 보잉과 같은 항공기 분야에 많이 있습니다. 이런 부품들은 금형비가 워낙 비싸서 금형을 뜨는 것이 하나씩 만드는 것보다 더 큰 비용이 드니까 아예 3D 프린팅으로 만들고 있습니다. 자동차나 항공기 엔진 같은 경우도 3D 프린팅으로 하고 있습니다. 그것이 오히려 저렴하다고 생각하고 있는데, 이런 특허의 문제점을 보면, 고급 특허는 여전히 미국에 많이 있고 지금도 아직 열려 있지 않습니다. 지금 한국에서는 요즈음에 많이 급부상하고 있는 의료, 바이오 분야에 신경을 많이 쓰고 있습니다. 선진국이 보유하고 있는 특허가 일부 풀렸다고는 하지만, 실질적인 것은 다 선진국이 가지고 있습니다. 그런데 의료, 바이오 분야는 우리나라에서 봤을 때 조금씩 특허가 나오기 시작하고 정부에서도 지원하고 있습니다. 인체 인식이라든가 여러 가지 치과에 관련된 것, 이런 것들도 현재 하나씩 개발을 완료하고 있습니다. 그다음에 주얼리 분야도 지금 한국에서 특허화시키고 있습니다. 그러니까 개인들도 특허를 계속 내고 있고 국가에서도 산업을 키우기 위해 노력하고 있습니다. 선진국의 테드 관련된 업체들이 특허를 많이 갖고 있는데, 우리도 그런 업체들이 하나씩둘씩 생기고 있습니다. 하드웨어 같은 경우에는 지금도 외국하고 차이가 많이 나며, 소프트웨어도 크게 다르지 않습니다. 그래서 이런 하드웨어하고 소프트웨어하고 격차를 줄일 수 있는 것이 아까 제가 말씀드렸던 바이오 분야를 정부에서 많이 신경을 써야 될 것 같습니다. 그다음에 스마트 팩토리 말씀을 하셨는데, 이것을 보면 여러 가지 뿌리 산업 같은 경우는 그 지방마다 산업단지들이 있습니다. 그래서 3D 프린팅 쪽으로 많이 지원을 하고 있는 추세입니다. 그리고 건축 분야에서, 중국의 경우 하루에 집을 완성하는 그런 단계도 와 있고, 두바이 같은 경우는 이미 건물을 지어서 그 안에서 업무를 볼 수 있는 공간을 마련해 두었습니다. 앞으로는 우리가 살아갈 때 필요한 의식주, 건축, 패션이라든가 이런 분야에 정부에서 신경을 쓰면 선진국보다 빠르게 움직일 수 있다고 봅니다. 그다음에 우리나라 반도체 분야는 전 세계적으로 알아주니까 그런 기술을 먼저 선점하는 것도 좋을 것 같습니다. 그리고 요즘에는 의학도 CT로 바로 3D 도면화하고, 태아 사진을 3D 프린팅해서 바로 볼 수도 있습니다. 그래서 그런 쪽 기술을 플랫폼 업로드해서 판매할 수 있는 것도 필요하며, 콘텐츠 시장도 있어야 될 것 같습니다. 그리고 이제 금속 3D 프린팅 같은 경우는 특허권이 많이 풀렸기 때문에 지금 더 좋은 재질과 소재, 소재 같은 경우는 현재 3D 프린팅으로 웬만한 것은 다 만들 수 있습니다. 이런 소재 부분 산업을 육성할 수 있도록 정부 지원이 필요합니다. 그리고 의료 분야는 인체 이식, 장기 이런 것도 3D 프린팅이 지금 되어가고 있으므로 그런 쪽도 신경을 쓰면 좋을 것 같습니다.

안종배

: 특히 우리에게 매우 아까운 부분 중의 하나가 3D 프린팅이라고 봅니다. 중국이라든지 해외에 비해서. 그리고 또 하나가 드론이 있습니다. 드론을 굉장히 큰 영역으로 활용할 수 있는데 우리는 지금 거의 극소수만 사용하고 있고, 아는 사람만 알고 있는 것 같습니다. 드론협동조합 장문기 이사장님의 말씀을 듣겠습니다.

장문기

: 드론 부분을 맡은 장문기입니다. 4차 산업과 관련된 기기중, 자율 자동차와 드론은 눈에 보이는 것이기 때문에 4차 산업 간판이 붙은 데는 시범적으로 매일 드론이 날아다니고 있습니다. 불행히도 드론은 중국의 특정 제품, 디자인 제품과 그 다음에 미국의 인텔, 프랑스의 페로, 이 3개의 회사가 모든 기술을 독점하고 표준화하려고 하고 있습니다. 그리고 이 회사를 중심으로 플랫폼이라든지 또는 개발되는 것이 하나하나씩 파생돼 있고 또 모이고 있습니다. 그런데 다행히 틈새시장도 또 있더군요. 우리가 보통 민수용이라고 하면 TV나 영화에서 보면 촬영용도 있을 수 있고, 경비용이나 공격, 국경 감시도 할 수 있는 드론이 물론 있습니다. 그런데 이런 드론들이 우리나라에서도 예외적으로 적용되는 것이 하나 있습니다.

2015년 중국의 농업용 드론 MG1이 한 해에 15개가 파손돼서 나갔습니다. 유례없는 일이었습니다. 왜냐하면, 이 드론이 들어와서 모든 회사에서는 이것은 자율 비행이 가능한 것이라고 이야기했었는데, 문제는 우리는 구글의 지도를 서비스하지 않습니다. 그러니까 구글을 베이스로 자율 비행을 하게 만들어 놨는데, 우리는 일정 부분에서 드론에 지도를 제공하지 않아서 문제가 발생됐다는 것이지요. 그래서 틈새시장으로 발생된 것이 한국의 농업용 드론입니다. 사실 어떻게 보면 농약 드론이라는 것이 더 정확한 말입니다. 단지 농약을 뿌리는 드론이기 때문입니다. 그런데 외국에서도 헬기를 사용 못 하고 드론을 쓸 수 있는 시장, 이런 마켓을 우리나라가 만들어 간다는 것입니다. 빅3 업체가 있지만, 한국형 드론도 자리를 잡을 수 있습니다. 얼마 전에 미국 국방부에서 중국 드론에 대해 전부 사용 금지령을 내렸습니다. 저도 드론을 구매하다 보면 안에 무슨 데이터가 어떻게 흘러가는지를 모르겠더라고요. 드론은 다른 것과 달라서 하늘로 뜨는 순간 모든 데이터를 다 기록합니다. 그것이 어디로 가는지를 저희도 모릅니다. 이것이 바로 나중에 저희가 아까 말씀하신 것처럼 보안 문제도 과연 정보의 국경이 있느냐, 넘어가는 선은 어디냐, 이런 문제도 많이 연구가 돼야 합니다. 그리고 시장용이나 민수용 쪽은 시장이 또 존재합니다. 그다음에 저희가 보기에 2년 후부터 셀카 드론이 나옵니다. 다행히 드론은 이제 막 시작되는 시점이고 시장이 나누어지는 시점입니다. 우리가 4차 산업혁명 시대를 맞아서 이렇게 정보를 수집할 수 있고 그다음에 개인의 콘텐츠를 만들 수 있는 기본적인 움직이는 플랫폼, 눈에 보이는 하드 플랫폼 드론에 조금 더 집중적으로 개발했으면 합니다.

안종배

: 우리가 예전 같으면 월등히 앞설 수 있는 분야인데 뒤지다 보니까 중국이 앞서가고 있습니다. 엄청난 기술도 아닌데도 불구하고 많이 놓치고 있는 분야라고 생각합니다. 그리고 대한민국 4차 산업혁명 마스터플랜은 우리나라의 과학기술 분

야의 최고 숙원 산업입니다. 한국과학기술출판협회 회장을 역임하신 박정태 회장님께서 느낀 점을 말씀해 주십시오.

박정태

: 오늘 4차 산업혁명 마스터 플랜에 대해서, 우리나라 각계각층의 훌륭하신 분들이 이렇게 좋은 원고를 발표하고 스터디하는 것을 보고 굉장히 놀랐습니다. 저희도 미국, 일본, 중국 등을 다니면서 서점에 가보면 첨단 기술 관련 좋은 책들이 많이 나와 있습니다. 외국에서는 4차 산업혁명 분야에 관해 전문가들이 책을 많이 내고 있습니다. 그런데 우리나라는 전문가들이 쓴 좋은 책들이 많이 안 나오고 있습니다. 앞으로는 훌륭하신 분들이 이렇게 새로운 4차 산업혁명이 국가적 관심이 되어 있을 때, 그리고 AI가 정말 실현되는 날이 올 때까지 우리도 좋은 책을 많이 만들어서 우리나라도 이 정도 수준까지 와 있다는 것을 독자들에게, 모든 국민이 알게끔 좋은 책을 내주셨으면 고맙겠습니다. 지난번 《대한민국 미래교육보고서》를 발간하고서 큰 호평을 받았습니다. 이번에 발간할 《대한민국 4차 산업혁명 미스터플랜》도 벌써부터 각계각층의 많은 분이 큰 관심을 갖고 있습니다. 기대에 어긋나지 않도록 사명감을 가지고 성심을 다해 만들겠습니다.

안종배

: 숙명여대 IT 정책과학대학원 문형남 교수님, 교수님이 우리나라에서 이 분야 학위과정을 만든 것은 아마 처음일 것입니다. 거의 20년이 넘었지요. 우리나라 IT 과학 정책, 이번에 사물인터넷과 연결되어 있는 스마트 가전, 이 부분을 맡아서 집필하셨는데 소감을 말씀해 주십시오.

문형남

: 제가 사물인터넷 IoT 부분과 스마트 가전 부분을 집필했는데, 좀 중요하다고 생각되는 부분만 간략하게 말씀드리겠습니다. IoT 부분은 글로벌하게 전망이 밝

은 산업이라고 생각합니다. 그런데 아까 드론하고 3D 프린팅은 많이 뒤졌다고 하는데, 제가 보기에 IoT도 상당히 뒤졌다고 생각합니다. IoT 산업이 제2의 반도체 산업처럼 커질 수 있고, 지금 국내 IoT 산업협회도 결성되어 있습니다. 그런데 중소기업은 적잖이 참여하는데 대기업들이 별로 참여하지 않고 있습니다. 제 생각에 반도체는 대기업이 소품종 대량생산할 수 있는 데 반해 IoT는 다품종 소량 형태가 돼서 대기업이 안 하고 있는 듯합니다. 세계적으로 큰 시장이 될 수 있는데 아직 국내 경쟁력이 취약한 것에 대해서 좀 아쉽고 안타깝게 생각하고 있습니다. IoT 부분에서 이슈가 되는 것은 먼저 IoT 기기가 있고, 그다음에 IoT 보안도 대단히 중요한 이슈가 될 수 있습니다. 얼마 전에도 CCTV가 해킹되는 사건이 있었습니다. 보안을 제대로 하지 않으면 산업이 무너질 수도 있기 때문에 보안에 대한 부분을 굉장히 잘해야 될 것입니다. 또 하나는 표준입니다. 표준에 대해서 논의가 되고 있지만 표준을 빨리 한국이 선점해야 하는 문제가 있고, 그다음에 빅데이터 산업이 중요한데 IoT를 통해서 빅데이터가 아주 많이 나올 수 있습니다. 그래서 빅데이터가 제2의 석유라고도 하는데, IoT에서 나오는 빅데이터를 어떻게 활용할 것인가 하는 부분도 있고, 여러 가지 이슈들이 많이 있다고 생각합니다. 그래서 몇 년 동안 관찰해 보니, 국내 IoT 산업이 생각보다 더디게 성장하고 있습니다. 일찍 나왔지만 이제 거의 시작하는 단계라고 생각합니다. 그 이유는 센서 가격 부분도 있고 네트워크 부분도 있습니다. 그런데 5G가 상용화되면서 IoT가 크게 활성화될 것이라고 생각되고, 2020년부터 5G가 상용화되면 IoT 성장 속도가 더 빨라질 것이라고 생각하고 있습니다. 그래서 정책적으로도 말씀드리면, 보안이나 표준 같은 문제들을 국내 기업들이 영세한데 그것들을 정부가 좀 지원해야 될 것이라는 생각이 듭니다. 그다음에 IoT에 대한 명칭도 외국에서는 다른 명칭으로 많이 불리고 있습니다. 우리는 IoT라고 그러는데, 외국에서는 Industrial 인터넷, 산업인터넷이라고 합니다. GE에서는 산업인터넷이라고 해서 아주 큰 기업이 IoT 분야를 많이 하고 있고, 그다음에 시스코 같은 네트워크 회사에서는 IoE라고 해서

만물인터넷이라는 용어도 쓰고 있습니다. 다양한 형태로 매우 전망이 밝은 부분이 있으므로 기업들이나 정부 차원에서도 좀 더 세계 시장을 놓치지 않으려는 노력이 필요하다고 생각합니다. 그다음에 스마트 가전 부분에 대해서도 간략히 말씀드리면, 스마트 가전의 정의는 인공지능이나 사물인터넷이 탑재된 스마트한 가전제품을 통칭한다고 볼 수 있습니다. 그래서 스마트 가전은 국내 삼성전자나 LG 전자가 이미 세계 시장을 선도하며 잘하고 있습니다. 그리고 이런 대형 가전사뿐만 아니라 중형 가전사들도 스마트 가전 부분에 많이 진출하고 있습니다. 예를 들면 쿠쿠전자는 IoT 밥솥을 이미 판매하고 있고, 정수기나 이런 다양한 가전제품에서 스마트 가전이 활성화되고 있습니다. 이럴 때 새바람을 일으킬 수 있도록 정부가 도와주는 것이 필요하다고 생각합니다. 그런데 제가 발견한 한 가지 문제는 스마트 가전이 새롭게 나오는데, 미국의 경우를 보면 당분간 초기에는 스마트 기능을 넣는, 그러니까 기존 냉장고에다가 IoT를 심는 이런 업체나 그런 산업이 부상하고 있습니다. 그래서 예를 들어 각 가정에 냉장고가 있는데 산 지 얼마 되지 않았다면, 그것을 스마트 가전으로 바꾸고 그러지는 않을 것입니다. 그래서 그런 중간 과정의 산업이 상당히 부상될 것이라고 생각돼서, 제가 이름을 붙였는데 세미 스마트 가전, 이런 표현을 썼습니다. 그런데 이런 산업에 대해 제가 찾아본 바로는 거의 없었습니다. 다만 노르딕세미닥터라는 회사가 기존 가전을 스마트화하는 비즈니스를 하고 있었습니다. 우리도 이 분야의 육성이 절실히 필요하다고 생각합니다.

안종배

: 저도 스마트 가전은 우리가 워낙 강한 부분이기도 하고, IoT와 연결되는 부분이므로 크게 발전할 것이라고 생각합니다. 이제 마무리하기 전에 하실 말씀 있으시면 몇 분만 부탁합니다.

이경숙

: 대한민국 4차 산업혁명 마스터플랜이 완성되면 이를 확산하기 위해 우리가 SNS를 최대한 활용하는 교육 프로그램을 구상해 봐야 되지 않을까 생각합니다. 그래서 그것을 재미있게, 너무 전문적이고 딱딱하게 하면 안 들으니까 이것을 좀 재미있게 일반 국민들이 관심을 가질 수 있는 그러한 교육 프로그램을 실천 방안으로 만들어 내야 되지 않을까 하는 생각이 들어요. 왜냐하면, 그냥 던져 놓으면 이것을 실천해서 확산이 되고 홍보가 되고 이럴 가능성이 여기 빼놓고는 없을 것 같아요. 그래서 이왕 내친김에 국민 여론을 환기시킬 정도의 그런 교육 프로그램을 쉽게 만들어서 보급하면서 전체 교육도 시키지만, 아무튼 여론 조성을 하면 그것을 발판으로 해서 보좌관들이 입법을 하는 것으로 생각이 미칠 것이고, 그것이 입법화까지 관심을 갖게 되면 아마 국회의원들이 발표하기 시작할 것이고 법제화되는 데 도움이 될 것이라는 생각이 듭니다. 그러므로 여론을 조성하는데 이 자리에 계신 분들은 사명감을 갖고 이렇게 노력하시는데, 사실은 법학 전문대학원 교수들이나 경제학 교수들이 이 취지에 공감하는 그런 기반 확대가 됐으면 좋겠어요. 왜냐하면, 대학가에서 먼저 확산되지 않으면 정부가 움직일 가능성이 없습니다. 이 자리에 교수님들이 계시지만, 각 대학에서 붐을 일으키는 데는 교수님들의 역할이 큽니다. 관심 있게 만들 전략을 세워 먼저 학생들을 움직이도록 하고, 그래서 전체 200만 명의 대학생들이 교수님들에게 압력을 가하면서 캠페인이 일어난다면 확산 효과가 클 것입니다. 그러면 국회의원들은 저절로 움직인다고 봅니다, 대학생들 전체가 움직이고 대학이 움직인다면. 그런데 사실 대학 자체 내에서도 자기 과목에 충실할 뿐이지 다른 데에 관심이 없습니다. 과별로 전공별로 융합화도 잘 안 되고 있는 형편이기 때문에 가까운 데에서부터 우리가 변화시키면서 할 수 있는 것을 하면서 이것이 실천되도록 했으면 좋겠다는 생각이 들어요.

안종배

: 고맙습니다. 이제 보고서가 책 형태로 나오는 시점이 12월 초입니다. 그러면 아까 말씀하셨던 부분도 하나의 교육 프로그램으로 갈 수 있는 기회가 될 것 같고요. 그때 사람들에게 컨퍼런스도 하면서 SNS를 이용해서 대한민국 4차 산업혁명 마스터플랜의 다양한 내용을 알리도록 하겠습니다. 어쨌든 금년에 우리가 다하는 것은 아니지만, 우리는 대한민국의 미래 발전을 위해서 이렇게 해야 된다는 큰 이슈를 던져주는 것입니다. 또 국회미래정책연구회 위원이 여·야 국회와 다양한 분야에 계신데 특히 국회에서 4차 산업혁명에 관심 있는 분들이 거의 다 계십니다. 실제로 우리가 4차 산업혁명에 관심을 갖고 작년 1년 내내 그리고 금년까지 주기적으로 계속 세미나를 했습니다. 그렇기 때문에 관심은 누구보다도 많은 분들이 함께하고 있고 구체적으로 무엇을 어떻게 해야 할지를 계속 논의해 왔습니다. 교육에 대해서 토론하고 또 에너지 사업까지 토론하는 등 4차 산업혁명에 관심이 많기 때문에 분야별로 계속했지만 전체적인 시각을 가지기가 힘들었습니다. 그래서 이번에 종합적인 관점의 마스터플랜을 국제미래학회가 먼저 큰 틀에서 만들고, 전체적으로 가야 되는 방향을 다시 한번 국회미래정책연구회 위원님들한테도 이책이 나왔을 때 설명하려 합니다. 그리고 필요한 부분이 또 다른 규제 입법보다는 규제 완화 관점이 많을 것 같은데, 그런 부분을 위원님들이 자기 소관 위원회에서 나름대로 방안을 마련하지 않을까 생각합니다. 우리는 이것을 통해서 우리가 주도해서 나라를 구체적으로 작업하고 이런 것이 아닙니다. 실질적으로 정부 부처나 청와대, 각 정당 등에서 이것을 참조해서 무엇인가 국가의 큰 플랜을 잡고 구체적으로 해 나갈 때 도움이 되게끔 하는 것이 굉장히 큰 의무라고 생각합니다.

이남식

: 역설적인 것이지만 저희가 이제 이런 것을 국회에서 하지 않아야 되겠다는 생각이 들기도 합니다. 무슨 이야기인가 하니, 결국 입법이라는 것은 모든 것을 정

치화하겠다는 의도가 또 있다는 말이지요. 모든 것을 간섭하고 모든 것을 통제해야 되고, 정치 입장에서는 그 영역을 자꾸 넓혀가는 것입니다. 이것도 정치가 관여하고 저것도 정치가 관여하고. 그래서 이제 우리 사회가 필요한 것은 또 어떻게 하면 탈정치화하겠는가. 어떤 부분에 대해서 이것이 정치적인 논의가 아닌 것들이 많이 있는데, 그것조차도 모든 것이 정치에 기대야만 되는 이런 부분에 대해서도 좀 역설적인 생각이 필요한 때가 아닌가 생각이 듭니다.

박형우

: 여기 계시는 분들은 모두 대한민국을 리드하시는 분들이기 때문에 어디에 가든 마지막은 항상 법제도적 문제라든지 신기술의 초기 시장 이런 것이 항상 부딪치더라고요. 대한민국을 한꺼번에 바꾼다는 것은 힘들 것 같고요, 미래 도시라든지 자유 도시 같은 것을 제안해서 운영해 보는 것도 좋을 것 같습니다.

안종배

: 어쨌든 그런 테스트 베드할 수 있는 것은 나름대로 의미가 있다고 생각합니다.

강건욱

: 저는 사실 보건복지부와 보고서를 하나 쓰고 있습니다. 처음에는 이렇게 전문가들만 모여서 하다 보니까 법제도에 대해서 우리가 이야기한 것이 진짜 법제도의 전문가 입장에서 맞지가 않았습니다. 그래서 법제도하시는 교수님을 아예 저희 멤버 중의 한 명으로 모셨습니다. 그래서 그분은 우리가 이런 논의를 하면 그 이야기를 듣고 이 법은 의료법 어디에 어느 조항을 이렇게 고쳐야 되고, 여기에 이 규정을 고쳐야 되고, 이것을 다 찾아서 주세요. 그렇게 해서 논의된 내용을 아예 전략적 제안으로 만들고 있습니다. 우리도 그런 분이 한 분 오셔서 아주 구체적으로, 국회에 이 조항을 이렇게 고치면 해결됩니다 하고 최종적으로 제안을 해

야 되는 것 아닌가 싶습니다.

안종배

 : 우리가 여기에서 논의되는 모든 것을 다 해결할 수 있는 것은 아닙니다. 어떻게 보면 예전에 국가에서 했던 일종의 5개년 계획입니다. 5개년 계획의 플랜을 짜서 확고한 사명감을 가지고 하는 의미 있는 일입니다. 대한민국 4차 산업혁명이 우리나라의 미래에 굉장히 중요한 골든타임이라고 다 생각을 할 것입니다. 원래는 지난 정권에서 했으면 더 좋았는데, 어쨌든 이왕 놓쳤지만 이제 나머지 남은 1, 2년 이 기간을 놓치면 이제는 정말 우리는 구경꾼 신세가 될 것입니다. 우리나라가 이제 중국한테도 밀리기 시작하고 있습니다. 그런데 여기에서 앞으로 나가지 못하면 우리는 계속 뒤로 후퇴하고 다른 모든 나라는 위로 올라오게 되겠지요. 그러면 우리의 후손들은 정말 옛날에 우리가 어려운 시대에 살았던 것처럼 또다시 어려운 시대를 살아가는 그런 상황이 될 수 있는 가능성이 높습니다. 그러므로 이제는 우리가 무엇인가 제안해야 되겠는데, 무엇인가 계획을 세우고 보여줘야 되는데, 아까 오세정 의원님을 비롯하여 여러분이 이야기했지만, 솔직히 국가에서 현재는 무엇을 만들어 간다고 하는데도 큰 그림을 그려지지 않더라고요. 그래서 우리라도 보여 주자. 국민들에게 무엇인가 비전을 주고, 갈 길을 주고, 플랜을 만들어 주고, 또 우리가 할 수 있다는 용기를 주고, 또 구체적으로 무엇을 해야 되는지 알려주자는 차원에서 시작한 것입니다. 그래서 같이 동참해 주신 모든 분들께 감사드리고, 특히 오늘 참여해 주신 자문위원님들, 또 배석해 주신 모든 분께 감사드립니다. 우리 크게 손뼉을 치면서 마치겠습니다.

참고문헌

● 국내 문헌

• 과학기술정보통신부, 산업부, 문체부, 복지부, 식약처, 고용부, 교육부, 기재부,통계청, 2017년 3D프린팅산업진흥시행계획 (2017)
• 국제미래학회, 글로벌 2030 미래가 보인다, 박영사(2013)
• 국제미래학회, 대한민국 미래보고서, 교보문고 (2015)
• 국제미래학회, 대한민국 미래보고서, 박영사 (2016)
• 국제미래학회, 전략적미래예측방법론 바이블, 두남 (2014)
• 국제미래학회 · 한국교육학술정보원, 대한민국 미래교육보고서, 광문각 (2017)
• 기술 동향분석 한국기계연구원기계기술정책, 글로벌 3D 프린터산업 (2013)
• 기획재정부, 4차 산업혁명 종합대책기본방향 (2017)
• 김경훈 · 한국트렌드연구소빅퓨처(문형남), 핫트렌드 2018 빅도미노, 로크미디어 (2017)
• 김재성 박사 · KISTI, Supercomputing Modeling & Simulation (2017.09.21)
• 김지연, 4차 산업혁명시대에 살아남기, 페이퍼로드 (2017)
• 김태유 편저, 기술과 공학의이해, 서울대학교 (1996)
• 나완용, 자동차 4차 산업 대응전략, 한국자동차공학회 오토저널(2017)
• 네이버캐스트, 스마트홈, 인공지능이라는두 개의 키워드로 보는 IFA 2017
• 뉴스1, [IFA] 이것이 스마트 홈 LG전자, 인공지능가전 대거 출격
• 뉴시스, [IFA 2017] 삼성전자, IoT·인공지능 기반 소비자 "e미래청사진"f 제시
• 대한민국정부, 제4차 산업혁명에 대응한 지능정보사회중장기 종합대책(안) (2016)
• 돈 탭스콧 · 알렉스 탭스콧, 블록체인 혁명, 을유문화사 (2017)
• 동아일보, 獨 ITA-韓 생기원손잡고 "e스마트 텍스트로닉스"f 새 시장 연다 (27 Nov 2015)
• 동아일보, 한국 11"ƒ26위 추락, 중국35"ƒ27위 추격"c국가경쟁력 10년간 극명히엇갈린 희비 (2017.09.28)
• 디지털데일리, 반도체 업계의 차세대 먹거리와현재 이슈 (2017.10.19.)
• 마쓰오 유타카, 인공지능과 딥러닝 (2016)
• 마이클 케이시 · 폴 비냐, 비트코인 현상 블록체인 2.0, 미래의창 (2017)
• 매일경제, "ú의 파격"c기업 4차 산업혁명 도우려개인정보 `잠금 해제"f (2017.08.28.)
• 미국 - 제조용 로봇에영향을 미치는 주요 요소기술 및기술 로드맵 (2009.05.21)
• 미국연방정부, 미국 연방 자율차 정책 가이드라인(Federal Automated Vehicles Policy Guideline)(2016.09.20)
• 미래창조과학부, K-ICT 시큐리티발전 전략 (2015.4)
• 백인수, 빅데이터시대 : 에코시스템을 둘러싼 시장경쟁과전략분석, 한국정보화진흥원 (2012)
• 비트뱅크 · 블록체인충격 편집위원회, 블록체인의 충격, 북스타 (2017)
• 사이언스 타임즈, AI, IoT"c안방 파고드는 스마트 가전
• 산업통산부, 국내 로봇산업동향, 한국산업기술평가관리원(2016)
• 산업통상자원부/한국바이오협회, 2014년 기준 국내바이오산업 실태조사 (2016 11)
• 생명윤리및 안전에 관한 법률(약칭: 생명윤리법) [시행 2017.7.26.].[법률 제14839호, 2017.7.26.]
• 식품의약품안전처, 유전자 가위기술 연구개발 동향보고서 (2017)
• 안종배, 4차 산업혁명에서의 교육 패러다임의 변화, EBS (2017)
• 연합뉴스, 대세되는AI칩 스마트폰, 2020년 전체 3분의 1 예상 (2017.10.29)
• 오성원 · 박수민 · 홍승필, 사례연구를통한 안전한 블록체인 도입에 대한제언 : 의료정보시스템을 중심으로, 한국통신학회 (2017)
• 월간조선, 한글운율의 세계화를 연구하는정원수 교수, 2017년 11월호.

- 윌리엄무가야 저, 비즈니스 블록체인, 한빛미디어 (2017)
- 이명호, 4차 산업혁명의 미래사회시나리오, See Futures: Vol.15.SUMMER 2017, KAIST Research Center for Future Strategy (2017)
- 이보경·심수민·KT 경제연구소·김형수·이정환, ICT와 3D 프린팅에 의한 제3차 산업혁명이슈크런치스페셜 2012-3호-digieco, KT 종합기술원 (2012)
- 이재관 외, 과학과 기술(특집2), 한국과학기술단체총연합회 (2017)
- 정보통신기술진흥센터(IITP), 4차 산업혁명과 SW R&D 정책 (2017.06.14)
- 정보통신기술진흥센터, ICT R&D 중장기 기술로드맵 2022 제3권 인공지능 (2016)
- 정선호, 일본의 차세대 친환경자동차 기술 동향, 한국자동차공학회오토저널 (2017)
- 정지선, 신가치창출 엔진, 빅데이터 새로운가능성과 전략, 한국정보화진흥원 (2011)
- 조선일보, 우리회사 로봇은 일자리 도둑 아닙니다 (06 Jul 2017)
- 조선일보, 정부R&D 사업화 성공률 英 71%偶"ü 69%"c 한국은20% 그쳐 (2016.07.25)
- 중소·중견기업기술로드맵 2017-2019 (2017)
- 차원용, 미국 내 자율주행차개발 기업들의 기술수준 비교, Automotive Magazine, 2017년5월호
- 차원용, 사물인터넷(IoT)에 앞서 건강과 생명의 생체인터넷(IoB)이 더 중요 DigiEco, 13 Jun 2014.
- 차원용, 자율트럭+로봇+드론의 물류전용 하이퍼루프의등장 (12 May 2017)
- 최윤희(산업연구원), 국내 바이오산업분류체계 개정방안 (2013.3)
- 한국건설산업연구원, 건설동향브리핑 (2017.09.12)
- 한국기계연구원 기계기술정책No.71, 3D프린팅 산업 진흥 기본계획("e17~"f19) - 마련(f16. 12월, 정보통신전략위원회), 3D프린팅·전략기술로드맵/과학기술정보통신부 및 산업통상자원부연구개발보고서 참조 (2014)
- 한국디자인진흥원, 4차 산업혁명의 스타트라인-디자인트렌드 (2016)
- 한국로봇산업진흥원공청회 자료 (2017)
- 한국바이오협회 (2016)
- 한국산업기술평가관리원, PD ISSUE REPORT SEPTEMBER 2017 VOL 17-9, p. 22.
- 한국전자통신연구원(ETRI), Emotion & Brain Ware를 중심으로 한 신기술 분석, 06 Nov 2013, p.16. 수행책임자: 차원용/아스팩미래기술경영연구소厳
- 한국정보화진흥원, 2016년 빅데이터시장현황 조사 (2017)
- 한국콘텐츠진흥원, 문화기술(CT) 로드맵 2020 수립 연구 (2017.2)
- 한국트렌드연구소, 핫트렌드2018, 로크미디어 (2013)
- 행정안전부, 17년 8월말 주민등록인구수 5,175만 명 (17.9.3)
- 현대경제연구원, 4차 산업혁명 기반산업의 R&D 현황 국제비교 (2017.09.18)
- 황일순, 탈원전의기술적 정치적 함의, 정책포럼, 서울대학교행정대학원 (2017)

- LG경제연구원, 빅데이터 시대의 한국, 갈라파고스가 되지 않으려면 (2012)
- IT NEWS, e클라우드 로봇, f이 몰려온다, c f협업과 통제, f_차원용 (2015)
- IT NEWS, 생체인터넷(IoB) 기술개발과 전략 시리즈_차원용 (2014~2016)
- IT World, CES 2016 미래 지향적인자동차 기술 발표 총정리 (8 Jan 2016)
- KAIST 문술미래전략대학원, 대한민국 국가미래전략 2017, 이콘 (2016)
- YTN - 피부에 붙여질병 치료...전자 패치 개발 (31 Mar 2014)
- YTN via Yoputube -초보운전이에요...자율주행차, 국내 일반도로 첫 주행 (22 Jun 2017)
- YTN, 사람 곁에서 협업하는 로봇...더 가까워졌다 (15 Sep 2017)

● 국외 문헌

• 7 Future Home Technologies You Should Know In Advance
• a16z , The End of Cloud Computing (16 Dec 2016)
• Accenture, Why Artificial Intelligence is the future of Growth (2016)
• Amazon"fs Patent, Automated inventory management system, 9,216,857 (22 Dec 2015)
• Amazon"fs Patent, Lane Assignments for Autonomous Vehicles, 9,547,986 (17 Jan 2017)
• Amazon"fs Patent, System and method for positioning a mobile drive unit, 9,087,314 (21 Jul 2015)
• Amazoon viua Youtube, Amazon warehouse robots (2 Dec 2014)
• Apple"fs Patent, Control of Appliances, Kitchen and Home, 20100231506 (16 Sep 2010)
• Beyond borders 2016: Biotech financing, Ernst & Young (2016)
• Beyond borders 2016: Financial performance, EY and Capital IQ (2016)
• Beyond borders, Ernst & Young (2015)
• Biotechnology Industry Report (2015)
• Business Insider, Amazon"fs $775 million deal for robotics company Kiva is starting to look really smart (15 Jun 2016).
• Business Insider, Here"fs how much computing power Google DeepMind needed to beat Lee Sedol at Go (9 Mar 2016)
• Cnet, Computer simulation creates "gthousands of variations"h of driving patterns, enabling Google"fs engineers to quickly test tweaks across millions of virtual miles (16 Feb 2016).
• Costas Tsouris, Uranium Extraction from Seawater, Nature Energy (2017) https://www.nature.com/articles/nenergy201722.pdf
• David Gunning/DARPA, Explainable Artificial Intelligence (XAI) (11 Aug 2016)
• David Silver, et al., Mastering the Game Go Without Human Knowledge, Nature (2017)
• DISNEY"fs Patent, Aerial display system with floating pixels, 9,169,030 (27 Oct 2015)
• DMV/California, Autonomous Vehicle Disengagement Reports 2016 (01 Feb 2017)
• euRobotics AISBL (2017)
• Everett Rogers, Diffusion of Innovation (1967)
• Forbes, The Great AI Recruitment War (2017.04.18)
• Freedonia Group
• Future of Life Institute, A survey of research questions for r obust and beneficial AI (2016)
• G. Meyer. et al, European Roadmap Smart Systems for Automated Driving (2015)
• GE Oil & Gas via Youtube, Using Collaborative Robots in the Subsea Industry (10 Jun 2016)
• Global Biotechnology, MarketLine (2015)
• Global Electric Vehicle Market Outlook, Frost&Sullivan (2017)
• Google"fs Patent, Combining multiple estimates of an environment into a consolidated estimate for an autonomous vehicle, 9,224,053 (29 Dec 2015)
• Hong, Jong Il. and Byoung-Yong Chang, Development of the smartphone-based colorimetry for multi-analyte sensing arrays, Lab on a Chip, Vol. 14, Iss. 10, 21 May 2014.
• Hwang & Lee et al., Self-Powered Cardiac Pacemaker Enabled by Flexible Single Crystalline PMN-PT Piezoelectric Energy Harvester, Advanced Materials, 17 Apr 2014.
• IBM Research (7 Aug 2014) - http://www.research.ibm.com/articles/brain-chip.shtml
• IBM, IBM fs TrueNorth Rat Brain (30 September 2015)
• BM, IBM fs unveils the brain-inspired TrueNorth cognitive computer (August 19, 2015)

- IBM, The 5 in 5 - Innovations that will change our lives in the next five years (17 Dec 2012).
- IFR, World Robotics 2012~2016
- Intel via Youtube, Drone 100 at Vivid Sydney (9 Jun 2016)
- Intel, Intel"fs New Self-Learning Chip Promises to Accelerate Artificial Intelligence (25 Sep 2017)
- Jacques Mattheij, Another Way Of Looking At Lee Sedol vs AlphaGo (17 Mar 2016)
- Jason Ghidella, How to build an autonomous anything?, MATLABEXPO 2017 (2017)
- Jeungsoo Huh, Il Soon Hwang, et al, Proceedings of the first Summit of Honor on Atoms for Peace and Environment (SHAPE) (2011)
- John Launchbury, A DARPA Perspective on Artificial Intelligence, DARPA (2017)
- Joseph J. Salvo, Ph.D., GE Global Research, The Next Industrial Revolution, 2015 Connected World.
- Ma et al., Correction of a pathogenic gene mutation in human embryos, Nature, doi:10.1038/nature23305, Published online 02 August 2017.
- Madrona Venture Group, Autonomous Vehicle Plan for the I-5 Seattle/Vancouver B.C. Corridor, 19 Sep 2016.
- Markets and Markets (2016)
- McKinsey & Company, Big data: The next frontier for innovation, competition, and productivity (2011)
- McKinsey & Company, The Connected Home Market, McKinsey & Company
- McKinsey & Company, There fs No Place Like a Connected Home, McKinsey & Company
- McKinsey Global Institute, Artificial Intelligence-The Next Digital Frontier? (2017)
- McKinsey Global Institute, The Internet of things: Mapping the value beyond the hype Executive Summary, McKinsey & Company (2015)
- McKinsey Global Institute, The Internet of things: Mapping the value beyond the hype, McKinsey & Company (2015)
- Melanie Swan, Blockchain: Blueprint for a New Economy, O.REILLY (2015)
- MIT Media Lab, Counter Intelligence (2004)
- MIT Technical Review, 5 Big Predictions for Artificial Intelligence in 2017 (2017)
- Mohsen and Aziz. The Blue Button Project: Engaging Patients in Healthcare by a Click of a Button. Perspect Health Inf Manag (2015)
- Murray et al., Global, regional, and national disability-adjusted life years (DALYs) for 306 diseases and injuries and healthy life expectancy (HALE) for 188 countries, 1990"'2013: quantifying the epidemiological transition, The Lancet, 26 Aug 2015.
- Nadkarni, A, and D. Vesset, "Worldwide Big Data Technology and Services Forecast, 2015–2019,"IDC Market Report, (2015)
- National Science and Technology Council, The National Artificial Intelligence Research and Development Strategic Plans (2016)
- Popsci, FACEBOOK OPEN-SOURCES THE COMPUTERS BEHIND ITS ARTIFICIAL INTELLIGENCE (11 Dec 2015)
- Quoc V. Le, et al., Building high-level features using large scale unsupervised learning, IEEE International Conference on Acoustics, Speech and Signal Processing (2013)
- Rader RA. (Re)defining biopharmaceutical. Nature Biotechnology 26, (2008)
- Robot-Era (2016)
- Robotic Industries Association
- Roco, M. C. & William Sims Bainbridge(Eds.), Converging Technologies for Improving Human Performance: Nanotechnology, Biotechnology, Information Technology and Cognitive Science"h, NSF Report, June, 2002, pp. 1-482.
- Schummers & Sur et al., "gTuned Responses of Astrocytes and Their Influence on Hemodynamic Signals in the Visual Cortex"h, Science, Vol. 320, No. 5883, pp. 1638-1643, 20 June 2008.
- Seattle Times, Amazon deploys many more orange robots at warehouses (29 Dec 2016, Updated on 30 Dec 2016).

- Son, Hyeon & Kim et al., Multifunctional wearable devices for diagnosis and therapy of movement disorders, Nature Nanotechnology, 30 March 2014.
- SZ DJI TECHNOLOGY CO., LTD, SYSTEMS AND METHODS FOR UAV DOCKING, 20160023762 (28 Jan 2016)
- Takahashi et al., Induction of Pluripotent Stem Cells from Adult Human Fibroblasts by Defined Factors, Cell, Vol. 131, No. 5, pp. 861-872, 30 Nov 2007.
- The Gurdian, Uber is "e5,000 times worse than Google"fs Waymo at self-driving cars (4 Apr 2017)
- The many faces of IoT (Internet of Things) in Healthcare, www.slideshare.net
- The Verge, Qualcomm opens up its AI optimization software, says dedicated mobile chips are coming (25 Jul 2017).
- The White House, FACT SHEET: New Commitments to Accelerate the Safe Integration of Unmanned Aircraft Systems(2 Aug 2016)
- University of Michigan, Michigan Micro Mote (M3) Makes History (17 Mar 2015)
- Value of Bioscience Innovation in Growing Jobs and Improving Quality of Life, TEConomy/BIO (2016)
- van de Burgt et al., A non-volatile organic electrochemical device as a low-voltage artificial synapse for neuromorphic computing, Nature Materials (20 Feb 2017)
- Wohlers Associates (2016)
- World Economic Forum, The Global Competitiveness Report 2016-2017(2017.09.27)
- Young. US Government Invests in Blockchain to Protect Healthcare Companies from Hackers, Cointelegraph (2017)
- 미국 국립과학재단 (2014~2017)
- 미국 백악관 (The White House | whitehouse.gov)
- 미국방위고등연구계획국
- 유럽집행위원회 (2016)
- 일본 경제산업성 (2017)

● 참고 사이트

- http://www.msip.go.kr(과학기술정보통신부)
- http://www.kisa.or.kr (한국인터넷진흥원)
- http://www.kisia.or.kr (정보보호산업협회)
- http://navercast.naver.com
- http://news1.kr
- http://www.newsis.com.
- http://www.sciencetimes.co.kr
- http://a16z.com/2016/12/16/the-end-of-cloud-computing/
- http://navercast.naver.com/
- https://en.wikipedia.org/wiki/Internet_of_things
- http://www.europabio.org (유럽 바이오산업연합회 홈페이지)
- http://www.bio.org (미국 바이오협회 홈페이지)
- https://www.mckinsey.com
- http://www.lifehack.org
- http://www.nordicsemi.com

- http://www.research.ibm.com/articles/brain-chip.shtml
- KBS via Youtube, 로봇이 썰고 프린터가 찍어내고…요리의 미래는? (9 Sep 2015)
- SBS via Youtube, 재료만 넣어도 원하는 음식 '뚝딱'…요리하는 로봇 (4 Sep 2016)
- Microsoft via Youtbe, Productivity Future Vision (02 Nov 2011)
- CNBC via Youtube, UPS Successfully Tests Residential Delivery With Drones (21 Feb 2017)
- CNBC, UPS tests drone deliveries in Florida, with eye to cost cuts (21 Feb 2017)

저자 소개

총괄집필위원

안종배 Ahn, Jong Bae

현) 한세대학교 사회과학부 교수
현) 국제미래학회 미래정책연구원 원장
현) 클린콘텐츠국민운동본부 회장
현) 국회 미래정책연구회 운영위원장
현) 4차산업 미래창의캠퍼스 이사장

공동집필위원

이남식 Lee, Nam Sik

현) 수원대학교 제2창학위원장
현) 국제미래학회 회장
전) 전주대학교 총장, 서울과학종합대학원대학 총장,
　　계원예술대학교 총장 역임

차원용 Cha, Won Yong

현) 아스팩미래기술경영연구소(주)
현) 국제미래학회 과학기술위원장
현) 국토교통부 자율주행차 융복합미래포럼 비즈니스
　　분과위원
전) 국가과학기술심의회, ICT융합전문위원회 전문위원

이순종 Lee, Soon Jong

현) 한국미래디자인연구센터 소장
현) 국제미래학회 미래디자인위원장
현) 서울대학교 미술대학 명예교수
전) 서울대학교 미술대학 학장

황일순 Hwang, Il Soon

현) 서울대학교 에너지시스템공학과 교수
현) 국제미래학회 미래에너지위원장
현) 서울대학교 핵변환에너지연구센터 소장
현) 서울대학교 기술정책과정 겸임교수

박수용 Park, Soo Yong

현) 서강대학교 컴퓨터공학과 교수
현) 국제미래학회 블록체인위원장
현) 서울핀테크산업 자문단장
전) 정보통신산업진흥원 원장

강건욱 Kang, Keon Wook

현) 서울대학교 의과대학 핵의학교실 주임교수
현) 국제미래학회 헬스케어위원장
현) 서울대학교 정보화본부 연건센터소장
현) 대한나노의학회장

김경훈 Kim, Kyeong Hoon

현) 한국트렌드연구소 소장
현) 국제미래학회 미래트렌드예측위원장
현) 한국트렌드연구소 빅퓨처 위원장

이재홍 Lee, Jae Hong

현) 숭실대학교 예술창작학부 문예창작전공 교수
현) 국제미래학회 스토리텔링위원장
현) 한국게임학회 학회장
현) 한국콘텐츠진흥원 비상임이사

문형남 Moon, Hyung Nam

현) 숙명여자대학교 정책산업대학원 IT융합비즈
　　니스전공 주임교수
현) 국제미래학회 지속가능위원장
현) ㈜웹발전연구소 대표이사
현) 한국생산성학회 33대 회장(2018)

정욱형 Jung, Wook hyung

현) 에너지코리아 대표
현) 국제미래학회 에너지위원장

조성수 Cho, Sung Su

현) 3D프린팅매거진 발행인
현) 국제미래학회 3D프린팅위원장
현) 한국잡지연구소 소장
현) 국제미래학회 3D프린팅위원장

김들풀 Kim, Deul Pul

현) IT NEWS 공동대표/편집장
현) 국제미래학회 IT기술분석위원장
현) 아스펙미래기술경영연구소 수석연구원
현) 국제미래학회 IT기술분석(IT Technical Analysis)
　　위원장

장문기 Chang, Mun Gi

현) 드론아이디 대표
현) 국제미래학회 드론위원장
현) 한국드론협동조합 이사장
현) 중부대학 초빙교수

이형세 Lee, Hyung Se

현) 테크빌교육㈜ 대표이사
현) 국제미래학회 이러닝위원장
현) 국가과학기술인력개발원 '교육기획자문위원회'
　　자문위원
전) 한국이러닝산업협회 회장

박정은 Park, Jeong Eun

현) 한국정보화진흥원 정책본부장
현) 국제미래학회 빅데이터위원
현) 서울시 미래서울자문단 위원
전) 정책학회 미래정책위원회 운영이사

서재철 Sir, Jae Chul

현) 한국인터넷진흥원 연구위원
현) 국제미래학회 미래인터넷위원
현) 정보통신기술사회 감사
전) 한국정보문화진흥원 부장

이재관 Lee, Jae Kwan

현) 자동차부품연구원 스마트카기술연구본부 본부장
현) 국제미래학회 미래자동차위원
현) 산업통상자원부 자동차산업발전위원회 위원
현) 과학기술정보통신부 국가전략기술위원회 기계소재
　　분과 위원

장수진 Jang, Soo Jin

현) JPD 빅데이터 연구소 대표
전) 두산그룹 그룹기획실
현) 헤럴드경제 데이터센터

권영일 Kwon, Yeong Il

현) NIA K-ICT빅데이터센터장
전) NIA 스마트네트워크단장
전) NIA 정보자원기반단장

부록

Korea Masterplan for the Fourth Industrial Revolution

1. 국제미래학회 4차 산업혁명 연구위원회

■ 연구 위원

안종배　국제미래학회 미래정책연구원 원장, 한세대학교 사회과학부 교수

이남식　국제미래학회 회장, 수원대학교 제2창학위원장

차원용　국제미래학회 과학기술위원장, 아스팩기술경영연구소 소장

이순종　국제미래학회 미래디자인위원장, 서울대학교 미대 명예교수

황일순　국제미래학회 미래에너지위원장, 서울대학교 공과대학 교수

박수용　국제미래학회 블록체인위원장, 서강대학교 컴퓨터공학과 교수

강건욱　국제미래학회 헬스케어위원장, 서울대학교 의대 교수

김경훈　국제미래학회 미래트렌드예측위원장, 한국트렌드연구소 소장

이재홍　국제미래학회 스토리텔링위원장, 숭실대학교 교수

문형남　국제미래학회 지속가능위원장, 숙명여대 정책산업대학원 교수

정욱형　국제미래학회 에너지위원장, 에너지코리아 대표

조성수　국제미래학회 3D 프린팅위원장, 월간 3D 프린팅 발행인

김들풀　국제미래학회 IT기술분석위원장, IT뉴스 편집인/대표

장문기　국제미래학회 드론위원장, 한국드론협동조합 이사장

이형세　국제미래학회 이러닝위원장, 테크빌교육㈜ 대표이사

박정은　국제미래학회 빅데이터위원, 한국정보화진흥원 정책본부장

서재철　국제미래학회 미래인터넷위원, 한국인터넷진흥원 수석연구위원

이재관　국제미래학회 미래자동차위원, 자동차부품연구원 미래자동차본부장

장수진　JPD 빅데이터연구소 대표

권영일　한국정보화진흥원 빅데이터센터장

■ 자문위원 (국제미래학회 자문위원)

진대제 스카이레이크인베스트먼트 회장(전 정보통신부 장관)

김명자 한국과학기술총연합회 회장

이경숙 아산나눔재단 이사장

윤은기 한국협업협회 회장

안양옥 한국장학재단 이사장

이민화 한국창조경제연구회 이사장

김영근 한국자동차산업협회 회장

조동성 국립인천대학교 총장

유지수 국민대학교 총장

장순흥 한동대학교 총장

류희찬 한국교원대학교 총장

이용순 한국직업능력개발원 원장

한석수 한국교육학술정보원 원장

이단형 한국소프트웨어기술진흥협회 회장

주영섭 고려대 석좌교수(전 중소기업청 청장)

김동섭 UNIST 4차산업혁신연구소 소장

조석준 국제미래학회 기후변화위원장(9대 기상청장)

■ 실행위원

심현수 국제미래학회 사무총장(클린콘텐츠국민운동본부 대표)

차경환 국제미래학회 북라이크위원장(북라이크독서운동본부 대표)

박정태 국제미래학회 미래출판위원장(광문각 회장)

■ 국제미래학회 4차 산업혁명 연구위원회 활동 사진

1. 4차 산업혁명 컨퍼런스 전경

2. 4차 산업혁명 미래교육 세미나 전경

3. 4차 산업혁명 교육개혁 대토론회

4. 4차 산업혁명 연구위원회 회의

5. 4차 산업혁명 연구위원회 회의

6. 4차 산업혁명 마스터플랜 간담회 1

7. 4차 산업혁명 마스터플랜 간담회 2

8. 4차 산업혁명 마스터플랜 간담회 3

2. 국제미래학회 소개 www.gfuturestudy.org

국제미래학회는 세계적인 미래학자인 제롬 글렌과 김영길 한동대 총장이 초대 공동회장을 맡고, 국내외 전문 영역별 미래학자 100여 명이 함께 참여하여 2007년 10월 국내에 본부를 두고 설립된 국제적인 학회이다. 2011년부터는 제롬 글렌과 이남식 수원대 제2창학위원장이 공동회장을 맡고 있다.

국제미래학회는 '미래의 다변화 사회에 대응하기 위하여 사회 전반을 아우르는 과학·기술·정치·경제·인문·사회·환경·ICT·미디어·문화·예술·교육·직업 등 제 분야에 대한 미래 예측 및 변화에 대한 연구를 수행함으로써 미래 사회를 대비하고 지속적인 성장과 발전에 기여함'을 목표로 삼고 있다.

국제미래학회는 제롬 글렌, 티모시 맥, 짐 데이토, 호세 코르데이로, 피터 비숍, 조나단 트렌트, 토마스 프레이 등 세계적인 미래학자 50여 명이 국제자문위원으로 함께 동참하고 있으며, 이들을 국내에 초정하여 미래학과 미래 예측 방법론의 확산을 위한 노력을 경주해 왔다. 또한, 거의 매월 국제미래학 학술포럼을 개최하여 주요 영역별 미래 예측과 발전 전략을 발표해 왔다.

국제미래학회는 현재 미래정책연구원 원장 안종배 한세대 교수을 포함한 70여 개의 전문 영역별 연구위원회로 구성되어 있고 국내외의 저명한 학자와 전문가 1,000여 명이 함께하고 있다.

국제미래학회는 학회 위원들이 함께 국내 최초의 26개 영역별 글로벌 미래 예측 연구 결과로서 《미래가 보인다, 글로벌 2030》박영사을 저술하였고, 40여 개의 《전략적 미래예측방법 바이블》두남출판을 연구하고 저술하여 문화체육관광부 우수학술도서로 선정되었다. 또한, 46명의 위원들이 2년간의 공동 연구를 통해 한국의 미래를 예측하고 미래 발전 방안을 제시한 《대한민국 미래보고서》교보문고를 출간하여 2016년 문체부 추천 우수교양도서로 선정되었다.

또한 57명의 석학들이 4차 산업혁명 시대 대한민국의 미래 대응을 위한 교육 혁신 방안으로 《대한민국 미래교육보고서》^{광문각}를 2017년 저술 출간하였다.

또한, 국내 최초의 미래형 오픈 캠퍼스 교육기관인 '미래창의캠퍼스'와 4차 산업혁명 시대의 미래전략 전문가 양성을 위한 '4차 산업 미래전략 지도자 과정'을 운영하고 있다.

국제미래학회는 매년 세계미래회의에 한국대표로 참여하여 전 세계 미래학자 2,000여 명과 지속적인 지적 교류를 계속해 오고 있다.

[연락처]

안종배 미래정책연구원 원장(한세대 교수 : 010-8223-7530, daniel@cleancontents.org)
심현수 사무총장 (클린콘텐츠국민운동본부 대표 : 010-9899-0005, hssim5@naver.com)

www.futurestudy.kr

Future Creative Campus

4차산업혁명시대 미래창의혁신 인재 양성의 요람

미래창의캠퍼스

Future Creative Campus

"4차산업혁명시대를 강건하고
아름답게 만들어가는
인재를 양성합니다."

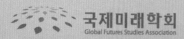
국제미래학회
Global Futures Studies Association

대한민국
클린콘텐츠
국민운동
www.cleancontents.org

Future Creative Campus

미래창의 캠퍼스 비전

4차산업혁명시대 미래창의혁신 핵심역량을 갖춘 전문 인재 양성

4차산업혁명시대에 우리는 초지능·초연결 사회의 패러다임에 맞는 새로운 인재가 양성되어야 합니다. 급변하는 사회 변화를 예측하고 전략적으로 대처할 수 있는 미래예측전략 역량과 스마트를 융합하여 새로운 가치를 창출하는 창의 역량과 스마트 활용 역량, 지속 가능한 발전을 도모하기 위한 혁신 역량과 인성 및 청렴 윤리의식을 갖춘 인재를 양성하여 4차산업혁명시대 글로벌 경쟁력을 강화하는데 기여코자 합니다.

비전	세계 일류의 4차산업혁명시대 미래창의혁신 인재 양성의 요람
목표	4차산업혁명시대에 대응하고 글로벌 경쟁력 갖춘 미래창의혁신 인재 양성 4차산업혁명시대 글로벌 리더 국가 경쟁력과 개인의 미래사회 성공 경쟁력 강화
핵심가치	전략적 미래예측, 창의적 혁신사고, 스마트 조직운영, 고객감동 서비스 구현

5대 중점 과제

1. 교육
3. 교수진의 세계 수준화
2. 교육과정

4차산업혁명시대 맞춤형 미래 지향의 전문 역량 강화 참여형 실무 중심 교육

4. 국제화
5. 산·관·학·연 협력

4차산업혁명시대 핵심 역량 차별화된 전문 교육과정

 ## 미래창의 캠퍼스 조직도

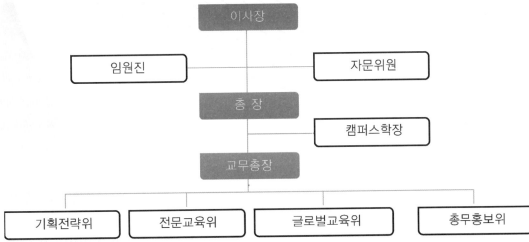

미래창의 캠퍼스 교육과정 총괄표

	기업	학교	공 / 기관	전문가/자격	연수

미래
창의
최고위
	· 미래전략 최고위 포럼
	· 행복한 미래창의경영
	  최고위
	· 미래창의 음악어울림
	  최고위 워커숍
	· 스마트창의 경영 최고위
			· 미래전략 최고위 포럼
			· 행복한 미래창의경영
			  최고위
			· 미래창의 음악어울림
			  최고위 워커숍
			· 스마트창의 경영 최고위		

미래
전략
4차 산업
	· 4차산업 미래예측을
	  통한 비즈니스 개발
	· 4차산업 미래전략 혁신
	  리더쉽
	· 기후변화 사업전략 과정
	· 동양미래학으로 보는
	  성공리듬 경영 전략
		· 4차 산업혁명 시대의
		  미래직업 설계
		· 미래교육 진로지도
			· 미래예측을 통한 사업
			  개발 전략 과정
			· 기후변화 사업전략 과정
			· 동양미래학으로 보는
			  성공리듬 경영 전략
				· 미래예측전략전문가
				  1급/2급
				· IoT(사물인터넷) 전문가
				· SW 코딩교육전문가
				· 3D 프린터 비즈니스
				  과정
					· 미래전략 4차산업
					  연수 (해외/국내)

혁신	· 창의적 혁신서비스
	  마인드과정
	· 저성장 탈출 수익성 개선
	  혁신 과정
	· 코칭을 통한 경영
	  혁신 과정
		· 혁신 중소기업 탐방
		· 코칭을 통한 교수학습
		  혁신 과정
			· 창의적 혁신 서비스
			  마인드 과정
			· 저성장 탈출 수익성
			  개선 혁신 과정
			· 코칭을 통한 경영
			  혁신 과정
				· 혁신리더십전문가	· 4차산업 혁신연수
					  (IoT / AI)

SMART	· 스마트 비즈니스 역량
	  강화과정
	· 스마트 홍보마케팅 과정
		· 플립러닝을 위한 스마트
		  교수법
		· 스마트멀티미디어 취업
		  역량강화
		· 스마트 드론영상 제작
			· 스마트 서비스 역량
			  강화과정
			· 스마트 캐릭터라이센싱
			  과정
				· 스마트멀티미디어
				  전문가 1급/2급
				· 스마트 드론 영상 제작
				  전문가
					· SMART FACTORY
					  연수

창의
인성
	· DHA 창의역량 증진과정
	· 스마트 창의인성 과정
	· 시낭송 창의인성 과정
	· 쿠킹을 통한 인성소통
	  과정
	· 음악을 통한 인성소통
	  과정
		· 글로벌 창의리더 체험
		  캠프
		· 스토리텔링 창의 캠프
		· SW 코딩 창의 과정
		· 방송영상 창의 캠프
		· 독서 창의인성 캠프
		· 만화 · 그림 창의인성
		  캠프
			· DHA 창의역량 증진과정
			· 스마트 창의인성 과정
			· 시낭송 창의인성 과정
			· 쿠킹을 통한 인성소통
			  과정
			· 음악을 통한 인성소통
			  과정
				· Design Thinking 기반
				  창의역량증진 전문가
				· 북라이크 독서 지도사
				· 한궁스포츠 인성지도자
					· 인성체험테마 연수

청렴 윤리	· 청렴 · 윤리 경영	· 청렴교육 직무 연수	· 청렴 직무 교육 · 청렴 · 윤리 경영		· 청백리 (스토리/유적) 탐방

© 미래창의캠퍼스 모든 교육과정 내용은 국제미래학회의 지적재산으로 무단복제 및 사용시 민·형사상 처벌을 받게 됩니다.

서울본부캠퍼스
서울시 서초구 논현로 83
삼호물산 A동 1415호
TEL 02-501-7234

서울강남캠퍼스
서울시 강남구 논현로 543
은주빌딩 4.5층

서울신촌캠퍼스
서울특별시 서대문구 신촌로 197
한국방송예술진흥원 빌딩

곤지암캠퍼스
경기 광주시 도척면
도척윗로 702 곤지암밸리

홍천캠퍼스
강원도 홍천군 서석면 검산리
100 마리소리음악연구원

아산캠퍼스
충청남도 아산시 음봉면
아산온천로 148-39
미래전략혁신사관학교

파주캠퍼스
경기도 파주시 파주출판
도시 문발동 500-8
나비나라박물관

전주캠퍼스
전북 전주시 덕진구
벚꽃로 54

청양캠퍼스
충남 청양군 운곡면 신
대리 789
한궁세계화연수원

울산캠퍼스
울산광역시 중구 중앙길 29
울산문화산업개발원

제주캠퍼스
제주도 서해안로 456-8번지
북라이크연수원

원주캠퍼스
강원도 원주시 귀래면 귀래리
산 300-1 번지 산막학교

[KNS뉴스통신=이민영 기자] 미래창의캠퍼스가 주최하고 국제미래학회와 미래전략정책연구원, KVA 평생교육원이 주관하며 국회 미래정책연구회가 후원하는 4차산업미래전략 지도자 2기 과정이 오는 24일부터 12월 16일까지 KVA 평생교육원(역삼동)에서 진행된다.

4차 산업혁명 시대 전문 인재를 육성하고 급변하는 시대의 핵심 내용과 활용 방법을 학습하는 이 과정은 4차 산업시대 미래 사회와 산업의 변화를 예측하는 방법은 물론, 미래 성장 산업, 미래 비즈니스, 수익 모델 창출 등 다양한 분야의 전문 교육을 실시한다. 이 과정은 매주 금, 토일 총 7일 45시간 과정이며, 1기 과정은 지난 달 30명이 수료한 바 있다.

안종배 원장은 '4차 산업혁명 시대와 미래 전략 예측 방법 습득을 통해 미래 발전 및 지속가능 전략을 수립하고 4차 산업혁명에 대한 이해와 특징, 동향 및 사례, 생존 키워드, 지속 가능 전략 등을 검토하며 미래 사회와 미래 기술, 미래 산업 변화와 사례를 알아보는 게 주요 교육 핵심'이라고 했다.

또한, '미래 유망 비즈니스 개발 전략 실전에 대해 알아보며, 4차 산업혁명 사회에 대비할 수 있는 미래 예측 기법 실무 역량을 익혀 미래 산업과 미래 비즈니스 전략을 입안할 수 있는 미래 전략 실전 능력을 함양하는 교육과정을 담고 있다'고 했다.

2기 교육과정의 교수진은 이 분야 국내 최고의 전문가 12인으로 진대제 스카이레이크 인베스트먼트 회장(전 정보통신부 장관), 주영섭 고려대학교 석좌교수(전 중소기업청 청장), 윤은기 한국협업진흥협회 회장(전 중앙공무원교육원 원장), 안종배 국제미래학회 미래정책연구원장(4차산업 미래창의캠퍼스 이사장), 조성복 KVA 평생교육원 원장, 차원용 국제미래학회 미래과학기술위원장(아스팩미래기술경영연구소 소장), 박수용 서강대학교 교수(글로벌핀테크연구원 원장), 박경식 미래전략정책연구원 원장, 김경훈 한국트렌드연구소 소장, 문형남 숙명여대 IT융합비즈니스 교수(웹발전연구소 대표), 김진호 서울과학종합대학원대학교 교수(Assist 빅데이터연구센터 소장), 김들풀 국제미래학회 미래IT뉴스위원장(IT뉴스 인터넷 편집장) 등이다.

이번 4차산업 미래 전략 지도자 2기 과정은 4차 산업혁명 시대가 필요로 하는 인재 양성을 위한 맞춤형 교육으로 4차 산업혁명을 다양하게 적용하고 나아가 미래 예측 방법론을 활용한 미래 비즈니스 전략 도출을 적용할 수 있는 실습 과정 등 4차산업 미래 비즈니스 모델화 역량을 키워나갈 수 있는 데 많은 도움이 된다.

이번 과정 수료자는 '4차 산업혁명 지도사' 및 '미래 예측 전략 전문가' 2개의 민간자격증을 검정을 거쳐 취득할 수 있으며, 4차산업리더스포럼 및 4차 산업혁명포럼 회원 자격이 주어진다.

4차산업
미래전략
지도자 과정 2기

과정 일자: 11월 24일~ 12월 16일까지 매주 금,토 총7일
(9시 30분 ~ 17시 30분, 45시간)

주최기관 미래창의캠퍼스

주관기관 국제미래학회 Global Futures Studies Association 미래전략정책연구원 KVA 평생교육원

교육장소 KVA 평생교육원 (언주역 7번출구 200M)
서울특별시 강남구 논현로 543 (역삼동 607-20) 은주빌딩 4층

문 의 심현수 국제미래학회 사무총장 (02-501-7234, *future@cleancontents.org*)
강성용 KVA 평생교육원 실장 (02-582-5971, *Jacky3358@valuation.or.kr*)

〈 4차산업 미래전략 지도자 과정 〉 2기 모집 안내
– 11월 24일 ~ 12월 16일 (금, 토 7일 과정) –

1. 과정 개설 목적

4차산업혁명시대를 준비하고 대비하여 급변하는 4차산업혁명의 핵심내용과 활용 방법을 학습하고 미래를 전략적으로 예측하는 방법을 익혀 미래성장 산업 및 미래 비즈니스와 수익모델을 발굴하고 전략을 입안하는 전문적이고 과학적인 4차산업혁명 전문가 및 미래예측전략 전문가를 양성하고자 함

2. 과정 교육 내용

4차산업혁명시대와 미래전략예측 방법 습득을 통해 미래발전 및 지속가능 전략 수립
1) 4차산업혁명에 대한 이해와 특징, 동향 및 사례, 생존키워드, 지속가능전략
2) 미래사회, 미래기술과 미래산업 변화와 사례
3) 미래 유망 비즈니스 개발 전략 실전
4) 4차산업혁명 사회에 미래예측기법 실무 역량을 익혀, 미래산업과 미래 비즈니스 전략을 입안할 수 있는 미래전략 실전 능력 함양

3. 과정 주최기관　미래창의캠퍼스
과정 주관기관　국제미래학회 Global Futures Studies Association　미래전략정책연구원　KVA 평생교육원

4. 후원 기관

🏛 국회 미래정책연구회
대한민국국회

5. 교육 수강생 제공 혜택

1) 교재 도서 및 강의 워커북 제공
① "전략적 미래예측방법론 바이블" ((국제미래학회, 대한민국 학술원 우수추천도서)
② "대한민국 미래보고서" (국제미래학회, 문화체육관광부 우수추천도서)
③ 강의용 워커북(2017)

2) 4차산업지도사 및 미래예측전략 전문가 자격증 검정
① 미래예측전략전문가 (등록번호: 미래창조과학부 2016–000236)
② 4차산업혁명지도사 (등록번호: 미래창조과학부 2017–003742)
3) 4차산업리더스 포럼 및 4차산업혁명 포럼 회원 자격
4) 다과 및 중식 제공

6. 교육기간

과정 일정	요 일	시 간	기 간	총 시수
11월 24일 ~ 12월 16일	매주 금~토	금 09:30~17:30 토 10:00~17:00	7일	45시간

7. 교육수강료　120만원 (교재, 2개 자격증 취득 검정, 다과 및 중식 등 일체 포함)

8. 모집인원　30명

9. 수강신청 신청 및 문의

전화 02–582–5971(강성용 실장), 이메일 jacky3358@valuation.or.kr 과 사이트 http://www.valuation.or.kr 로 성함, 소속, 직함, 핸드폰, 이메일 주소를 기재하여 신청.

〈4차산업 미래전략 지도자〉 2기 과정 세부 프로그램

모듈		일정	제 목	교육내용	시수
4차산업혁명 이해		1일차 11.24 (금)	개강 IceBreaking	개강식 및 오리엔테이션	30분
			4차산업혁명 특강	제4차 산업혁명시대, 대한민국호 어디로 가야하나?	120분
			중 식		
			4차산업혁명시대 미래 산업	4차산업혁명 미래 트렌드와 미래 산업	120분
			대한민국 4차산업혁명 정책과 직업	대한민국 4차산업 정책과 직업의 변화	120분
			미래 워크숍	자신의 직무 및 미래 워크숍	30분
4차산업혁명 적용		2일차 11.25 (토)	4차산업혁명과 디지털 트랜스포메이션	디지털 트랜스포메이션 이해 및 현황과 추진 사례	120분
			중 식		
			사물인터넷과 미래 비즈니스	IoT로 인한 미래 비즈니스 변화	120분
			인공지능, 빅데이터와 미래 비즈니스 변화	인공지능, 빅데이터로 인한 미래 비즈니스 변화	120분
		3일차 12.01 (금)	4차산업혁명과 금융	블록체인과 핀테크	150분
			중 식		
			4차산업혁명 융합기술과 비즈니스 기회	인공지능, 빅데이터, 사물인터넷 융합기술과 미래 비즈니스 기회	120분
			4차산업혁명 기술과 비즈니스 아이디어	4차산업혁명시대 융합기술과 비즈니스 아이디어 창출	120분
		4일차 12.08 (금)	4차산업혁명 비즈니스 전략 워크숍(1)	4차산업혁명 환경에서의 비즈니스 전략 도출 방법	150분
			중 식		
			4차산업혁명 비즈니스 전략 워크숍(2)	4차산업혁명 환경에서의 비즈니스 전략 작성	120분
			4차산업혁명 비즈니스 전략 워크숍(3)	4차산업혁명 환경에서의 비즈니스 전략 리뷰	120분
미래예측전략		5일차 12.09 (토)	미래 혁신 전략	4차산업혁명시대의 혁신 전략	120분
			중 식		
			전략적 미래예측 방법론 이해	미래예측방법의 중요성과 종류 및 활용법	120분
			전략적 미래예측 방법론	전략적 미래예측 방법론 적용 실습	120분
미래예측전략실습 및 적용		6일차 12.15 (금)	전략적 미래예측 비즈니스 워크숍(1)	미래예측 방법론을 활용한 미래 비즈니스 전략 도출	120분
			중 식		
			전략적 미래예측 비즈니스 워크숍(2)	미래예측 방법론을 활용한 미래 비즈니스 전략 실습	120분
			전략적 미래예측 비즈니스 워크숍(3)	미래예측 방법론을 활용한 미래 비즈니스 전략 작성	120분
		7일차 12.16 (토)	전략적 미래예측 비즈니스 워크숍(4)	미래예측 방법론을 활용한 미래 비즈니스 전략 리뷰	150분
			중 식		
			미래 특강	4차산업혁명시대 협업과 성공 전략	120분
			수료식	수료식	90분

4차산업 미래전략 지도자 과정 교수진

□ 교수진: 4차산업혁명과 미래학 분야 국내 최고의 전문가

진대제
국제미래학회자문위원장
스카이레이크 인베스트먼트 회장
(전)정보통신부 장관

주영섭
국제미래학회 자문위원
고려대학교 석좌교수
전)중소기업청 청장

윤은기
국제미래학회 자문위원
한국협업진흥협회 회장
전) 중앙공무원교육원 원장

안종배
국제미래학회 미래정책연구원 원장
4차산업 미래창의캠퍼스 이사장
한세대학교 교수

조성복
국제미래학회 미래기술가치위원장
KVA 평생교육원 원장
4차산업혁명과 기술사업화

차원용
국제미래학회 미래과학기술위원장
아스팩미래기술경영연구소 소장
제4차 산업혁명과 기술융합

박수용
서강대학교 교수
글로벌핀테크연구원 원장
전 정보통신산업진흥원 원장

박경식
국제미래학회 미디어홍보위원장
미래전략정책연구원 원장
10년후 4차산업혁명의 미래

김경훈
국제미래학회 미래트렌드예측위원장
한국트렌드연구소 소장
4차산업혁명과 미래 비즈니스

문형남
국제미래학회 지속가능연구위원장
숙명여대 IT융합비즈니스 교수
웹발전연구소 대표

김진호
서울과학종합대학원대학교 교수
Assist 빅데이터연구센터 소장
빅데이터가 만드는 4차산업혁명

김들풀
국제미래학회 미래IT뉴스위원장
IT뉴스 편집장 및 대표
4차산업혁명과 IT

□ 운영진: 심현수 국제미래학회 사무총장, 최선호 국제미래학회 컨설팅위원,
강성용 KVA 평생교육원 실장

대한민국
4차 산업혁명 마스터플랜
추진 10계명

내가 먼저

대한민국 4차 산업혁명 마스터플랜 추진 10계명

안종배 국제미래학회 미래정책연구원 원장/한세대 교수

대한민국이 4차 산업혁명을 성공적으로 추진하여 글로벌 리더 국가로 부상하기 위해서는 다음과 같은 10가지 혁명적인 혁신을 이루어야 한다.

1. 규제 혁명

기존 규제는 과감히 완화하고 새로운 산업과 비즈니스는 필요한 규제만 규정하고, 규정에 없는 것은 자유롭게 우선 실행하는 네거티브 규제 방식을 도입해야 한다.

2. 플랫폼 혁명

모든 산업과 비즈니스의 기반을 기존의 수직화된 산업별 구분 방식이 아니라 플랫폼 방식에서 다양한 산업과 비즈니스가 창의적으로 산출될 수 있도록 혁신해야 한다.

3. 창의 혁명

4차 산업혁명 시대의 경쟁력은 창의적 혁신에 의해 좌우된다. 기업과 사회 모든 곳에서 기존의 것을 답습하는 것이 아니라 창의적 혁신을 부양하고 대우받는 새로운 패러다임을 정착시켜야 한다.

4. 부가가치 생산성 혁명

기존의 단위시간당 생산성을 높이기 위한 표준화, 정형화, 규격화하는 노력은 로봇과 인공지능 컴퓨터로 대체된다. 인간은 창의성, 다양성, 유연성을 통한 부가가치 생산성을 높이는 방향으로 역할과 역량의 변화가 일어나야 한다.

5. 미래 예측 전략 혁명

4차 산업혁명 시대 사회 변화는 가속화되고 있다. 이러한 변화의 방향을 정확히 예측하고 이에 대응하는 것은 기업과 국가 그리고 개인 차원에서도 더욱 중요해지고 있다. 이를 위해 과학적인 미래 예측 방법론을 통해 미래 전략을 입안하는 역량을 갖추어야 한다.

6. 연구개발(R&D) 혁명

4차 산업혁명 시대의 기반이 되는 핵심 기술을 국가적인 차원의 대규모 투자를 통해 신속히 연구개발하여 대한민국의 어느 기업이나 누구나 사용할 수 있도록 공유하여야 한다. 기업도 자체 응용 기술을 발전시켜 새로운 부가가치를 창출할 수 있도록 연구개발R&D에 투자와 노력을 혁신적으로 집중해야 한다.

7. 기업가 정신 혁명

4차 산업혁명 시대 급변하는 미래를 정확하게 예측하고, 도전적으로 새로운 기술과 혁신을 도모하여 기업의 성장과 사회적 가치를 창출하려는 기업가 정신을 가진 기업가, 벤처·창업자를 육성해야 한다.

8. 인재 혁명

4차 산업혁명 시대에 핵심 경쟁력은 인재이다. 인재의 역량과 역할은 기존 산업사회와는 다른 미래 창의 혁신 역량과 다른 분야와 협업할 수 있은 인성 역량이 중요하다. 이를 위한 인재 양성을 위해 모든 교육 부문의 혁신이 수반되어야 한다.

9. 일자리 혁명

4차 산업혁명 시대 일자리는 혁명적인 변화가 일어난다. 이를 먼저 인정하고 미래 일자리 변화를 예측하여 이에 대응하는 노동계의 변화를 가능하게 해야 한다. 곧 사라질 기존의 일자리를 늘리려는 노력을 할 것이 아니라 4차 산업혁명 시대 새로운 일자리를 창출하고 이에 대응할 수 있도록 노동계의 역량 변화가 가능토록 교육을 제공하고 새로운 일자리를 도전적으로 만들어 갈 수 있도록 지원해야 한다.

10. 칸막이 철폐 혁명

4차 산업혁명 시대는 다양한 영역과 분야가 서로 협력하고 융합하여 새로운 창의적 부가가치를 만들어야 한다. 이를 위해서는 서로 다른 산업과 기업 간 함께 협업할 수 있어야 한다. 현재의 정부와 기업 조직은 이러한 변화에 대응할 수 있도록 부처 간, 부서 간 칸막이를 철폐해야 한다.

"성공에 도취하면 위기가 오고
위기에 도전하면 기회가 온다."

- 안종배 -

대한민국 4차 산업혁명
마스터플랜

초판 1쇄 인쇄   2017년   12월   1일
초판 1쇄 발행   2017년   12월   6일

저자   국제미래학회
펴낸이   박정태
편집이사   이명수   감수교정   정하경
편집부   김동서, 위가연, 이정주
마케팅   조화묵, 박명준, 최지성   온라인마케팅 박용대
경영지원   최윤숙

펴낸곳   광문각
출판등록   1991. 5. 31 제12-484호
주소   파주시 파주출판문화도시 광인사길 161 광문각 B/D
전화   031-955-8787   팩스   031-955-3730
E-mail   kwangmk7@hanmail.net
홈페이지   www.kwangmoonkag.co.kr

ISBN   978-89-7093-867-7 03320
가격   19,000원